合法化战略与大国崛起

International Legitimization and the
Rise of Great Powers

孙学峰 等 著

社会科学文献出版社
SOCIAL SCIENCES ACADEMIC PRESS (CHINA)

本书系教育部人文社会科学研究青年基金项目《合法化战略与崛起成败》（项目批准号 10YJCGJW011）的最终成果

前　言

　　本书讨论的主题是崛起国家的国际合法性与合法化战略。全书由三个部分组成，分别是国际合法性理论（第一～第二章）、崛起大国合法化战略（第三～第五章）和中国崛起的合法化战略（第六～第十章）。

　　国际合法性理论部分主要探讨了国际合法性的含义及国际规范变迁的机制原理。合法性涉及社会权力关系的根本问题，即对统治权的认可。第一章对国际合法性和合法化的含义进行了梳理。研究发现，由于国际体系不存在类似于国内政府一样的中央权威，因此对于国际合法性的理解，主要体现为国际规范或支撑国际规范的行为体是否获得国际成员的接受和认同。合法化战略则是指国际行为体利用现行国际规范强化自身战略行为正当性的政策实践，实施得当可以帮助国际行为体规避或延迟所面临的体系压力，塑造良好稳定的国际环境。

　　借鉴中国先秦"王、霸、强"的概念，第二章探讨了主导国性质与国际规范演化方向之间的关系。研究发现，世界主导国的王、霸、强三种性质与道义规范、双重标准规范和实力规范之间形成对应关系。同时，根据弱者效仿强者这一普遍社会规律，我们重点揭示了世界强国自身行为在国际规范演化中的榜样作用。此外，依据世界主导国的性质变化无既定方向的历史现象，我们提出国际规范演化并无既定方向。

　　在崛起国合法化战略部分，我们结合不同历史时期崛起国的战略实践，分析了不同体系环境下其合法化战略发挥作用的条件和机制，具体考察的案例包括春秋时期诸侯的"尊王攘夷"战略、"二战"时期德国针对英法的合法化实践和"冷战"时期苏联弱化美日同盟的条件和机制。

　　第三章重点考察了春秋时期诸侯的合法化策略——"尊王攘夷"。研究发现，在松散等级体系下（中心权威具有权威地位但已无实力优势），这一合法化战略可以减小来自体系的阻力，通过"尊王"和"攘夷"，可以一定程度上安抚周王室以及体系内的其他诸侯，并有助于孤立和威慑体系内的其他大国。而争霸诸侯"尊王"的最高点出现在体系由严格等级体系转向松散等级体系的前期阶段，此后则会逐渐下降，直至流于形式。

第四章分析了"二战"前德国的合法化战略实践。研究表明，无政府体系下，崛起国合法化策略有效规避体系制衡取决于两个条件：一是其合法化的行为不能威胁潜在制衡国的核心安全利益；二是潜在制衡国国内观众认可其所依据的国际规范。通过"言辞压迫"模型，我们提出了崛起国合法化战略的作用机制，即崛起国通过恰当选择国际规范，争取潜在制衡国国内关键观众的支持，进而弱化其潜在的制衡措施。

"冷战"时期，美国建立起高度依赖其安全保护的同盟体系并对苏联构成较为明显的安全压力。在第五章中，通过对苏联弱化美日同盟实践的考察，我们发现，对美合作和对日对抗的政策组合最为成功，成果也最为稳定；对美日同时合作的政策组合较为成功，但成果不够稳定；对美对抗和对日合作的政策组合较为失败，而同时与美日对抗的政策组合会遭遇失败。这一理论框架也可解释"冷战"后中国弱化美日同盟的效果差异。

第三部分较为系统地说明了中国崛起进程中提升国际合法性的进展与挑战，从国际话语权、公共外交、周边国家关系、与发展中国家合作以及中国企业融入投资地等不同方面进行了分析和思考。

话语权是国际行为体塑造国际合法性不可或缺的重要部分。随着中国实力地位的不断崛起，在国际事务上寻求更大的话语权逐步成为中国外交的重要目标。然而，面对西方世界的主流政治话语，中国寻求国际话语权的努力面临着结构性的劣势和诸多战略误区。第六章的研究表明，话语权的核心是塑造并巩固国际游戏规则的能力，是将话语事实与话语规则有机结合在一起的话语实践能力。对中国来说，提升国际话语权的关键在于推进外交转型，将中国的公众资源优势充分发挥出来，进而提升中国话语权优势。

在中国国际影响力不断扩大的背景下，提高政府合法性已成为中国持续崛起和化解国际压力的关键。在第七章中，我们提出保持和提升政府合法性应当作为当前中国公共外交的首要目标。案例分析显示，公共外交具有提高对内和对外合法性的功能。不过，如果公共外交做得不够或不作为，那么政府的合法性将有可能被削弱；反之，积极的公共外交活动有助于维护和提升政府的国际国内合法性。

中国崛起获得周边国家的认可是中国塑造国际合法性的基石。第八章考察了1997年以来中国东亚政策的战略效果。研究发现，中国的经济安抚能够有效缓解对华经济利益优先国家的战略压力。不过，对于对华战略利益优先的国家，经济安抚虽能够强化战略安抚的效果，但无法单独发挥作用。战略安抚能够在一定时期内取得较为明显的效果，但效果往往难以持久并直接导致安抚政策的执行缺乏连续性。中国对战略强制政策的运用非常谨慎。在当前实力水平下，中国的强制政策取得成效需满足两个条件：一是周边国家挑战中国核心利益的行动缺乏国际合法性；二是中国的强制行动能有效控制来自美国的安全压力。

与发展中国家的紧密合作一直是中国提升国际合法性的重要组成部分。通过考察中国与77国集团的气候变化合作机制的逐步弱化，我们发现中国的发展中国家地位是否受到根本性质疑是影响中国与发展中国家全球合作的核心因素。第九章的研究表明，2008年的金融危机既是中国实力地位的转折点，也成为中国与77国集团合作由紧密走向松散的转折点。

中国企业获得投资目标国认可与提升中国国际合法性有着密切关系。在第十章中，我们以中石油苏丹开发实践为例，分析了中国企业顺利融入投资目标国的条件。研究发现，如中石油的开发引发环境问题，则中石油的开发建设合法性弱，无法获得认可，即使事后采取治理和补救措施也于事无补。如中石油开发未引发环境问题且未卷入苏丹政府与反对派的矛盾，则能够获得认可。

本书的研究工作得到了教育部人文社会科学研究青年基金项目"合法化战略与崛起成败"（项目批准号10YJCGJW011）的慷慨资助，我在此深表感谢！感谢参与研究工作的国内外诸位资深学者和青年才俊，他们的参与不但提升了项目的研究质量，而且让我体会到了令人感动的学术热情，激励我更加坚定地走好未来的学术之路。

书中的部分内容曾以论文形式在学术期刊上发表。具体包括：《国际政治科学》（第一章和第四章刊于2010年第3期，第二章刊于2011年第1期，

第七章刊于 2013 年第 2 期）;《世界经济与政治》（第三章刊于 2012 年第 6 期，第十章刊于 2013 年第 3 期）;《外交评论》（第八章部分内容刊于 2011 年第 6 期）;《当代亚太》（第八章部分内容刊于 2012 年第 5 期）;《国际政治研究》（第九章刊于 2013 年第 1 期）。在此感谢这些杂志的版权授权。

最后，感谢清华大学社会科学学院王小云老师为研究项目提供的巨大支持。没有王老师的无私帮助，很难想象研究项目能如此顺利地得以推进。

孙学峰

2013 年 12 月 19 日于清华园

目　录

第一编
国际合法性及其变迁

第一章 国际关系中的合法性

政治合法性是政治学、法学、社会学乃至哲学等诸多学科长期以来共同关注的一个重要概念。其原因在于任何人类社会的复杂形态都面临合法性问题，即该秩序是否以及为什么应该获得其成员的忠诚。[①] 也就是说，合法性涉及社会权力关系的根本问题，即除了暴力强制手段以外，如何获得和维系统治地位与权威？被统治者为何会甘愿接受统治而不反抗？从这个意义上讲，合法性就是对统治权的认可。[②] 在本章中，笔者将梳理和讨论政治学和国际关系学有关合法性问题的理论论述，在此基础上提出界定国际关系中合法化策略的理论思路。

一　政治合法性

"合法性"（Legitimacy）一词源于拉丁文 Legitimus，其基本含义是拥有为普遍的行为标准所承认的正当理由的状态。[③] 政治学界对合法性的研究，主要围绕其来源和功能两个问题展开，即合法性从何而来？对于政治统治而言合法性有何作用？[④]

[①] 戴维·米勒编《布莱克维尔政治思想百科全书》，邓正来主编，中国政法大学出版社，2010，第314页。

[②] 让-马克·思古德：《什么是政治的合法性》，王雪梅译，《外国法译评》1997年第2期，第11页。

[③] 张凤阳等：《政治哲学关键词》，江苏人民出版社，2006，第324页。

[④] 围绕前一个问题研究合法性的理论被称为"契约型合法性理论"，围绕后一个问题的理论被称为"功能性合法性理论"。当然除此之外，合法性理论还有另一个重要流派"批判型合法性理论"，强调对政治权力和统治权利的价值批判。代表性著作见尤尔根·哈贝马斯《合法化危机》，刘北成、曹卫东译，上海人民出版社，2000，重点参见第91~97页。

关注合法性来源问题的政治学家普遍将其来源归结为被统治者（公民）相互之间缔结的"政治契约"。这种认识的基础是近代欧洲启蒙运动中的社会契约论思想。洛克认为，任何共同体的运转都必须依赖于共同体内大多数人的同意，这种民众同意的物化表现就是由民众共同签订的社会契约，它体现了自然法的基本要求，因而构成了政府权力合法性的基础。① 卢梭将缔结和维持社会契约视为公民服从公共权力的首要前提，他将政治合法性视为公民对公共权力的一种心理认同，而社会契约则正是连接个人权利和集体利益的桥梁。②

当代政治哲学家约翰·罗尔斯（John Rawls）继承并发展了社会契约论的核心思想，提出了著名的"正义论"。他认为，如果社会基本结构是正义的，那么每个人就都负有履行这种社会结构要求他去做的事情的义务。这就从正义原则的角度对公民的政治服从问题进行了探讨，而这也正是合法性理论关注的核心问题之一。③ 总之，在政治学家看来，被统治者之所以会接受统治，是由于被统治者自下而上的让渡和授予。换言之，政治合法性来源于大多数政治参与者相互之间达成的共识和认可。

关注合法性功能的政治学家则将合法性视为政治统治的一种有效工具，认为合法性能够使被统治者在缺少暴力强制的情况下也愿意服从和接受统治者的统治。马克斯·韦伯（Max Weber）是这一理论思想的创立者。④ 韦伯并不关心现有的政治权威究竟是源于统治者纯粹的强制力还是民众依据特定的价值规范对统治权利的授予，而只关心什么样的政治权威才能得到民众的服从。他认为，仅靠强制力和物质利益维系的统治是脆弱的，统治者要想维持其统治地位，必须通过一定的途径培养起民众对统治权威的信仰，这样才能使民众心甘情愿地认同和服从统治。这一过程的核心内容在于统治者自上而下对其合法性进行自我论证并向民众灌输。在他看来，统

---

① 洛克：《政府论（下篇）》，叶启芳、瞿菊农译，商务印书馆，1964，第59～76页。
② 卢梭：《社会契约论》，何兆武译，商务印书馆，1997，第3～27页。
③ 罗尔斯认为正义原则是人们在原始状态（original position）下达成的，他从正义的环境、正当观念的形式限制、无知之幕（veil of ignorance）、推理的合理性等几个方面对原始状态进行了界定。相关理论见约翰·罗尔斯《正义论》，何怀宏、何包钢、廖申白译，中国社会科学出版社，1988，第1～19页。
④ 同时，韦伯也是学界公认的系统阐述政治合法性问题的第一人。

治者可以通过主动的"权术谋划"来争取民众对其统治的服从。①

在韦伯之后，利普塞特（Seymour Martin Lipset）也认为，合法性的维系是政府对民众进行信仰动员的结果。② 阿尔蒙德（Gabriel Abraham Almond）则认为，统治者能够通过其所制定的政策和程序影响公民政治心理（政治文化）的形成、发展和变更，将统治者的"政治取向"以及"程序设定"视为其获得或维持合法性的前提。③ 戴维·伊斯顿（David Easton）更进一步将合法性的来源具体划分为意识形态、政治结构和个人品质三个方面，三者共同奠定了政治系统的稳定。④ 总之，政治学家普遍认为，政治合法性作为一种工具，能够有效降低统治成本，更好地维持政治统治。

二　国际合法性

国际体系处于无政府状态，缺乏类似于国内政府一样的中央权威，因此多年来国际关系学对合法性的关注和研究不是特别充分。但在合法性的来源及其功能这两个最为核心的问题上，英国学派、建构主义和现实主义等国际关系理论流派不仅都有所论述，而且其基本思想与政治学有关合法性的研究可以说是一脉相承。

（一）国际合法性的来源

在合法性的来源问题上，英国学派和建构主义理论非常明显地沿袭了政治学中"契约型合法性理论"的基本思想，普遍将合法性视为由全体或

---

① 韦伯认为能够获得政治合法性的统治类型有三种：传统型统治、魅力型统治和设有官僚行政班子的统治。参见马克斯·韦伯《经济与社会》（第一卷），阎克文译，上海人民出版社，2010，第 121~129、318~323 页。

② 西摩·马丁·利普塞特：《政治人——政治的社会基础》，刘钢敏、聂蓉译，商务印书馆，1993，第 53~58 页。

③ 加布里埃尔·A. 阿尔蒙德、小 G. 宾厄姆·鲍威尔：《比较政治学：体系、过程和政策》，曹沛霖等译，上海译文出版社，1987，第 35~38 页。

④ 戴维·伊斯顿：《政治生活的系统分析》，王浦劬等译，华夏出版社，1999，第 335~383 页。

大部分社会成员共同接受和认同的规范和规则。英国学派研究合法性问题的代表人物伊恩·克拉克（Ian Clark）认为，合法性就是国际社会的成员在观念上达成的共识，而对这种共识的寻求会受到既有规范的引导和约束。克拉克还认为，存在两种形式的合法性：一种是作为权威的合法性，它指的是国际社会成员对既定规则和权力关系的接受和遵守程度。这种意义上的合法性关注的是谁拥有合法的"权力"。另一种是作为秩序的合法性，它指的是谁能拥有作为国际社会成员的合法身份。这种意义上的合法性关注的是谁拥有合法的"权利"。①

与英国学派类似的是，建构主义学者通常也将国际合法性视为规范在国家等行为体心目中的内化。伊恩·赫德（Ian Hurd）认为，国际政治中的合法性源于国家对现行国际规则和制度是否合法的观念，合法性存在与否的关键在于这些规则和制度安排是否能够激发起国家对其的信仰。而一旦这些规则被国家所内化，就会形成权威。由合法性所产生的权威甚至会在相当大的程度上改变国际无政府状态的性质。② 玛莎·费丽莫（Martha Finnemore）在研究单极体系下的社会结构时指出，合法性是指被各国所内化的国际规范和制度安排，单极霸权国违反这些规范将会引发一般大国的反抗和制衡，因而合法性对单极霸权国具有监督和制约作用。③ 姆拉达·布科万斯基（Mlada Bukovansky）研究发现，具有合法性的国际规范和观念对国内政治甚至具有革命性的影响力，国际上得到广泛接受和认同的观念，往往是促使国家内部发生变革的重要诱因。④

与上述两个理论流派稍有不同的是，现实主义更加关注霸权国霸权地位的合法性基础。罗伯特·吉尔平（Robert Gilpin）认为，霸权国统治权的合法性取决于三个要素：该国在上一次霸权战争中取得胜利，并展示出了

---

① Ian Clark, "Legitimacy in a Global Order," *Review of International Studies*, Vol. 29, No. S1, 2003, pp. 75 – 95.

② Ian Hurd, "Legitimacy and Authority in International Politics," *International Organization*, Vol. 53, No. 2, 1999, pp. 379 – 408.

③ Martha Finnemore, "Legitimacy, Hypocrisy, and the Social Structure of Unipolarity," *World Politics*, Vol. 61, No. 1, 2009, pp. 61 – 68.

④ Mlada Bukovansky, *Legitimacy and Political Politics: The American and French Revolutions in International Political Culture*, Princeton University Press, 2002, pp. 15 – 60.

能够将自己的意愿强加于其他国家的能力；为国际社会提供公共物品，如有利的经济秩序、国际安全保障等；在意识形态、宗教以及价值观方面能够得到一系列国家的支持。① 斯蒂芬·沃尔特（Stephen M. Walt）也给出了霸权国合法性的四个主要来源，分别是遵循既定程序、带来积极后果、遵守道德规范和符合自然秩序。② 张睿壮认为，一个霸权是否是良性霸权，取决于该霸权国是否坚持大国间的多边主义协商机制，是否合理公正地制订和执行国际法规，以及是否为国际社会提供公共物品三个条件。③ 刘丰则将霸权合法性定义为霸权国行为及其主导下秩序的可接受性和合理性，合法性程度的高低取决于霸权秩序的价值共享程度、规制建设水平和公益供给规模。④

虽然现实主义并没有像建构主义和英国学派那样明确将合法性的来源归结为国际成员对某项规范的认同和共识，但现实主义学者为霸权国合法性所设定的种种条件，其根本出发点显然是强调霸权国能够获得国际社会其他成员的接受，对其霸权统治产生共识和认同。从这个意义上讲，现实主义只不过是将国际合法性的来源进一步具体化，其基本思想与政治学有关合法性来源的观点并不矛盾。

（二）国际合法性的功能

在合法性功能这一问题上，主流国际关系理论流派的观点完全一致，都认为合法性会在很大程度上影响和塑造国家的行为。在现实主义学者看来，合法性本身就是霸权国维系其权力地位、捍卫其国家利益的一种有效工具。吉尔平将威望和权威视为霸权国对国际体系进行统治的三个要素之一。他将权威和威望界定为"特定人群将服从一个具有特定内容命令的可能性"。从这个定义可以看出，吉尔平所指的权威和威望与合法性在概念上

---

① Robert Gilpin, *War and Change in World Politics*, p. 34.

② Stephen M. Walt, *Taming American Power: the Global Response to U. S. Primacy*, N. Y.: W. W. Norton & Company, 2005, pp. 160 – 172.

③ 张睿壮：《美国霸权的正当性危机》，《国际问题论坛》2004 年夏季号，第 55～67 页。

④ 刘丰：《制衡的逻辑：结构压力、霸权正当性与大国制衡行为》，世界知识出版社，2010，第 14～16 页。

是一致的。换句话说,吉尔平将合法性视为霸权国统治体系、维持霸权的重要支柱之一。①

在分析"冷战"后美国权力优势有可能引起全球性反抗时,沃尔特也指出如果其他国家认为现有的国际权力结构是合法的,它们将不大可能挑战居于统治地位的大国,甚至还有可能将霸权国所拥有的优势地位视为正常的和不可避免的。② 如果说西方现实主义学者主要关注的是合法性如何能够更好地维系现有霸权,那么中国的现实主义学者则更加关注合法性的丧失及其对现有霸权可能造成的危害。③ 张睿壮认为,美国在"9·11"事件后奉行单边主义发动的反恐战争,尤其是伊拉克战争,严重违背了良性霸权国所应遵循的原则,将自己放到了世界对立面,因而出现了霸权的合法性危机。④ 刘丰则认为,霸权合法性与国际体系结构共同决定了霸权国是否会招致体系制衡。当霸权合法性衰落时,其他大国制衡霸权国的动机将会增强,霸权国丧失其权力地位的可能性也将增大。⑤

与现实主义有所不同,英国学派和建构主义更多地是从一般意义上探讨合法性对国家的影响。但也同样承认,合法性对国际社会所有成员都具有制约作用。克拉克认为,合法性是国际社会赖以存在的基础,也是国际社会最为重要的属性,它塑造和制约着国家的行为。⑥ 赫德还进一步探讨了合法性影响国家行为的两种模式,即预期结果逻辑(logic of expected consequences)和适当性逻辑(logic of appropriateness)。前者依据的是理性选择和物质利益的计算,后者依据的是对既定规则的接受和遵守。赫德认为,将利益和规范截然对立的划分是不恰当的。一方面,包括国家在内的行为体的决策确实受到利益驱使;但另一方面,行为体对利益的判断和界定则

---

① Robert Gilpin, *War and Change in World Politics*, p. 30.

② Stephen M. Walt, *Taming American Power*, pp. 160 – 161.

③ 还可参见张胜军《全球结构冲突与美国霸权的合法性危机》,《美国研究》2003 年第 3 期,第 30 ~ 41 页;简军波、张敬林:《自负帝国的危机:单边主义与霸权合法性的终结》,《世界经济与政治》2003 年第 8 期,第 35 ~ 40 页;简军波:《现代国际合法性条件与美国的困境》,《世界经济与政治》2007 年第 3 期,第 55 ~ 61 页。

④ 张睿壮:《美国霸权的正当性危机》,《国际问题论坛》2004 年夏季号,第 55 ~ 67 页。

⑤ 刘丰:《制衡的逻辑:结构压力、霸权正当性与大国制衡行为》,世界知识出版社,2010。

⑥ Ian Clark, *Legitimacy in International Society*, pp. 12 – 17.

来源于社会规范的建构。合法性塑造着社会成员的决策选项及其效用大小，并进而影响它们的行为。①

从以上对合法性相关理论论述的梳理可以看出，尽管不同的国际关系理论流派对合法性的界定并不完全统一，但在以下两个方面存在着高度的共识：（1）国际合法性能够约束国家行为，维持国际体系稳定；（2）既定的国际规则以及对其的遵守是合法性的重要来源。这两点显然与政治学有关合法性来源及其功能的基本原理是吻合的。这些共识将为我们分析崛起国合法化战略与制衡规避的关系奠定重要的理论基础。

三　合法化战略

合法化是获得合法性的过程。在克拉克看来，国际社会成员寻求共识并由此产生合法性的过程就是所谓的合法化。合法化的过程总会充满不同规范之间的竞争和协调，因而合法性本身也会在国际社会的演进过程中不断调整和变化。由于国际合法性源于国际社会成员的共识，因此合法化的过程就是通过共识而得到授权的过程。②

合法化的对象可以是某个特定国家（如霸权国）的权力地位，也可以是某个国家的特定行为（如崛起国改变现状的行为）。例如，霸权国地位的合法化，实际就是其主导地位和霸权统治获得国际合法性的过程，这正是现实主义理论关注合法性问题的核心所在。根据现实主义学者的研究，霸权国可以通过遵守既定国际规则、积极提供公共物品等拥有国际合法性。换个角度而言，这些方案就是霸权国的合法化策略。

如果合法化的对象是某个特定的政治行为，那么合法化就成为使这一特定行为拥有合法性的过程。根据上一节的讨论，我们知道合法性的重要来源就是遵循政治参与者达成共识的既定规范和规则。也就是说，如果其

---

① Ian Hurd, *After Anarchy: Legitimacy and Power in the United Nations Security Council*, Princeton University Press, 2007, pp. 73 – 76.

② Ian Clark, *Legitimacy in International Society*, Oxford University Press, 2005, pp. 17 – 25; Ian Clark, *International Legitimacy and World Societys*, Oxford University Press, 2007, pp. 15 – 21.

个特定行为符合既定规范的精神和相关规则的要求，那么该行为就拥有合法性。事实上，这种形式的合法化在国内政治领域是一种常见的政治现象。凯文·奥布莱恩（Kevin J. O'Brien）和李连江在中国做田野调查时发现，中国农民往往会通过权威认定的途径，利用政府的现行政策、法律、原则以及官方所宣扬的意识形态来证明自己相关利益诉求的正当性，从而捍卫和争取自己的权利。两位学者把这种政治行为命名为"合法抗争"。具体而言，这种反抗手段要求行为体至少是部分地、暂时性地接受现有秩序及其规则安排，然后利用官方所认可的渠道以及官方所支持的规则来为其利益诉求寻求合法性。①

近年来这一发现也引起了国际关系学者的注意。蒲晓宇就运用合法抗争策略考察单极格局下中国对美国的斗争策略，并指出中国若想在美国单极的国际体系下进一步提升自己的国际影响力和政治威望，一个较为合理的途径就是积极融入而非直接挑战现行的国际秩序，并以现行的国际规则来正当化其政治主张。为此，他还提出了一些具体的策略建议，主要包括中国应坚持多边主义原则，积极参与国际组织甚至创建新的国际组织，在国际制度的框架内参与制定议事日程等。②

这种合法抗争手段与我们所探讨的合法化策略在内涵上非常接近，都是诉诸既定的规范和规则来证明某一行为的合法性，并力图通过行动的合法性基础实现行为的既定目标。对于崛起国的合法化而言，其所要做的就是积极寻找对自己有利的规范和规则，并以此向潜在的体系制衡力量证明，其行为符合体系的规范和规则要求，具有合法性和正当性。由此，我们将合法化策略定义为：国家利用现行的国际规范和规则使其改变现状的行为具有正当性和合理性的过程。

（孙学峰　杨原　张聪）

---

① Kevin J. O' Brien and Lianjiang Li, *Rightful Resistance in Rural China*, Cambridge University Press, 2006, pp. 1 - 15; See also, Kevin J. O'Brien, "Rightful Resistance," *World Politics*, Vol. 49, No. 1, 1996, pp. 31 - 55.

② 蒲晓宇：《中国与国际秩序的再思考：一种政治社会学的视角》，《世界经济与政治》2010年第 1 期，第 23～36 页。

第二章　国际领导与国际规范的演化

　　"冷战"后，全球化的加速增强了国家之间的互动，与此同时国际规范在许多领域快速发展。于是，建构主义学者们认为国际互动只会促进国际规范向友好互助的方向发展，而不会向敌视对抗的方向变化。[①] 然而，我们所观察到的国际政治现象是，有些互动行为促进了国际合作，而有些则加剧了国际冲突。例如，在 2003 年 8 月至 2008 年 12 月的五年多时间里，中国、美国、俄罗斯、日本、韩国和朝鲜进行了七轮朝鲜核问题的六方会谈，其间互动不断，但结果不是朝鲜接受了核不扩散的规范，而是于 2009 年 5 月 25 日进行第二次核试验。[②] 这一现象使我们不得不怀疑，互动对于国际规范变化方向的影响是否单向的。本章将借鉴先秦哲人关于君主性质影响国家间关系的思想，从主导国的领导性质角度分析国际规范演变的过程和方向问题。

一　对领导作用的有限解释

　　主导国是指国际体系内的一流实力等级国家。在国际关系领域，早期有关于主导国领导作用的研究，主要集中于对外决策理论的研究中。20 世纪 60 年代，这类研究成果很多。学者们多从决策者个人性格、教育背景、宗教信仰、政治经历，专业知识等角度解释他们的决策行为。[③] 此类研究很少涉及不同类型

---

①　Alexander Wendt, *Social Theory of International Politics*, Cambridge University Press, 1999, pp. 250 – 251.

②　《六方会谈》，http://baike. baidu. com/view/529755. htm#1；《朝核第七轮六方会谈团长会在京举行》，http://news. cctv. com/world/20081208/107870. shtml；《就朝鲜宣布进行第二次核试验，中国外交部发表声明》《人民日报》2009 年 5 月 26 日，第 3 版。

③　James E. Dougherty, Robert L. Pfaltzgraff, Jr., *Contending Theories of International Relations: A Comprehensive Survey*, Addison Wesley Longman, Inc, 2001, p. 559.

的主导国对国际规范有何不同影响的问题，不过其中有关领导分类的研究成果可借鉴于研究这一问题。例如，斯奈德（Robert C. Snyder）等人在20世纪60年代提出的领导者有"为了动机"（in - order - to motives）型和"因为动机"（because - of motives）型的概念。这种领导类型的分类，提供的启迪是，"为了动机"型的领导具有建立新国际规范的作用，而"因为动机"型的领导则缺少这种作用。

然而，以"因为动机"和"为了动机"为标准划分领导类别，很难解释相同类型的领导在执行国际规范上行为不同的现象。例如，美国总统约翰逊（Lyndon Baines Johnson）和小布什（George Bush Jr.）都属于"为了动机"型的领导，但前者推行《核不扩散条约》，限制与非法核国家合作，而后者则违反《核不扩散条约》，与不参加《核不扩散条约》的印度进行核合作。① 显然，要理解国际领导类型对于国际规范变化的影响，我们需要以领导者的行为原则为标准划分国际领导的类型。

研究国际规范的理论家们，普遍认为世界主导国的变化是国际规范变化的前提。他们认为，新国际规范形成有三个阶段，即世界主导国提出，多数国家效仿，然后内化，成为普遍的国际行为准则。② 芬尼莫尔（Martha Finnemore）研究了自1821年起的150多年的人道主义干涉规范的演化。她将人道主义干涉规范演化的主要原因归于欧洲人对非欧洲人的观念变化，即欧洲人将非欧洲人视为与欧洲人为同等的人。③ 只有认为非欧洲人也是人后，欧洲国家对非欧洲事务的干涉才成为人道主义干涉。芬尼莫尔的分析，说明她将主导国的观念变化作为国际规范演化的原因。当然，她并不认为主导国的观念改变是国际规范演化的充分条件。她认为国际共识受到了挑战也是重要条件之一，挑战成功才能使国际规范演变，否则不能。④ 研究国

---

① "为了动机"型是指为实现一个目的而采取主动出击政策。约翰逊为了阻止东南亚国家落入共产党政权发动了越南战争，小布什为了提高在中东主导地位发动了伊拉克战争。

② Martha Finnemore and Kathryn Sikkinnk, "International Norms Dynamics and Political Change," *International Organization*, Vol. 52, No. 4, 1998, pp. 887 - 917.

③ Martha Finnemore and Kathryn Sikkinnk, "International Norms Dynamics and Political Change," *International Organization*, Vol. 52, No. 4, 1998, pp. 159 - 160.

④ Martha Finnermore, "Constructing Norms of Humanitarian Intervention," in Peter J. Katzenstein ed., *The Culture of National Security: Norms and Identity in World Politics*, Columbia University Press, 1996, p. 160.

际规范的理论家们普遍意识到了新规范与旧规范之间具有竞争关系，有些新规范竞争成功，有些则在竞争中失败了。①

芬尼莫尔对主导国与国际规范演化关系的解释与现代建构主义理论有相似的缺陷，即不明确观念与规范相互构建的路径是什么。她认为人的观念变化改变了国际规范，又认为国际规范构建了人的国家利益观念。② 由于她并没有分析观念建构规范的路径或是规范建构国家利益的路径，缺少对路径的分析研究，因而无法说明在什么条件下主导国的观念变化才可能促使国际规范变化。要避免这一缺陷，我们需要从主导国的行为变化与国际规范变化之间寻找对应关系。也就是说，应以主导国的行为作为其领导性质的判断标准，以其行为与其后国际规范变化是否一致为标准，判断其行为对于国际规范的变化是否产生了影响。

面对主导国推行新国际规范有时成功有时不成功的现象，伊肯伯里（G. John Ikenberry）和库普钱（Charles A. Kupchan）研究了霸权国成功推行新国际规范的路径和条件。他从霸权国如何使新规范社会化的角度总结出主导国促使新国际规范被普遍接受的三条路径，即霸权国通过常规说服（normative persuasion）、外部经济和军事诱惑（external inducement）以及强制改变（internal reconstruction）他国内政这三条路径，使他国执行新的国际规范。③ 他们认为，说服的路径是先改变一国的观念，然后导致其国家行为改变；诱惑和强制的路径则是先改变一国的政策行为，然后导致该国接受规范。④ 他们认为，通过上述三条路径成功地使国际社会普遍接受新国际规范，还需要两个必要条件。一是新规范有利于霸权，二是他国的内政条件使其精英们认识到新规范的重要性。⑤ 这项研究成果增加了我们对于国际规范演化的认识。

---

① Ronald L. Jepperson, Alexander Wendt, and Peter J. Katzenstein, "Norms, Identity, and Culture in National Security," in Peter J. Katzenstein ed, *The Culture of National Security*, p. 56.

② Ronald L. Jepperson, Alexander Wendt, and Peter J. Katzenstein, "Norms, Identity, and Culture in National Security," in Peter J. Katzenstein ed, *The Culture of National Security*, pp. 154 – 159.

③ G. John Ikenberry and Charles A. Kupchan, "Socialization and Hegemonic Power," *International Organization*, Vol. 44, No. 3, 1990, p. 290.

④ G. John Ikenberry and Charles A. Kupchan, "Socialization and Hegemonic Power," *International Organization*, Vol. 44, No. 3, 1990, pp. 290 – 292.

⑤ G. John Ikenberry and Charles A. Kupchan, "Socialization and Hegemonic Power," *International Organization*, Vol. 44, No. 3, 1990, p. 292.

伊肯伯里和库普钱关于霸权推行新国际规范的路径分类有两个缺陷。一是说服与诱惑和强制不是同一层次的并列概念。诱惑和威胁是并列的概念，但说服的方法却可以涵盖诱惑和威胁，因此说服与诱惑和强制就会产生重叠之处。二是他们的说服路径混淆了规范社会化的进程与结果。他们认为说服的方法是先改变一国决定者的观念而后改变该国的行为，那么说服的路径就没有内化的过程，而直接形成了内化的结果。规范的内化是一种社会性过程。决策者接受主导国的说服，并不意味着新规范已经成为该国自觉行为的标准，仍可能是说明内容中的诱惑与威胁所致。决策者在开始接受一种新国际规范时，无论是被说服的、被诱惑的，还是被强制的，其实都只是社会化进程的开始，而不是社会化的结果。

在案例分析中，他们将美国总统威尔逊（Woodrow Wilson）在第一次世界大战后推行新国际规范的失败归于欧洲国家精英们的不接受。① 这个解释的说服力不强。威尔逊建议的新规范在美国国内也未得到积极支持，国会最终没有批准美国参加威尔逊发起的国际联盟。② 从方法论上讲，判断国际领导性质的依据，应是主导国执行国际规范的行为，而不应是其提倡的规范内容。在国际政治中，言行不一和双重标准是普遍现象，因此我们将以国家行为为判断其国际领导权性质的标准。威尔逊虽能说服自己，但在没有国会支持的情况下美国仍不接受新国际规范。这个例子还表明，说服不能作为一个推行国际规范的独立路径。下文将用样板作用来取代常规说服这一路径。

二 领导性质与国际规范

（一）核心问题及理论假设

本文所要回答的核心问题是，主导国的领导性质（以下简称为"领导性质"）在国际规范演变中起什么作用？这个核心问题可以分解为四个小问题：（1）如何划分主导国的领导性质的类别？（2）主导国的领导性质通过

---

① G. John Ikenberry and Charles A. Kupchan, "Socialization and Hegemonic Power," *International Or-ganization*, Vol. 44, No. 3, 1990, pp. 295 – 299.

② 王绳祖主编《国际关系史》（第四卷），世界知识出版社，1995，第97～101页。

哪些路径影响国际规范的演化？（3）主导国领导性质的变化对国际规范有何影响？（4）国际主导国的领导作用影响国际规范量变和质变的条件有何不同？

下文对国际规范演化的基本理论假设是，主导国的领导性质决定了该国的国际行为，而该国的行为促使他国在国际互动中采取相同的行为原则；随着多数大国采取该种行为原则，该行为原则就演化为国际规范了。如图2－1所示。

主导国的领导性质 → 相同原则的国际互动 → 国际规范演化

图 2－1　主导国的领导性质与国际规范演化

无论是什么原因改变了主导国的领导性质，其对外政策的行为原则都会发生变化。主导国的国际行为通过样板、支持和惩罚三个路径影响国家间的互动行为。当多数大国的互动行为与主导国的行为原则趋同，这种行为原则就演化为国际规范了。

（二）核心变量

下文的理论假设包含了三个核心变量。因变量为国际规范，其三个变量值为实力规范、双重标准规范和道义规范。自变量为主导国的领导性质（以下简称为"领导性质"），其三个变量值为强权、霸权和王权。主导国领导性质的变化并不能直接改变国际规范，而是通过主导国在国际互动中的行为影响国际规范的演化。因此，主导国与他国间的互动行为（以下简称为"互动"）是领导性质变化与国际规范演化之间的中介变量，其两个变量值为常规互动与非常规互动。

1. 国际规范

下文对于国际规范的定义以克拉斯纳（Stephen D. Krasner）的定义为基础，即"规范是权力与责任方面的行为准则"。[①] 在此基础上，笔者认为规

---

① Stephen D. Krasner, "Structural Causes and Regime Consequences: Regimes as Intervening Variables," in S. Krasner ed, *International Regimes*, Cornell University Press, 1983, p. 2.

范是由社会多数成员所遵循的准则，而不能是个别成员的行为准则。如果主导国的对外政策准则未被多数大国所接受，那它就不是国际规范。笔者将国际规范定义为"多数大国所遵循的权力与责任方面的行为准则"。国际规范并非指非暴力的规范，而是包括了暴力与非暴力两方面的行为准则。①

国际社会是人类行为的社会，因此这个社会体系的运行也必然受到人的自然属性和社会属性的双重支配。故此，下文从国际社会的自然属性和社会属性两个角度划分国际规范的类型。

在自然属性支配下，国家遵循弱肉强食的实力规范。实力规范是指依靠实力维护国家利益的准则。例如，欧洲国家 16～19 世纪争夺殖民地采取的先占原则就是实力规范。② 实力规范是一种内生的自然行为准则，在没有其他因素干扰的情况下，它就天然地成为国家的行为准则。这如同水往低处流的原理一样，在无阻碍的状态下，水天然地向低处无休止地流动。孔子认为，统治者以军事暴力维护利益是天然的本能行为。他说："蜂虿挟螫而生见害，而校以卫厥身者也。人生有喜怒，故兵之作，与民皆生。"③ 这是说，蜜蜂蝎子在遇到危害时都以刺自卫，人生来就有以军事力量自卫的本能。

在社会属性支配下，国家将遵循道义规范。道义规范是指符合时代道义的维护国家利益的准则。例如，到 1997 年有 165 个国家签署的《禁止化学武器公约》就属道义规范。④ 道义规范是后天的社会行为准则，是多数大国在达成共同的道义标准的基础上形成的行为准则。当道义规范抵制住实力规范时，道义规范才会得到遵守。反之，当道义规范弱化时，实力规范就会自动地恢复成普遍的行为准则。这如同人修建了水渠才能防止水随地漫溢，引导其流向。荀子说："势位齐，而欲恶同，物不能澹则必争；争则必乱，乱则穷矣。先王恶其乱也，故制礼义以分之，使有贫富贵贱之等，

---

① 一些学者将"行为规范"狭义地理解为是对非暴力的合作的信仰。这种将国家间所有暴力行为排除在"行为规范"之外的看法是不合理的。从历史的角度讲，国家对外采取的暴力合作行为也可以符合国际规范，这就是为什么有正义战争和非正义战争之分。

② 安国政、郭崇立、杨振武主编《世界知识大辞典》（修订版），世界知识出版社，1998，第1542 页。

③ 《大戴礼记·用兵》。"厥"，其，或他的。

④ 安国政、郭崇立、杨振武主编《世界知识大辞典》（修订版），世界知识出版社，1998，第728 页。

足以相兼临者，是养天下之本也。"①

　　由于国际社会具有自然与社会双重属性，因此，实力规范和道义规范原则经常是同时支配着国家的行为。最为常见的是针对敌国的行为遵循实力规范，针对盟友的行为遵循道义规范。我们将这种行为准则称为双重标准规范。例如，美国不过问其盟友沙特阿拉伯的人权状况，但对于敌国缅甸的人权状况进行制裁。无论从逻辑上推演还是从历史上观察，双重标准规范比其他两类规范都是在更多的历史时期占主导地位的国际规范。

　　2. 领导性质

　　领导性质是指主导国的政策行为属性。对外政策行为是主导国领导性质的外在表现，如同随地吐痰的行为是一个人文明程度低的外在表现一样。故此，我们以主导国的对外政策行为来定义其领导性质。主导国的每次具体行为可能分别遵循了实力规范、道义规范或双重标准规范，但其总体的对外政策以遵循其中一种规范为主。因此，根据一国总体政策行为所遵循的规范，我们可对该国领导性质进行定性判断。荀子曾依据行为差别将主导国领导性质分为做王、霸、强三类。他说："王夺之人，霸夺之与，强夺之地"。② 借鉴荀子的概念，我们将领导性质分为强权、霸权、王权三类。强权是指遵循实力规范；王权是指遵循道义规范；霸权指遵循双重标准规范。③

　　3. 互动

　　"互动"一词在字典上的解释为"相互作用，相互影响"，④ 在国际关系中，互动是指国家之间针对他方行为采取的行为反应。国家间的互动是国际关系的具体表现，没有互动就没有国际关系。在 15 世纪之前，欧洲、亚洲、美洲和非洲的国家之间几乎没有互动，因此各地区构成其独特的国际体系。学界普遍认为，15 世纪前世界上同时存在着几个不同的国际体系，而不存在全球性的国际体系。⑤ 无论全球的还是地区的，任何国际体系都是

---

① 《荀子·王制》。
② 《荀子·王制》。
③ 有关对荀子的王、霸、强三者概念的分析，可参见阎学通《荀子的国际政治思想及启示》，《国际政治科学》2007 年第 1 期，第 115～144 页。
④ 吴光华主编《现代英汉综合大辞典》，上海科学技术文献出版社，1990，第 1213 页。
⑤ 巴里·布赞：《世界历史中的国际体系》，刘德斌译，高等教育出版社，2004，第 221～216 页。

以体系内部的互动为前提的。但是，不同国家在互动时遵循的行为准则是不同的，因此我们不能将互动简单地理解为符合国际规范的行为。遵循国际规范的行为是常规互动，违反的行为则是非常规互动。常规互动具有强化现有国际规范的作用，非常规互动则有改变现有国际规范的作用。

三　国际规范的演变

在分析主导国领导性质对国际规范演化影响的原理之前，我们需要区分行为准则内化的过程和结果。有学者认为国际规范的内化有被迫行为、逐利行为和合法行为三种程度区别。[①] 笔者认为，这种分类混淆了内化的路径与结果。内化是指从有意行为向下意识行为的演进过程，因此被迫行为或逐利行为都是国际规范内化的路径，并不是内化的结果。合法行为是指下意识的行为，因此是内化的结果而非路径。下面分节讨论领导性质对国际规范内化的路径、结果和领导性质的变化。

（一）互动路径

主导国遵循的行为准则是通过行为表现出来，其行为通过三条路径影响其他国家所遵循的行为准则，即示范—效仿、支持—强化和惩罚—维护（参见图2－2）。

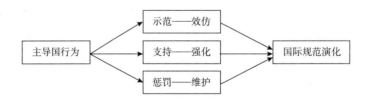

图2－2　主导国行为影响国际规范演化的路径

示范—效仿的路径是指其他国家效仿主导国的行为准则。主导国的国际地位使其行为准则被视为是其成功的原因之一，于是其他国家会效仿。

---

① Alexander Wendt, *Social Theory of International Politics*, Cambridge University Press, 1999, p. 268.

主导国行为的样板作用对其行为对象和旁观者都有影响。春秋时期就有了这种认识，郑国大臣子家对晋国执政赵宣子说，大国有道德，小国的行为就像人一样；大国没道德，小国就像鹿一样做事不择手段。他说："小国之事大国也，德，则其人也；不德，则其鹿也，铤而走险，急何能择命罔极。"[1] 特别是在与他国发生利益矛盾时，主导国采取协商方式解决会促进对方遵守道义规范，而若主导国以强力方式解决，则会促使对方遵循实力规范。前者促进道义规范的普及和内化，后者则促进实力规范的普及和内化。例如，小布什政府在单方面退出《反导条约》后，采取与俄对抗的政策，要在波兰部署反导系统，其结果是俄罗斯以在加里宁格勒部署进攻性短程导弹回应小布什。奥巴马（Barack Obama）政府在东欧反导弹问题上采取协商政策，俄罗斯则以撤销部分导弹进行回应。[2]

示范—效仿的路径与伊肯伯里和库普钱的劝说路径有本质不同。他们的路径是霸权通过话语来促进他国遵循其所提倡的国际规范，而示范—效仿路径是主导国靠以身作则的行为来促使他国遵循相同的行为规范。劝说包括诱惑和威胁，而以身作则是起样板作用使对方自愿效仿。主导国不遵守自己所倡导的国际规范，也能劝说他国遵守。例如，美国违反核不扩散条约与印度进行核合作，仍能说服韩国不以发展核武器来回应朝鲜进行的核试验。然而，示范—效仿的路径只有在主导国遵守国际规范的前提下才能产生作用。

支持—强化的路径是指，主导国对他国行为的支持会强化他国遵循某类国际规范的信仰。例如，第二次世界大战后，美国长期支持以色列军队对周边反以色列力量的军事打击，这强化了以色列对实力规范的信仰。"冷战"结束后，美国一方面不支持西方国家内部的分离主义，另一方面又鼓励西方国家支持非西方国家的分离主义。这种双重标准的政策促使西方国家在分离主义问题上普遍遵循双重标准规范。当主导国支持他国遵循现行国际规范时，国际规范就得到强化；支持他国违反现行国际规范时，就会

---

① 《左传·文公十七年》。

② 张光政：《俄罗斯放弃在加里宁格勒部署导弹》，http：//world.people.com.cn/GB/1029/42356/10082437.html。

使现行规范向其他类型规范演化。

惩罚—维护的路径是指主导国对他国的惩罚政策，会促使他国形成遵循现行国际规范的信仰。惩罚能促进道义规范还是实力规范取决于惩罚的目标。如果惩罚的对象是违反道义规范的国家，则有促进道义规范内化的作用。对违反道义规范的国家进行惩罚，增加了它们违反道义规范所付出的代价，这会促进它们和其他国家在此后采取符合道义规范的行为。伊拉克 1990 年武力吞并科威特，违背了联合国宪章中关于不得以武力侵害他国领土完整或政治独立的规范。① 美国 1991 年 1 月发动的海湾战争，对伊拉克进行惩罚。② 这种惩罚有助于伊拉克和其他国家遵守联合国宪章中的相关规定。反之，如果惩罚了遵循道义规范的国家，也会促进他们回归对实力规范的信仰，从而弱化他们遵循道义规范的自觉性。

惩罚—维护的路径比伊肯伯里和库普钱的强制路径要广泛得多，包括了对国际社会的普遍影响而非仅限于对被强制国的个别影响。他们提出的通过改变他国政权来推行新规范的路径，仅是惩罚—维护路径中的一种特例。主导国可以采取多种不同惩罚措施促使他国遵循其所提倡的国际规范。例如，经济制裁、政治谴责、断绝外交关系、军事封锁等，改变政权也许是最严厉的惩罚性措施。

（二） 国际规范的演化

如果主导国的领导性质决定其行为，其行为又从示范—效仿、支持—强化和惩罚—维护三条路径上影响国际规范的演化，那么我们通过分析其行为在这三条路径上的具体影响，就可以看出领导性质对于国际规范演化所具有的影响。

1. 国际规范的演化方向

强权国奉行实力准则，因此其行为具有弱化道义规范和强化实力规范的作用。强权国行为的样板作用促使更多国家效仿其实力行为准则。它支持或鼓励盟友对敌国采取实力行为准则，增强其盟友对实力准则的信仰。

---

① 李铁成主编《联合国的历程》，北京语言学院出版社，1993，第 647 页。
② 《世界知识年鉴 1991/92》，世界知识出版社，1992，第 1～4 页。

它以实力准则回应他国的道义行为，是对违反实力准则行为的惩罚，这将弱化其他国家执行道义准则的信念，促使它们转向采取实力准则。战国中晚期，秦国是典型的强权主导国。在实力准则支配下，秦国不断兼并他国领地，其他诸侯国将其视为"虎狼之国"。① 秦国违约兼并遵约国领地的行为，促使其他诸侯以实力行为与之互动。例如，秦国在一次与赵国媾和中提出赵国割让六城给秦以结束战争。赵国大臣虞卿对赵惠文王说："且秦，虎狼之国也，无礼义之心。其求无已，而王之地有尽，以有尽之地，给无已之求，其势必无赵矣！"② 赵王接受了虞卿的建议，相信进行战争比签订和约更有利于生存，于是与齐国结盟继续抗秦战争。③

王权国奉行道义准则，其行为具有弱化实力规范而强化道义规范的作用。王权国的道义行为所产生的样板作用是，促使其他国家形成遵循道义规范有利于国家强盛的观念。荀子说的"义立而王"，反映的是人们对于奉行道义准则与成为世界主导国的认识。④ 王权国具有推行道义规范的最强大的物质力量，在奖励和惩罚的两条路径上，它不仅可以奖励遵守道义规范的国家，也有以武力维护道义规范的能力。王权国对道义规范的遵守，使其有了武力维护道义规范的合法性。先秦人士所说："古圣王有义兵而无偃兵，"⑤ 反映出古代人们就认为主导国的正义性，使其具有了武力推行道义规范的合法性。禹伐三苗是王权国以武力推行道义规范的范例，连反对一切战争的墨子都认为这场战争是正义的。⑥

霸权是位于强权与王权之间的一种领导，霸权国奉行双重标准原则，即对盟友采取道义准则，对敌国采取实力准则。霸权国的行为具有强化双重标准规范的作用。霸权的道义行为，主要影响与盟友之间的互动规范。战略诚信是霸权的重要基础之一。为了维护霸权，霸权国也需要以道义行为在盟友中建立其战略信誉。如子服惠伯所说："夫盟，信之要也。"⑦《左

---

①　《战国策·楚策一·苏秦为赵合从》，《战国策·西周策·秦令樗里疾以车百乘入周》。

②　《战国策·赵策三·秦攻赵于长平》。

③　《战国策·赵策三·秦攻赵于长平》。

④　《荀子·王霸》。

⑤　《吕氏春秋·孟秋纪·荡兵》。

⑥　《墨子·兼爱下》。

⑦　《国语·鲁语下·子服惠伯从委平子如晋》。

传》中有"信不由中,质无益也"的认识。① 为了扩大同盟和巩固同盟,霸权国遵循道义准则为盟友提供安全保障。霸权国在盟友间推行道义规范的路径与王权国一样,也是威柔并举。如郤缺所说:"叛而不讨,何以示威?服而不柔,何以示怀?非威非怀,何以示德?无德,何以盟?"②

霸权国的实力行为,主要影响敌对国家之间的互动规范。其实力行为促使敌国以实力行为相回应,从而敌对国家之间形成实力规范。例如,苏联解体后,俄罗斯总统叶利钦(Boris Nikolayevich Yeltsin)迫切希望加入西方阵营,按西方的内部规范行事。然而美国主导的北约利用叶利钦遵守西方规范的机会,实施北约东扩战略,挤压俄罗斯的战略空间。北约以实力行为回应了俄罗斯遵守西方规范的行为,使俄失去了奉行西方规范的信心。普京(Vladimir Vladimirovich Putin)主政后,俄罗斯重新采取实力准则的对外政策。③ 2008 年当美国默许格鲁吉亚以武力解决南奥塞梯问题时,俄罗斯不仅出兵格鲁吉亚,而且支持南奥塞梯和阿布哈兹从格鲁吉亚独立。④

霸权国奉行的双重标准规范是以敌友关系为参考系的,对于国际体系的国际规范演化方向的影响不矛盾。霸权国的行为促使他国也奉行双重标准规范,即以道义规范对友,以实力规范对敌。例如,目前西方国家普遍容忍以色列拥有核武器但不容忍伊朗发展核能力。双重标准原则不仅适用于处理盟友和敌人的关系,还适用于应对同类和非同类国家的关系。例如,1968 年问世的《核不扩散条约》对有核国家和无核国家实行双重标准的原则,现已发展成为全球性的国际规范。⑤

2. 国际规范的质变

国际规范的演化有量变和质变之分。笔者不敢确定国际规范质变是渐进量变导致的结果,还是意外因素突发导致的结果。然而,无论演化过程是渐变还是突变,两次国际规范质变的间隔时间是以百年为单位的。因此,我们

---

① 《左传·桓公三年·周郑交质》。
② 《左传·文公七年·晋郤缺言归卫地》。
③ 俄罗斯战略形势评估课题组《俄罗斯强势崛起述评》,《现代国际关系》2009 年第 2 期,第 19~24 页。
④ 朱锋:《俄格冲突的国际政治解读》,《现代国际关系》2008 年第 11 期,第 6~12 页。
⑤ 安国政、郭崇立、杨振武主编《世界知识大辞典》(修订版),世界知识出版社,1998,第 227 页。

需要通过对长期历史的观察，才能看出国际领导性质对国际规范质变的作用。

国际领导性质的变化，有可能成为国际规范质变的起因。国际领导性质的改变，意味着主导国的对外行为准则改变。主导国行为准则的突然变化对于国际规范演化方向的影响是明显的。例如，1945 年"二战"结束，美国和苏联取代欧洲列强成了世界主导国。与"一战"和"二战"时期的欧洲强权国不同，美苏是霸权国，奉行双重标准的行为准则。美苏分别于 1949 年和1955 年建立北约和华约，在此基础上全球形成了资本主义和社会主义两大阵营。① 美苏争霸的外交战略就是支持盟友打击敌国，这使双重标准很快成为"冷战"时期的主导国际规范，并且一直延续到"冷战"后的今天。

国际领导性质长期不变，有利于促进某种国际规范的普遍化和内化。领导性质长期不变，主导国长期以某种行为准则与其他国家互动，这种互动将促使此类行为准则在国际社会普遍化和在他国内化。例如，美国人对于民主具有溶化在血液中的信任。② 自 1945 年以来的 60 多年里，美国依据道义规范制定对民主国家的政策，依据实力规范制定对专制国家的政策。特别是在 1991 年获得了唯一超级大国地位后，美国加大了促进民主、反对专制的政策力度。到了 21 世纪初，世界上所有国家，无论其政治体制实质是什么，都宣称自己是民主体制，并反对专制体制。支持敌国的民主运动和反对敌国的专制制度的做法逐渐普遍化，一度被称为是人道主义干涉的国际规范。

3. 领导性质的变化

既然主导国领导性质对国际规范的演化具有重要影响，因此本节简单分析一下主导国领导性质变化的路径。主导国领导性质的变化可来自政权内部，如夏桀和商纣继位后，夏和商的领导性质从王权转变为强权。也可来自政权更迭，如中华帝国的汉朝取代了秦朝的领导地位，其国际领导性质从强权转为霸权。也可来自大国实力地位的转换，"二战"后的美苏取代欧洲列强成为世界主导国，使得国际领导性质从强权转向霸权。

---

① 安国政、郭崇立、杨振武主编《世界知识大辞典》（修订版），世界知识出版社，1998，第155、637 页。

② 罗伯特·阿特：《美国大战略》，郭树勇译，北京大学出版社，2005，第 88 ~ 94 页。

温特认为，虽然不能保障国际规范能从洛克文化（竞争）向康德文化（友好）发展，但至少不太可能回到霍布斯文化（敌对）。① 温特这种线性进化的历史观既缺乏理论逻辑又找不到历史事实佐证。如果只观察《威斯特伐利亚条约》之后的国际关系史，国际规范的变化方向有可能符合温特的看法，但是如果从更长的历史时期观察，我们可以看到国际规范的演化是没有既定方向的。徐进的研究发现，战争法从无限暴力向有限暴力的方向转变是由欧洲的文艺复兴所致，这给我们的启示是，国际规范的方向性变化很可能是由非国际关系因素引发的，并且是突变式的。②

如果主导国领导性质的变化方向是不确定的，其变化又影响到国际规范的演化方向，那么国际规范的演化方向也应是不确定的。从历史上看，主导国的领导性质在王、霸、强三者间的变化具有随机性。秦之前华夏体系的国家间规范变化是个例证。即使在现代民主体制条件下，主导国领导性质的变化也具有或然性。比较克林顿（Bill Clinton）、小布什和奥巴马的对外政策，我们不能说他们对外政策的行为准则具有质的差别，但是如果比较克林顿和奥巴马的多边主义政策和小布什的单边主义政策，就可以发现，克林顿和奥巴马的政策霸权性强，而小布什的政策则强权性强。奥巴马的对外行为准则向克林顿回归，意味着主导国领导性质的变化不是单一方向的。整理上述关于主导国领导性质变化对国际规范演化方向影响的分析，我们可以得到图 2 - 3。

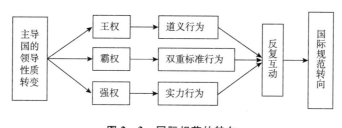

图 2 - 3　国际规范的转向

---

① Alexander Wendt, *Social Theory of International Politics*, pp. 250 - 251.
② 徐进：《暴力的限度：战争法的国际政治分析》（清华大学博士学位论文），2008 年 4月，第 28 ~ 30 页。

四　历史案例

鉴于国际规范的质变间隔时间较长，因此下文选择了西周、春秋、"一战"前至"二战"和"二战"结束至今四个时间长度在 50 年以上的历史时期进行分析。这四个案例在历史时期、科学技术、文化思想、实力格局、政治体制、地理范围等方面差别很大。故此，如果主导国的领导性质在这四个时期对国际规范的演化方向影响具有相似性，那么我们可以认为王、霸、强三种国际领导权对于国际规范的演化具有普遍性意义。

（一）西周

在公元前 1066～前 770 年的西周时期，周朝的领导性质从王权转变为霸权而后再转变为强权，与此相应的是华夏国际体系的国家间行为规范从道义规范向双重标准规范演化，而后向实力规范演化。

约在公元前 1066 年，周武王灭了商纣，建立了周朝，从此开始了西周体系。[①] 在这个体系中，诸侯国之间的常规原则是五服规范原则。公元前 17 世纪的商汤时期，汤王召集了"景亳之命"大会，建立了侯、甸、男、采、卫的五服规范，这种规范得到了诸侯国的普遍拥护。[②] 在此基础上，周武王将其修改为甸、侯、宾、要、荒的五服规范。[③] 武王、成王、康王带头执行五服规范，在发现其他国家不执行规范时首先自我检查是否没做好，并对不合理的规范进行改革，然后对违反规范的国家进行警告，对警告后仍不改过的国家才进行武力讨伐。[④] 由于周朝带头执行规范，而且进行战争的目的在于维护规范，因此在武、成、康三代，五服规范得到较好遵守，体系内的战争相对较少。[⑤] 在武王和成王之时，诸侯国之间，诸侯国与部落之间

---

① 杨宽：《西周史》，上海人民出版社，2003，第 871 页。

② 何茂春：《中国外交通史》，中国社会科学出版社，1996，第 13～14 页。

③ "夫先王之制，邦内甸服，邦外侯服，侯卫宾服，蛮夷要服，戎狄荒服"，参见杨宽《西周史》，上海人民出版社，2003，第 453 页；上海师范大学古籍整理组校点《国语》，上海古籍出版社，1998，第 4 页。

④ 上海师范大学古籍整理组校点《国语》，上海古籍出版社，1998，第 1～3 页。

⑤ 何茂春：《中国外交通史》，中国社会科学出版社，1996，第 23 页。

也有军事冲突，但并不像昭王之后那样普遍。

公元前 1001 年周昭王继位后，周朝不再严格遵守五服规范，不断对体系边缘的荒服地区的部落发动战争。① 典型事例是周穆王对犬戎发动的战争。根据五服规范，处于荒服地区的犬戎只需不定期地朝拜天子即可，没有四季进贡祭品的责任。然而，周穆王听不进祭公谋父关于遵守规范重要性的劝谏，以犬戎没有进贡四季祭品为借口对其发动了战争。周朝虽然赢得了战争，但有关荒服的规范遭到了破坏，从此犬戎部族不再来朝拜。② 由于周朝当时还能遵守对侯服和宾服地区国家的规范，不是随意对周边诸侯国发动战争，因此国家间规范从道义规范演化为双重标准规范。

周厉王于公元前 858 年继位，此时周朝不仅违反对边远部族的规范，而且不执行对诸侯国的规范。周厉王对王室成员破坏诸侯国共享山泽这一规范的行为不加制止，致使一些诸侯反叛。③ 周宣王（前 827 年继位）时期的周朝已经是强权性质，甚至对同宗姬姓诸侯鲁国都不按规范对待了。周宣王违反嫡长子继承制的规范，要鲁国立幼子戏为太子。鲁国人不满，杀了戏，立长子恬的儿子伯御为国君。为此，周宣王于公元前 795 年（宣公 32 年）对鲁国发动战争。周宣王赢得了战争，但周朝与诸侯国关系恶化，冲突不断。④ 体系的常规原则逐渐从双重标准原则向实力原则演化。周幽王公元前 781 年继位，他不但违反当时长子继承的规范，废了太子，立庶子为嫡，而且他公开违反盟友间的规范原则。公元前 779 年（幽王三年），他为宠后妃褒姒以烽火戏诸侯。⑤ 此后，诸侯们遵守同盟规范的越来越少。公元前 770 年，当北方犬戎入侵中原时，幽王以烽火召兵，但多数盟国不来救援，结果他被犬戎军杀死在骊山。⑥

---

① 何茂春：《中国外交通史》，中国社会科学出版社，1996，第 23 页；杨宽：《西周史》，上海人民出版社，2003，第 453 页。

② 上海师范大学古籍整理组校点《国语》，上海古籍出版社，1998，第 1 ~ 8 页。

③ 杨宽：《西周史》，上海人民出版社，2003，第 840、841、849 页。

④ 黄永堂译注《国语全译》，贵州人民出版社，1997，第 20 页；杨宽：《西周史》，上海人民出版社，2003，第 842 页。

⑤ 杨宽：《西周史》，上海人民出版社，2003，第 850 页；《史记·周本纪》。

⑥ 顾德融、朱顺龙：《春秋史》，上海人民出版社，2001，第 41 ~ 42 页；杨宽：《西周史》，上海人民出版社，2003，第 851 页。

（二）春秋

中国学者普遍认为，西周与春秋的重大政治区别是前者没有大国争霸，后者是大国争霸时代。[①] 西方学者对于西周与春秋时期政治区别的认识角度不同，他们认为，两者的区别是以周朝为中心调解国家间冲突的机制在春秋时期消失了。随着周朝实力地位的下降，其调解诸侯国冲突的作用也消失了。周朝对别国事务享有特殊权力的等级规范受到了严重挑战。诸侯国与周朝之间，诸侯国之间、诸侯国与夷狄之间的关系向平等规范演化。它们之间签订的条约只对签约成员具有效力，没有高于条约成员的政治力量可在成员国的领地上享有更大权力。[②] 由于条约的效力是适用于签约的成员国，因此双重标准成为国家间的规范，即解决同盟成员之间冲突的规范与解决与非盟国之间冲突的规范不同。

春秋前期，形成双重标准规范的一个重要因素，是齐楚两大同盟的建立。取代周朝主导华夏体系的齐、楚两国是霸权。他们崛起争霸时，临时性的军事合作逐渐发展成为政治同盟，这使同盟的稳定性得到增强。公元前651年（僖公9年），齐国与宋、鲁、卫、许、曹、陈等国达成葵丘之盟。盟约的规则包括了内政、外交、意识形态等多方面。如盟约规定"凡我同盟之人，既盟之后，言归于好"[③]。这一规定限制了盟国间相互兼并。会盟还申明周天子的禁令，不可壅塞泉水，不可多藏粮谷，不可变换嫡子，不可以妾为妻，不可让妇人参与国政等一些规定。[④] 这些规则增强了同盟国之间的政治互信和政治制度上的一致性。这种同盟内部互不侵犯的规范减少了盟国间的战争，相对于实力规范的体系也显得相对稳定。[⑤] 然而，盟国间的规范并不适用于与非盟国的关系。葵丘之盟的双重标准规范能得到较长时期遵守，其重要原因

---

① 顾德融、朱顺龙：《春秋史》，上海人民出版社，2001，第21页；杨宽：《战国史》，上海人民出版社，1998，第2页。

② K. J. Holsti, *International Politics: A Framework for Analysis* (Seventh Edition) (Englewood Cliffs: Prentice Hall, Inc. 1995), p. 33.

③ 洪亮吉：《春秋左传诂·僖公九年》，中华书局，1987，第285页。

④ 顾德融、朱顺龙：《春秋史》，上海人民出版社，2001，第85页。

⑤ K. J. Holsti, *International Politics: A Framework for Analysis* (Seventh Edition), p. 34.

是盟主齐国长期遵守盟约的规定，即其对外兼并政策主要用于非盟友国。

中国学界普遍认为，"春秋时代战争的主要目的在于争霸，战国时代战争的主要目的在于兼并"。① 笔者以为，春秋与战国的区别并非春秋时期没有兼并现象，而是在春秋时期兼并被认为是违反规范的行为，到了战国时期，兼并现象不但普遍且具有了合法性。其实不兼并邻国的规范在春秋后期就开始变化了，并非到了战国时期才开始演变。楚国靠兼并"汉阳诸姬"成为大国，甚至自行称王，秦国靠兼并西戎做大，郑武公、郑庄公、晋献公、晋文公都曾兼并过邻国。到了吴楚争霸的后期，兼并战败国就已经成了通行的规范。吴国称霸时，吴王夫差打败越国后没有兼并越国。但是越国崛起成为新霸权后，复仇心理使越王勾践采取了强权政策，于公元前473年兼并了战败国吴国。② 勾践虽然顾忌春秋时期不得兼并他国的规范，也退回一些占领的土地给一些小国，但是作为春秋时期的最后一个霸主，他吞并吴国的行为，加快了兼并战败国演化为国家间规范的速度。国家间规范由争霸但不吞并他国转化为吞并他国的这一过程，是一个从双重标准规范向实力规范演化的过程。

在西周至战国的历史时段中，华夏地区国家间规范的演化过程为：道义规范→双重标准规范→实力规范→双重标准规范→实力规范。这一演化过程表明国际规范的演化方向是非线性的，没有既定的方向性。

（三）"一战"前至"二战"

"一战"前，英国提供的是强权性的国际领导。它长期采取实力准则在世界上扩展殖民地，促使实力规范在全球的扩展。③ 英国的实力准则表

---

① 杨宽：《战国史》，上海人民出版社，1998，第2页。
② 杨宽：《战国史》，上海人民出版社，1998，第2页。
③ 1902～1911年期间，英国的军费开支最大，排在其后的俄、德、法的军费只相当于英国的三分之二，奥匈与意大利的军费还不到英国的一半。美国和日本分别赢得1898年美西战争和1905年日俄战争后实力有了较大提升，但还远不能与英国相比。参见王绳祖主编《国际关系史》（第三卷），世界知识出版社，1995，第357～358页。

现为其对外政策没有诚信，不遵守国际条约。1896 年英国公开承认其
"光辉孤立"政策就是为了在任何情况下可按自己的意愿采取行动。① "光
辉孤立"政策使英国形成了不愿被条约束缚的外交习俗。1898 年英国与
德国签约瓜分葡萄牙殖民地，1899 年又与葡萄牙签约保证不侵犯葡的殖
民地，这实际上是违背了英德条约。② 英国于 1904 年和 1907 年分别与
法、俄订立了针对德国的军事协定，但 1909 年英又与德国进行海军协
议谈判。英国违约的行为与周宣王不遵守五服规范的行为在性质上是一
样的。

英国带头不讲信誉的行为，强化了其他大国不遵守国际条约行为准则。
"一战"前，国家违背条约的现象是普遍的，条约多是被用作政策的借口而
不是依据，外交欺骗和背叛是当时的普遍现象。例如，意大利是德奥意同
盟的核心成员，1914 年 7 月 28 日大战爆发，8 月 3 日意大利就背弃盟约，
宣布中立。③ 英国于 7 月 9 日告知德国驻英大使，英国与法、俄没有同盟关
系，不受任何义务约束，并在大战前两天表态说将保持中立不卷入战争。
由于背叛盟友是符合当时国际规范的，因此德国相信了英国背叛协约国的
表态。当 7 月 29 日英国表态要参战的立场后，德皇威廉二世大骂英国
欺骗。④

英国武力拓展殖民地的实力行为被世界上的主要国家所效仿，瓜分他
国领土或殖民地成为这一时期的国际规范，这与战国时期的兼并规范很相
似。此间争夺殖民地、扩张领土、侵占他国领土主权的战争很多，如美西
战争（1898）、英布战争（1899～1902）、八国联军侵华（1900）、日俄战争
（1904～1905）、第二次摩洛哥危机（1907）、意土战争（1911～1912）、阿
加迪尔事件（1911）、俄军入侵蒙古（1911）、第一次巴尔干战争（1912～

---

① 参见王绳祖主编《国际关系史》（第三卷），世界知识出版社，1995，第 329
页。
② 参见王绳祖主编《国际关系史》（第三卷），世界知识出版社，1995，第 334
页。
③ 参见王绳祖主编《国际关系史》（第三卷），世界知识出版社，1995，第 410
页。
④ 参见王绳祖主编《国际关系史》（第三卷），世界知识出版社，1995，第 402～403
页。

1913)、第二次巴尔干战争（1913）和第一次世界大战（1914～1918）。①

第一次世界大战后，美国很快取代英国成为世界首强，但由于美国刚刚开始从强权向霸权转化，因此未能给世界提供与英国性质不同的领导。虽然美国总统威尔逊提出"十四点计划"，建议建立集体安全体制的国际联盟。国际联盟盟约包括了保持成员国领土完整、政治独立和民族自决原则等条款。但是，美国参议院最后否决了《凡尔赛和约》，美国没有参加威尔逊建议的国联，美国未能发挥建立新国际规范的领导作用。"一战"后还是由英、日、法、意等强权国主导着国际规范。② 也就是说，由于"一战"后仍由强权国家发挥世界领导作用，因此"一战"后的国际规范延续了"一战"前的实力规范。

"一战"后，违反国际条约的行为仍属于符合规范的行为，以战争手段扩张土地的违约现象仍十分普遍。这一时期是全球性的战国时代。例如1919年的《国际联盟盟约》、1922年限制海军军备的《五国条约》、1928年的《非战公约》、1929年的《莫斯科议定书》都是限制使用武力的条约，但是没有大国遵守这些条约。国联成立后，包括德、日、意三国在内先后有15个国家退出国联。③ 这表明当时违背国际规范的普遍性及合法性。

---

① 美西战争结果是西班牙将古巴、波多黎各岛、西属西印度群岛、关岛、菲律宾群岛让与美国。英布战争后布尔共和国丧失独立，承认英国国王为主权者；英国将开普、纳塔尔、德兰士瓦、奥兰治合并成立南非联邦。日俄战争后俄将旅大租借地、萨哈林岛（库页岛）南部及附近岛屿让给日本，承认日本在朝鲜有"卓绝之利益"，1910年日本正式吞并朝鲜。意土战争后土耳其承认的黎波里和昔兰尼加归属意大利。第一次巴尔干战争后土耳其将其自爱琴海的埃内兹到黑海的米迪亚之间所划出的一线之西的全部欧洲大陆领土（阿尔巴尼亚除外）和克里特岛割让给门的内哥罗、塞尔亚、保加利亚、希腊。第二次巴尔干战争后希腊和塞尔维亚分割了马其顿，土耳其夺回阿得里安堡，保加利亚失去在第一次巴尔干战争中获得的土地，还失去部分自己原有领土。八国联军侵华后俄国占领中国东北三省，俄、意、比、奥匈获得在天津的租界地。第二次摩洛哥危机后法国军事占领阿尔及利亚的乌季达州。阿加迪尔事件后法国将部分法属刚果领土（27.5万平方公里）割让给德国，德国将喀麦隆乍得湖以东一块地让给法国。俄军入侵蒙古后，俄国还武装占领了中国的唐努乌梁海地区。参见王绳祖主编《国际关系史》（第三卷），世界知识出版社，1995，第274～394页。

② 1922年达成的《美、英、法、意、日海军军备条约》规定五国的海军比例为5:5:3:1.75:1.75。参见王绳祖主编《国际关系史》（第四卷），世界知识出版社，1995，第118、90～91、84～91页。

③ 安国政、郭崇立、杨振武主编《世界知识大辞典》（修订本），世界知识出版社，1998，第549页。

1929 年的金融危机之后，大国扩张领土的大规模军事行动加剧。日本1931 年先是侵占中国东北而后于 1933 年再入侵中国华北，1935 年意大利侵占阿比西尼亚（现埃塞俄比亚），1937 年日本发动全面侵华战争，1937年德国入侵捷克斯洛伐克和 1939 年入侵波兰，于是第二次世界大战爆发。①

（四）"二战"结束以来

依据国际格局，第二次世界大战结束以来的历史可分为"冷战"和"冷战"后两个时期；但是如果依据国际规范的性质，"二战"以来则是一个历史时期。"冷战"时期，美苏同时是主导国，其领导性质为霸权，国际规范是双重标准。"冷战"后美国成为唯一的世界主导国，但其领导性质并没有变化，因此双重标准的国际规范得以延续。

"冷战"时期双重标准规范与春秋晋楚争霸时期有一定的相似性。美、苏和晋、楚一样，都是霸权国而非强权国。从遵约的角度讲，美国有些像当年的晋国，苏联则有些像当年的楚国。在"冷战"的 40 年里，美、苏在他国培植亲美或亲苏的政权，进行代理人战争，但没有扩张本国领土。他们建立多边军事同盟组织或双边军事同盟关系，为盟国提供安全保障和经济援助，同时对敌国采取颠覆政权甚至发动战争的政策。

美国与晋国的相似之处在于，它对于盟友较好地履行了道义规范。1948年起，美国对欧洲国家实行"马歇尔援助计划"，1949 年成立北约后，美国没有对盟友进行武装干涉，因此西方阵营在"冷战"40 年里保持了相对的团结。② 在对盟友履行道义规范的方面，苏联不如美国。它不仅于 1948 年单方面从南斯拉夫撤军，1950 年未出兵援助朝鲜，1958 年单方面停止对华援助，而且 1956 年和 1968 年分别还出兵干涉华沙成员国匈牙利和捷克。③

---

① 王绳祖主编《国际关系史》（第五卷），世界知识出版社，1995，第 59 ~ 62、83 ~ 86、148 ~ 149、184 ~ 187、277 ~ 380 页；王绳祖主编《国际关系史》（第六卷），世界知识出版社，1995，第 4 ~ 5 页。

② 安国政、郭崇立、杨振武主编《世界知识大辞典》（修订本），世界知识出版社，1998，第 984 页。

③ 王绳祖主编《国际关系史》（第八卷），世界知识出版社，1995，第 309 ~ 310 页；王绳祖主编《国际关系史》（第九卷），世界知识出版社，1995，第 105 ~ 107 页。

苏联的行为显然不符合荀子所说的"结约已定，虽睹利败，不欺其与"的霸权标准。① 苏联对盟友不能严格遵守道义规范的做法削弱了社会主义阵营的牢固性，不到 10 年东方阵营就破裂，成员之间发生了多次战争，最终华沙条约组织于 1991 年 4 月解散。②

"冷战"期间，美、苏对非盟友的国家采取实力准则，为了争霸不但在亚、非、拉地区支持了许多代理人战争，而且亲自参加了一些战争。如朝鲜战争（1950～1953）、猪湾战争（1959）、越南战争（1961～1973）、阿富汗战争（1979～1988）、海湾战争（1990～1991）。美、苏对非盟友采取的实力行为，强化了敌对国家间的实力规范。敌对的地区大国也普遍以实力准则回应对方，其结果是战争和军事冲突不断。如三次印巴战争（1948、1965、1971），以色列与周边国家间的五次中东战争（1948、1956、1967、1973、1982），中印边境自卫反击战（1962），越柬战争（1978～1979），中越军事冲突（1979），两伊战争（1980～1988），南非对邻国的多次军事入侵。

"冷战"后美国成为唯一世界主导国，但其领导性质依然是霸权，其行为准则依然是双重标准。世界霸主地位使美国有了强化双重标准规范的更大实力。例如，在分离主义问题上，美国与西方国家达成默契，相互执行不干涉内政的原则，但是对于非西方国家则采取支持分离主义的政策。在不扩散导弹技术问题上，防止非盟友的扩散行为但不禁止在西方盟友间的扩散。在政治制度上，对人权状况都不好的沙特和缅甸，西方国家与沙特进行合作，但集体制裁缅甸。

"冷战"后，双重标准规范的另一种表现是"民主和平论"所依据的国际现象，即西方国家之间相互不进行战争，但对非西方国家发动战争，或是非西方国家之间相互进行战争。1990～2002 年在世界上 46 个不同地点发生了 58 起重大武装冲突，但没有发生于西方国家之间的。③ 自 1990 年以

---

① 《荀子·王霸》。

② 《世界知识年鉴 1991/92》，世界知识出版社，1992，第 846 页。

③ 斯德哥尔摩国际和平研究所：《SIPRI 年鉴 2003：军备·裁军和国际安全》，中国军控与裁军协会译，世界知识出版社，2004，第 127～130 页。重大武装冲突定义为一年内至少有 1000 人因作战死亡的军事冲突，见该书第 140 页。

来，重大的国际战争有海湾战争（1991）、索马里战争（1992）、埃塞俄比亚－厄立特里亚战争（1998～2000）、科索沃战争（1999）、阿富汗战争（2001）、伊拉克战争（2003）、以色列入侵黎巴嫩战争（2006）。在这些战争中，多数是西方国家对非西方国家发动的战争。

有一点值得注意的是，"冷战"后美国对外政策行为在克林顿和小布什时期有所不同。前者霸权性质较强，基本上遵守美国所签署的国际条约，后者则偏离霸权性向强权倾斜，不遵守美国自己所倡导的国际规范。例如，小布什政府 2001 年单方面宣布退出《美苏关于限制反弹道导弹系统条约》，[①] 2006 年与不参加《核不扩散条约》的印度签订了核合作协议，[②] 在无联合国授权的情况下，2003 年发动了北约盟友都批评的伊拉克战争。克林顿与小布什对外政策的这种差别，对国际规范的量变有着不同影响。例如，克林顿时期国际军控谈判就能取得进展，而小布什时期非但不能取得进展反倒有所倒退。

五　国际规范的演化趋势

以前面的理论框架和历史总结为基础，本节预测今后国际领导变化对国际规范演化的影响。国际规范每年都在发生程度演化，在未来几十年里，影响国际规范演化的最大的因素很可能是中美实力对比的变化。2008 年发生的金融危机加快了中国崛起的速度，大幅提高了中国的全球性影响力。中国的经济规模有望在 2025 年赶上美国，综合国力可能在 2050 年赶上甚至超过美国。因此我们从 2010～2025 年和 2025～2050 年两个时段来预测国际规范的变化趋势。

（一）2010～2025 年

如果中国的经济规模以每年 9% 的速度增长，是有可能在 2025 年赶上

---

① 刘华秋主编《军备控制与裁军手册》，国防工业出版社，2000，第 280～281 页；中国军控与裁军协会编《2005 年度国际军备控制与裁军报告》，世界知识出版社，2005，第 117 页。
② 裴远颖：《美印核合作玄机》，http://theory.people.com.cn/GB/49150/49152/4193314.html。

美国的。然而，由于中国的军事力量发展滞后，不结盟政策使中国缺少政治盟友，因此中国的综合国力在 2025 年还难以赶上美国。这意味着，在这期间，美国的行为对国际规范的演化具有最大的影响力。在 2025 年前，影响美国行为准则的两个主要因素将是美国实力地位的相对下降和美国领导人的认知变化。

美国实力的相对下降，使美国国内的孤立主义思想有所抬头。奥巴马执政期间，美国对国际规范的影响将可能像"一战"后的威尔逊时期。奥巴马向国际社会倡导一些理想主义互动原则，但因得不到国会支持而作罢。奥巴马无法实现对国际社会承诺的行为，将弱化双重标准原则中对盟友实行规范原则的方面。如果奥巴马无力阻止美国实力相对衰落的趋势，其继任者很可能是保守派人士。这将意味着美国的孤立主义政策要素继续增加，美国为了自身利益而退出国际条约的现象会增多。美国对国际规范的正面影响力下降，负面影响力上升。

中国崛起加快，使得美国的世界主导力相对下降。面对实力地位缓慢下降的现实，美国将更愿意维持现行国际规范。在改进国际规范方面，美国的主动性将小于 20 世纪 90 年代初。在建立国际新秩序方面，美国热情不仅小于 90 年代初，而且将小于中国。为了防止中国主导国际规范的演变，美国在国际规范问题上更多地采取阻止改革的策略。2008 年金融危机发生后，美国采取了抵制改革现行国际金融体制的政策。今后在其他领域的国际规范改革方面，美国也将主要起阻力作用。

（二）2025～2050 年

对 2025～2050 年间国际规范变化影响的因素很多，这肯定超越了我们能准确判断国际规范演化趋势的能力。因此，这里只是猜测中国在综合实力超越美国的过程中对于国际规范演化将可能产生的影响。如果 2025～2050 年是中国综合实力超越美国的过程，那么中美间的结构性矛盾将可能引发剧烈的战略冲突。在这种两极格局的冲突中，中国是超越者，因此中国对国际规范演化的影响将超过美国。这一时期中国对国际规范演化的影响，将主要取决于超越美国的速度和中国领导人的性质。

在 2025～2050 年间，如果中国的综合国力可以在 10 年之内超越美国，这种超越则可能由一位领导人任期内完成。由于时间短而且又是由一位领导人任期内完成的，因此中国对于改造国际规范的主动性和积极性都会较强。中国将不会忌讳讨论建立国际新秩序，可能不断提出建立新国际规范的建议。鉴于中国综合国力中最可能超越美国的实力要素是经济实力，因此中国将对国际经济规范演化的影响力较大，从而使国际经济规范发生较大变化。如果中国超越美国的时间持续 25 年才完成，这意味着至少要经历 3~4 位领导人的任期。这样中国将对于改造国际规范的主动性和积极性都较弱。特别是中国的军事实力不能明显超越美国，因此中国对国际安全规范演化的影响力将较低。

在 2025~2050 年间，中国领导人的性质属于王、霸、强中的哪一类，我们无法猜测，但那时的中国领导人的成长经历可为我们的猜测提供依据。2025~2035 年和 2035~2050 年，将分别是中国"70 后"和"80 后"执掌中国对外决策权。他们都是伴随中国改革开放历程长大的，具有较强的人本主义、物质主义和实用主义观念。人本主义思想意味着支持人道主义干预的规范。物质主义意味着支持有限暴力的国际规范，以维护经济利益。实用主义意味着支持多样性国际规范，促进国际规范从双重标准向多重标准发展。随着中国实力地位赶上或超过美国，中国传统文化将可能再次引起内部在对外政策上的王霸之争。然而何者将主导中国外交思想难以预测。可知的是，如果王道成为主流思想，中国会促进道义规范的发展；如果是霸道为主流，则中国会强化双重标准规范。

国际规范的形成是由国际和国内两方面因素共同决定的。本章只研究了主导国领导性质对国际规范演化的影响。然而，只有主导国的领导作用，并不构成多数国家遵循相同规范的充分条件，因此还需要研究非主导国国内因素在国际规范演化中的作用。此外，王权、霸权、强权对不同国际规范的偏好是如何形成的，也是一个需要进一步研究的问题。

（阎学通）

35

第二编
崛起国合法化战略

第三章　春秋时期"尊王攘夷"
争霸策略分析

一　问题的提出

　　春秋时期，中国历史上出现了一种较为特殊的争霸行为，即齐桓公、晋文公等国君以"尊王攘夷"的方式谋求霸主地位，并获得较大成功。某种意义上，由齐桓公开创的这一争霸方式，在一个比较长的时间段，被不少试图争霸的诸侯模仿和实践，这在中国历史上乃至世界历史上的大国争霸过程中都是一个较为罕见的现象。

　　"尊王攘夷"这种争霸方式，较为集中地出现在春秋时期。齐桓公、晋文公的成功可说是其巅峰，之后，这种争霸方式越过其顶峰，走上一条下坡路。在战国时期，这一做法逐渐消逝，大国之间的争霸采取了颇不相同的做法。①

　　由此提出的问题是，为什么"尊王攘夷"的争霸策略会在春秋时期出现？如果它的出现和成功意味着它是一个有效争霸战略的话，它为什么以及它在何种意义上是一个有效策略？其有效的条件是什么？到战国时代，

---

①　许田波认为，战国时期秦国采取的大战略是进攻性的，主要内容包含：各个击破政策、"自强型改革"、阴谋诡计和野蛮战术。这与春秋时期大国争霸的做法有很大不同。杨宽认为，"春秋时代战争的主要目的在于争霸，战国时代战争的主要目的在于兼并"。春秋时期的大国竞争，还受到体系规范较强的约束，战国时期的大国竞争则要残酷和功利得多，直至最后进入赵鼎新所说的"全民战争期"。《战国策》说战国时代的大国竞争"贪饕无耻，竞进无厌……，上无天子，下无方伯，立功争强，胜者为右，兵革不休，诈伪并起"，当是实情。参见许田波《战争与国家形成：春秋战国与近代早期欧洲之比较》，上海世纪出版集团，2009，第87页；杨宽：《战国史》，上海人民出版社，1998，第2页；赵鼎新：《东周战争与儒法国家的诞生》，夏江旗译，华东师范大学出版社，2006，第49～50页；以及缪文远《战国策》，中华书局，2012。

诸侯为何在争霸策略上出现较为明显的转折，而不再做出较有实质意义的"尊王"和"攘夷"努力？对"尊王攘夷"策略的有效性，当时参与争霸的诸侯和相关决策者是具有明确的意识，还是其有效性只是体系无意识选择的结果？如果诸侯对其功能有较为明确的意识，那么他们是如何对其进行认识的？特别是，他们如何把"尊王""攘夷"与争霸之间的关系逻辑地联系起来？值得进一步探讨的问题是，在"尊王攘夷"争霸策略下，其他行为体包括周王室是如何进行反应的？由此我们可以得到国际关系层面的何种启示？

如果我们把从西周到春秋时期诸侯之间的关系理解为一种国际关系形态的话，它在某种意义上可以说是一种等级体系，① 并在此基础上形成一种等级秩序。这个等级秩序，不一定意味着有一个全方位的权力中心。等级秩序的存在体现在，一方面，有一个凌驾于各诸侯之上的周王室，不管周王室的实力地位和权威大小如何，至少它在名义上是一个高于诸侯的存在，并且这一点得到中原诸侯的普遍承认。② 另一方面，在诸侯之间不仅存在实力的差异，还存在等级的差异，并有大国、次国和小国的区分。③ 体系的等

① 近年来，国际关系学界对等级体系研究的兴趣显著增强，这方面的代表性成果有：John M. Hobson and J. C. Sharman, "The Enduring Place of Hierarchy in World Politics: Tracing the Social Logic of Hierarchy and Political Change," *European Journal of International Relations*, Vol. 11, No. 1, 2005, pp. 63 – 98; David A. Lake, *Hierarchy in International Relations*, Cornell University Press, 2009; William C. Wohlforth, "Unipolarity, Status Competition, and Great Power War," *World Politics*, Vol. 61, No. 1, 2009, pp. 28 – 57; David C. Kang, "Hierarchy and Legitimacy in International Systems: The Tribute System in Early Modern East Asia," *Security Studies*, Vol. 19, No. 4, 2010, pp. 591 – 622。国内学者关于等级体系的综述，见花勇《国际等级体系的生成、功能和维持》，《国际政治科学》2011 年第 3 期，第 127 ~ 154 页。

② 在对等级体系的研究中，学者们普遍强调其中存在的权威关系，而不只是实力对比的等级差异。这种权威关系特别体现在，一部分国家认为自己在某些方面有服从主导国的义务。等级是以权威关系的存在而不是物质上的控制关系来界定的。在主导国与从属国之间存在一种责任、义务关系，是等级关系的具有核心性质的特征。在这个意义上，不少学者认为，在国际体系中，等级性或等级关系是一个长期存在的现象。参见 John M. Hobson and J. C. Sharman, "The Enduring Place of Hierarchy in World Politics"; David A. Lake, *Hierarchy in International Relations*。

③ 这方面有一个颇能说明问题的例子。鲁成公三年（前 588 年），晋国和卫国都派使者到鲁国聘问。晋国的使者是下卿，在晋国官员中排位第三；卫国的使者是在卫国官员中排位第一的上卿。鲁成公为此询问臧宣叔，结盟时应把谁排在前面。臧宣叔回答说，（转下页注）

级性和诸侯地位的差异，很容易使一些实力强大的诸侯试图通过各种努力在体系中获得更高的地位。[①]

总体上说，从西周到春秋时期，是一个体系等级性逐渐松散化的过程（虽然不排除中间有一些强化体系等级性的努力）。某种意义上，这是一个从真正的等级制，走向松散等级制，进一步成为名义上的等级制，然后在战国时代逐渐进入无政府状态的过程。在这个过程中，周王室的合法性逐渐被时间和一些历史事件所侵蚀。但就整个春秋时期而言，其还能维持在一个相对较高的水平，仍保持凌驾于每一诸侯国之上的形象地位。周天子对诸侯的合法性约束是真实的，能被当时的诸侯、卿大夫及国人较为清晰地感受到，因而对诸侯的行为具有真实的约束力。

对春秋时期诸侯争霸的分析，是基于历史实际经验对某一等级秩序下大国争霸行为的分析。由于春秋时期争霸策略在大国争霸史上的特殊性，它在某种意义上构成大国争霸的一种特殊形态，从而也是一种分析意义上的理想型。从大国争霸的角度对其进行深入的理论分析，对于丰富和深化大国崛起和大国争霸的研究，具有重要的理论和现实意义；对于我们理解未来东亚秩序的发展演变，也具有一定的启发意义。[②]

(接上页注③)"次国的上卿，地位相当于大国的中卿，中卿相当于下卿，下卿相当于上大夫。小国的上卿，地位相当于大国的下卿，中卿相当于其上大夫，下卿相当于其下大夫"。并说"上下如是，古之制也"。臧宣叔进一步指出，卫国与晋国相比，连"次国"都不是，而只是"小国"，而且晋国不只是大国，还是盟国，因此应把晋国的使者放在前面。这件事清楚地表明，在诸侯之间不仅存在等级差异，而且诸侯对此有明确的认知，这对何为不同国家之间的适当性行为的观念产生影响，并进而直接影响了诸侯之间的交往行为。事见《左传·成公三年》。关于大国、次国、小国，杜预注云："古制：公为大国，侯、伯为次国，子、男为小国。"

① 在国际体系中，国家不仅追求安全、经济利益、物质利益等，还追求国际地位。关于国家对国际地位的追求，以及由此引起的竞争行为，参考：William C. Wohlforth，"Unipolarity，Status Competition，and Great Power War"；Deborah Welch Larson and Alexsi Shevchenko，"Status Seekers：Chinese and Russian Response to U. S. Primacy"，*International Security*，Vol. 34，No. 4，2010，pp. 63 – 95；Richard Ned Lebow，*Why Nations Fight：Past and Future Motives for War*，Cambridge University Press，2010。这方面的一个早期研究，见 Johan Galtung，"A Structural Theory of Aggression"，*Journal of Peace Research*，Vol. 1，No. 2，1964，pp. 95 – 119。

② 近来，国际关系学者对东亚秩序的兴趣明显增强，他们希望通过这方面的研究在某种程度上获得国际关系理论上的创新。这方面的部分成果，参见 David C. Kang，"Getting Asia Wrong：The Need for New Analytical Frameworks"，*International Security*，Vol. 27，（转下页注）

二 现有解释思路及其不足

从国际关系角度，对作为争霸策略的"尊王攘夷"并没有很直接的系统性的理论解释，但有不少理论从不同侧面涉及这个问题。另一方面，"尊王攘夷"在一个比较长的时间段作为一种主导性的争霸方式在历史上出现，[①] 这一经验事实本身对国际关系理论提出了一定的挑战。

与此相关，首先值得注意的是吉尔平关于国际体系变革的理论。吉尔平认为，国际体系中的规则、制度主要体现当时居支配地位国家的利益。如果体系中的权力分配发生急剧变换，就会削弱现存体系的基础。体系内各类国家对潜在利益得失的考虑，可能会导致国际政治的变革。吉尔平的基本假设之一是："一个国家将通过领土、政治和经济扩张的方法来谋求国际体系的变革，这种努力要到为进一步的变革所付出的边际成本等于或大于边际收益的时候才会停止"。[②] 吉尔平这一假设的问题在于，一国扩张或谋求体系变革的方式很多，使用不同的策略，其成本—收益有很大不同，这不能仅仅通过对体系内不同国家的规模或实力对比的判断来得到结果。扩张的成本收益在很大程度上取决于他国尤其是大国的反应。在崛起过程中，大国的一个重要关注点正在于如何以负面作用较小的方式扩展自身的权力，以免造成自我包围的效果。[③]

使情况变得更为复杂的是，他国的反应不仅受该国扩张方式的影响，

(接上页注②) No. 4，2003，pp. 57 – 85；Zhou Fangyin，"Equlibrium Analysis of the Tributary System，" *Chinese Journal of International Politics*，Vol. 4，No. 2，2011，pp. 147 – 178；Eric Ringmar，"Performing International Systems：Two East – Asian Alternatives to the Westphalian Order，" *International Organization*，Vol. 66，No. 1，2012，pp. 1 – 25。另见周方银、高程：《东亚秩序：观念、制度与战略》，社会科学文献出版社，2012；孙学峰：《东亚准无政府体系与中国的东亚安全政策》，《外交评论》2011 年第 6 期，第 32 ~ 48 页。

① 关于春秋的时代划分，历来存在不同的看法。1979 年，金景芳提出以公元前 453 年三家分晋作为春秋与战国的分界线，得到许多学者的赞同。我们采用这一分期，将公元前 770 年至公元前 453 年作为春秋时期的起止年代。

② 罗伯特·吉尔平：《世界政治中的战争与变革》，北京大学出版社，2005 年英文影印本，第 10 页。

③ 关于由于扩张政策而导致自我包围的逻辑，参见杰克·斯奈德《帝国的迷思：国内政治与对外扩张》，于铁军译，北京大学出版社，2007。

还受体系中主导性文化观念等因素的影响。因此，我们可以看到，战国时期诸侯的扩张和争霸方式与春秋时期有很大不同，这既受到体系内诸侯之间实力对比、国家数量的影响，也受体系文化的影响。如果说仅在春秋与战国这两个时期，大国争霸策略就存在很大不同，那么，说春秋时期的争霸策略与“二战”前欧洲国际关系体系中大国的争霸策略存在实质性差异，就不足为奇了。对于造成这种差异的原因进行更为深入的理解，无疑将有助于深化和丰富我们对国际体系中大国争霸行为的理解。

某种意义上，吉尔平分析的是一个相对简化的世界，他的关注点主要集中在霸主国和崛起国二者身上。在他看来，当体系权力面临失衡时，崛起国的战略目标将主要围绕如何击败霸主国，并取代其地位而展开，并将由此引发霸权战争，进而导致国际体系的变革以及新霸权的产生。[①] 吉尔平的论述主要基于欧洲特定时期的历史经验。但春秋时期大国争霸却呈现出一种颇不相同的画面，我们在很多时候，看到的不是在地位清晰的霸主国与崛起国之间的争霸战争，[②] 而是一种你方唱罢我登场的格局。而且，这样的争霸行为，并不是围绕“霸主国”“崛起国”进行，霸主的轮换并不让人感到体系变革的发生。诸侯并不觉得霸主的更替导致体系发生了大的震荡。春秋时期的大国战争，总体上与吉尔平讨论的谋求体系控制权的争霸战争存在比较大的区别。

与此相似的是权力转移理论。这一理论认为，与霸主国之间实力对比的变化是导致崛起国选择武力方式挑战霸主国的根源。关于某种特定类型的力量对比或这种对比的走势将引起霸权战争的思想可以追溯到修昔底德。修昔底德认为，雅典的力量增长以及由此引起的斯巴达的恐惧使伯罗奔尼撒战争不可避免。[③] 按照权力转移理论的基本逻辑，崛起国通常会对现有的秩序不满，主导性大国则努力维持现有秩序以确保既得利益，围绕国际秩

---

① 罗伯特·吉尔平：《世界政治中的战争与变革》，北京大学出版社，2005 年英文影印本。

② 当然，这样的争霸战争也不能完全排除。晋楚之间的争霸，有时带有这样的色彩。但即使如此，其具体的逻辑和行为方式与欧洲大国的争霸仍有很大不同，特别是，春秋时期一般不轻易对失败者给予决定性的、致命的打击。除越国灭吴是一个例外，案例分析中的很多内容也表明了这一点。

③ Thucydides, *History of the Peloponnesian War*, Translated by Rex Warner, Penguin Books, 1972, p. 49.

序主导权的竞争与冲突将随着二者之间实力差距的缩小而加剧。当对现有秩序有所不满的崛起国认为有赢得主导权的机会时，他们将选择以战争手段加速权力转移，并试图创造一种新的制度安排，以从这一与其实力相称的新体系中获益。① 权力转移论者的一个重要理论关注点在于，主导国与挑战者之间处于什么样的实力对比时，爆发战争的几率最高。并在总体上认为，当双方实力高度接近时，战争的可能性最大。②

从体系性质上说，修昔底德描述的是一个在其中存在两个大国的体系，这与春秋时期的"国际体系"有着显著不同。由此，春秋时期的大国争霸行为也呈现颇不相同的特点。齐桓公时期齐国征伐南方大国楚国以及晋文公与楚国的战争，与伯罗奔尼撒半岛上以及欧洲历史上的争霸战争有很大不同。齐桓公时期的齐国伐楚，双方实际上并未交战，齐国只是向楚国展示了自身的实力，楚国则在齐国并未过分压迫的情况下，接受了齐国的优势地位。这次行动的主要意义，在于确定齐、楚地位的排序，从而帮助齐国获得霸主地位。楚庄王时的晋楚邲之战，从事后看，虽然具有争霸中原的焦点之战的意味，但实际是一场意外发生的战争，战前双方作战的态度都不坚决，双方也不是拼尽全力殊死作战。战争的失败者晋国在战后依然拥有强大的实力，保持着大国地位。③ 这与修昔底德论述的关于某种特定类型的实力对比使得残酷的大战不可避免的观点，在行为逻辑和战争机制上颇有差异。这些差异暗示，修昔底德的论断其实是有条件限制的，而非可以简单地普遍适用于一切出现类似实力对比关系的场合。

由于春秋时期争霸战争、争霸行为的不同特点，在这里，我们看不到

---

① 相关观点可以参考：A. F. K. Organski, *World Politic*, Alfred A. Knopf, 1958, Ch. 1; A. F. K. Organski, *World Politics*, 2nd ed. Alfred A. Knopf, 1968, p. 123; A. F. K. Organski and Jacek Kugler, *The War Ledger*, University of Chicago Press, 1980, pp. 59 - 61. Ronald L. Tammen, et al, *Power Transitions: Strategies for the 21st Century*, Chatham House Publishers, 2000, p. 7; Douglas Lemke and Suzanne Werne, "Power Parity, Commitment to Change, and War", *International Studies Quarterly*, Vol. 40, No. 2, 1996, pp. 235 - 260; Steve Chan, *China, the U. S, and the Power - Transition Theory: A Critique*, Routledge, 2008。

② A. F. K. Organski, *World Politics*.

③ 对这两个案例，后文还会进行更详细但依然是很简略的讨论。

欧洲式的,像《威斯特伐利亚和约》《乌得勒支条约》《维也纳和约》《凡尔赛和约》这样的大战之后的和约,战争的胜败不一定是一次重大利益重新瓜分的行为,而是一次确立排序的行为。春秋时期成功的霸主,不仅要获得实力排序中的优势地位,还要努力使自身的优势地位在体系内得到广泛的认可,从而使自身在体系内获得一定的权威。权威也是权力的一种形式,不过它是一种正当的或合法的权力,使从属者感到有一种服从的义务。要获得权威,需要辅以"争霸战争"之外的其他一些手段,而这在以无政府状态为主导特征的欧洲大国的争霸战争中就常常不是那么重要。从这个角度看,权力转移理论在解释春秋时期大国争霸行为方面总体上是失效的。

春秋时期的等级体系中,大的诸侯的生存总体上具有较高的保障,特别是,中原诸侯对于什么是应有的行为方式,有一种较为明晰和一致的预期,这对于大国争霸的行为方式产生了较大引导作用。这一方面在认知的意义上,使进攻现实主义关于"国家意图是不可知,从而国家会对其他国家的意图做最坏的打算"的假设失效,① 从而导致大国追求的并不是简单、直接、清晰界定的权力最大化或安全最大化。春秋时期诸侯在争霸过程中常常表现出颇为节制的行为方式,他们总体上避免了大国过度扩张现象的发生。② 科普兰认为,所有国家都会在风险较小的情况下,随时抓住机会扩张。③ 春秋时期诸侯的行为与此颇为不同,诸如齐桓公助北燕抵抗山戎的进攻和"迁邢封卫",以及楚庄王灭陈又复陈,都是颇能体现体系性质的行为。如果国家的目标仅仅是对外扩张,就难以对这些行为进行解释。它们也是在近代欧洲国际关系史上不可能出现的现象。这既反映了春秋体系下

① 关于进攻现实主义的这一假设,参见米尔斯海默《大国政治的悲剧》,王义桅、唐小松译,上海世纪出版集团,2003。

② 关于大国争霸中很容易发生的过度扩张行为,参见保罗·肯尼迪《大国的兴衰》,陈景彪等译,国际文化出版公司,2006。

③ 戴尔·科普兰:《大战的起源》,黄福武译,北京大学出版社,2008,第50页。在当前的国际体系下,大国之间的权力转移可能会在大国之间不再直接发生战争的情况下进行,这可能会使未来大国之间的权力争夺在某些方面具有与春秋时期相似的性质。关于大国无战争时代的权力竞争,参考杨原《大国无战争时代霸权国与崛起国权力竞争的主要机制》,《当代亚太》2011年第6期,第6~32页。

观念结构的差异，也反映出国际行为体在目标函数以及功能方面可能存在的差异。① 另一方面，诸侯间较为普遍存在的行为预期，对大国在追求更高地位过程中的做法产生引导和约束作用。可以说，体系中存在的特殊行为预期，对"尊王攘夷"这一特殊争霸行为的出现产生了颇为重要的影响。

相对于体系中的霸主而言，其他大国的生存条件其实并不怎么恶劣。在这样的背景下，即使霸主国与其他大国发生战争，它在内涵上也与霸权稳定论或权力转移理论所涉及的霸主国与崛起国之间的战争性质存在较大差异。即使不能获得霸主地位，齐、晋、楚、秦等大国的生存总体来说仍然有高度保障，他们一般并不存在强烈的对"国家生存"的担忧。大国出于对自身力量陷入不可逆转的衰退，从而对未来国家生存产生强烈担忧，并在这一观念与行为逻辑的基础上，对后起的大国发动残酷的预防性战争，② 这种现象在整个春秋时期的大国关系中基本不存在。这也表明，试图用基于近代欧洲经验提炼的理论来解释等级秩序下大国的行为方式，是不充分的，即使春秋时期的等级秩序是松散的，某种意义上甚至只是名义上的。

阎学通和孙学峰曾对大国崛起的战略选择进行了分析。他们认为，在崛起国扩展自身在体系中影响力的同时，由霸权国主导的体系将对崛起国施加安全压力，由此制约崛起国实力的增长和影响力的扩展。因此，崛起国要成功崛起，必须有效缓解"崛起困境"。③ 这一分析建立在一个重要的前提下，即体系中有一个霸主国，同时还有一个崛起国，博弈主要在他们二者间展开。春秋体系下的大国争霸行为，很多时候是在体系中没有明确霸主的情况下进行的。大国争霸时，压力主要不是来自体系中的霸主，而是体系中存在的周王室，以及其他国家基于自身利益和对体系行为规范考虑可能产生的反应。同时，大国在争霸时追求的目标函数与阎学通、孙学峰讨论的情况可能也存在一定的、有时可能是根本性的差异。这些都需要

---

① 对国家功能差异的讨论，可以参考杨原《体系层次的国家功能理论——基于对结构现实主义国家功能假定的批判》，《世界经济与政治》，2010，第129～153页。

② 对预防性战争的系统理论说明，见戴尔·科普兰《大战的起源》，黄福武译，北京大学出版社，2008。

③ 阎学通、孙学峰等：《中国崛起及其战略》，北京大学出版社，2005。

我们超越霸主国与崛起国之间互动的逻辑,对春秋时的大国争霸行为用不同的理论模式加以解释。[①]

三 主要观点

本节主要分析春秋时期大国为何以"尊王攘夷"的方式争当霸主,这种行为模式为何在战国时期逐渐消逝,以及春秋时期大国"尊王攘夷"行为发生变化的原因。

(一)"尊王攘夷"策略的作用机制

以"尊王攘夷"的方式争霸,是一种间接路线的争霸。争霸者一方面追求自身在体系内的实力优势地位,同时还追求第一大国的政治地位,以及在某种程度上与此相对应的在体系内发号施令的权利。如果仅仅追求体系内第一大国的实力地位,那么成功地发动争霸战争就可以达到效果。

以"尊王攘夷"的方式崛起或争霸,主要通过以下方面的机制起作用。

(1)以合法化的方式崛起,减小来自体系的阻力。在等级化的体系中,诸侯通过"尊王"之举可以占据道义制高点。获得周王室的正式认可,特别是获得王室给予的封号,使其在体系中通过合法的程序获得高于其他诸侯的地位。在此基础上,霸主再通过"攘夷"的方式,为体系中的其他诸侯提供安全公共产品,可以降低争霸过程中来自周王室以及其他诸侯的压力或阻力,有利于巩固和壮大自身的同盟,瓦解潜在对手集团的规模。

---

① 其实不仅是对春秋时期的争霸行为,即使是战国时期的争霸行为,也难以用霸主国—崛起国之间互动的模式来加以解释。高程认为,霸主国—崛起国之间互动的解释模式存在霸主国中心论的倾向。它"通过霸主国的思维逻辑来透视博弈对手即崛起国的对外行为,崛起国对外行为的主要目标被锁定在与霸主国的权力争夺上"。这导致忽略很多重要的内涵,以及很多情况下解释力的丧失。参见高程《市场扩张与崛起国对外战略》,《国际政治科学》2011年第3期,第1~43页。

作为一种崛起和争霸的方式，"尊王攘夷"的合理性在于，"为朋友的利益而战可以产生软实力"。[①] 特别是，在体系中存在较多中小国家时，"尊王攘夷"的行为，一定程度上可以影响中小诸侯对争霸者的认识和态度，从而有助于大国在争霸过程中实力的正向积聚。某种意义上，它的有效性以体系中存在较高的"观众成本"为前提。"尊王攘夷"一方面通过王室的认可，获得了霸主地位的正当性，另外，在处理与其他诸侯之间的关系时，较为强调软实力、合法化崛起以及维护体系的利益，有助于在一定程度上减小来自体系对其崛起和称霸的阻力。[②] 孔子说，齐桓公"九合诸侯，不以兵车"，[③] 这可以说是"尊王攘夷"的合法化称霸策略作用的最充分体现。

（2）"尊王攘夷"具有信号作用。在争霸过程中，一国在体系中的地位虽然有所提高，但"尊王"的做法有助于对周王室和其他诸侯进行安抚。"尊王"意味着，大国的争霸行为是在不改变等级制的前提下进行，并未威胁现存的等级制本身，反而可以在一定程度上延长等级制的生命力，因此是大体可以被接受的崛起方式。"攘夷"则在为其他诸侯提供安全公共产品的同时，有效地向外部传递出自身将是仁慈霸主或者会努力做仁慈霸主的信号。因此，"尊王"和"攘夷"对外是一种双重的安抚战略。

（3）"尊王攘夷"有助于孤立和威慑其他大国。"尊王攘夷"并不足以让体系内的其他大国满意，体系中具有相当实力的潜在竞争性大国对霸主仍会有所不满，并随时希望取代现在的霸主。由于其强大的军事实力，其他大国的生存与安全有高度的保障，因此他们对霸主的"攘夷"行为往往并不感激。此外，霸主的"尊王"也不能使这些竞争性大国受益，反而会变相地矮化其他竞争性大国在体系中的地位。这些竞争性大国也不会因此而轻易遵从霸主。同时，由于霸主不是以一种严重威胁其他大国生存和重要利益的方式提升自身在体系中的地位，加上霸主通过"尊王攘

[①] Joseph S. Nye, Jr, *The Future of Power*, Public Affairs, 2011, p. 25.

[②] 关于崛起国合法化策略以及霸权正当性在缓解其他大国制衡行为方面的作用，可以参考杨原、孙学峰《崛起国合法化策略与制衡规避》，《国际政治科学》2010 年第 3 期，第 1～31 页；刘丰：《制衡的逻辑：结构压力、霸权正当性与大国制衡行为》，世界知识出版社，2010。他们虽然讨论的是不同体系下的国家行为，但其中的很多原理具有相通之处。

[③] 《论语·宪问》。

夷"可以获得王室名义上的支持，以及其他中小诸侯较为实质性的支持，由此形成道义压力和力量优势的双重组合，可以对其他大国形成一定的威慑，从而可以弱化其他大国的反制，避免其他大国群起而攻之的不利局面。

（二）"尊王攘夷"发挥效力的条件

作为一种争霸方式，"尊王攘夷"发挥效力有着较为严格的条件限制，主要包括以下两个方面。

（1）较为松散的等级体系，中心权威具有权威地位但已无实力优势。

在严格等级制下，中心权威同时掌握着多方面的权力资源，拥有严格的实力优势。其他诸侯如果试图通过"尊王攘夷"的方式获取霸主地位，首先面临来自中心权威机构比如周王室的强力打压，如果被王室强力打压，则"尊王"本身就失去了意义。从这种意义上说，"尊王攘夷"作为有效争霸方式出现的一个重要条件，是争霸大国在军事实力上已经超过名义上的中央权威。也就是说，"尊王攘夷"出现的背景是周王室的军事实力逐渐降低、诸侯的实力逐渐上升，大国与王室之间的实力对比发生较为显著的变化，而且诸侯普遍意识到了实力对比的逆转。郑庄公在周王室还具备较强实力时试图称霸，结果受到周王室的直接打压。到齐桓公称霸时，王室与大国之间的军事实力对比已经发生决定性的、可被公开观察到的逆转。在现实的实力对比下，即使周王室发现自身的权威在某种程度上受齐桓公行为的侵蚀，采取直接军事行动对其进行打压也不再现实。

如果等级制完全失去约束力，中心权威即使在名义上的作用也变得微小，那么，诸侯会失去"尊王"的积极性，不愿再借助于"尊王"这一曲折路径来提高自身在体系中的地位、合法性与影响力。一方面，"尊王"其实有不低的成本；另一方面，此时"尊王"已不能带来可观的收益。在这种情况下，作为争霸策略的"尊王"就会从历史舞台上逐渐消失。"尊王"行为的逐渐弱化，其实是与周王室的合法性、观念影响力的逐渐降低同向发展的。春秋时期，周王室的合法性与权威总体上是下降趋势。相应地，我们可以从后面的案例分析中看到，从齐桓公一直到越王勾践，大国在争霸过程中，对"尊王"的虔敬程度也呈下降趋势，① 到春秋后期吴、越等国争霸时，"尊王"已变成一种敷衍。

（2）强大的硬实力，特别是军事实力。

以"尊王攘夷"形式进行的争霸，仍然是一种大国争霸行为，它不能脱离实力政治的基本逻辑。一国要以"尊王攘夷"的方式成功称霸，需要以强大的硬实力为基础，而且其硬实力一般要经历大国战争的有效检验。大国战争对硬实力检验的结果，会对王室以及其他诸侯的预期产生实质性影响，进而影响其对霸主的接受程度。在这方面，晋文公、楚庄王以及吴王夫差、越王勾践的称霸，都成功地经过了大国战争的检验，齐桓公则是以优势力量使楚国承认自身实力方面的劣势，并对齐国的霸主地位表示尊重。

如果一国实力不足以服众，而试图遵循同样的方式成为霸主，其结果不可能获得成功。宋襄公的失败就是最为著名的例子。秦穆公则由于始终无法制服位于其东方的大国晋国，而无法获得中原霸主地位，只能以霸于西戎而告终。宋襄公的例子清楚地说明，"尊王攘夷"在某种意义上是大国的特权。如果实力不够，却模仿"尊王攘夷"的做法，无疑会引起其他大国的不满，从而只会自讨苦吃，招致失败。②

（三）"尊王攘夷"与竞争性策略

即使在满足上述两个条件的情况下，试图在体系内称霸的诸侯仍然会寻求"尊王攘夷"之外的方式，试图从体系中更直接地获取利益。也就是说，它并非唯一的或单一的策略，还面临着其他策略的竞争或补充。在这些竞争性或补充性的策略中，特别重要的是向周边地区进行低成本的扩张。其中，楚国在春秋时吞并诸侯国最多。据清朝学者顾栋高统计，春秋242年间，楚灭国四十二。③ 这个数字或许稍有出入，但说楚在春秋时期共灭40～

---

① 后面的案例分析部分将会对此进行较为详细的分析。
② 宋襄公在鲁僖公二十一年（前639年）的会盟中被楚国拘执，实际是楚在十分不满的情况下对宋襄公的一次警告行为，但宋襄公仍执迷不悟地要争霸，结果在第二年被楚国打得大败。
③ 顾栋高：《春秋大事表》卷四《楚疆域论》，中华书局，1993。

50 国大体是符合实际的。① 此外，齐先后灭了三十余国，成为东方大国；晋先后灭二十余国，征服四十余国，成为中原大国；秦兼并十余国，成为西方大国。② 当然，这是就整个春秋时期而言的，其中有些征服行为，是在该国成为霸主之后包括从霸主地位跌落下来以后进行的。

向周边的扩张虽然可以积累实力，但不能使一国自动地获得体系内的霸主地位。在具备足够的实力后，为了获得霸主地位，仍然需要通过与中原大国进行大国战争的方式，获得王室和诸侯对其实力地位的认可。从这个意义上说，"尊王攘夷"一直存在着一些竞争性的策略，它的有效性需要在与其他策略竞争的过程中体现。"尊王攘夷"的时隐时显也是与其效率特别是诸侯对其效率的认识相联系的。当"尊王攘夷"不再是一种有效的争霸策略，或者当诸侯不再认为"尊王攘夷"是一种有效的争霸策略时，"尊王攘夷"的行为就会逐渐从大国争霸的舞台上消失。

（四）"尊王"的内在限制：诸侯与王室对体系内权威的争夺

在"尊王攘夷"的过程中，对争霸诸侯来说，"尊王"本身是手段而不是目的，获取霸主地位才是目的。因此，诸侯对"尊王"常常采取一种工具性利用的态度，这很容易导致对王室权威的僭越或者威逼。

在"尊王"表象的背后，难以掩盖的一个基本事实是，在霸主与周王室之间，有时会存在对权威的争夺或竞争关系。霸主通过"尊王"，以一种具有合法性的方式在体系内获得权威，如晋文公被王室认可，并被王室命为诸侯之长，赋予安定诸侯的权力，这使其在体系内获得了非同一般的权威，然后很快就发生了晋文公"以臣招君"的事情。霸主获得的权威及具有合法性的地位，会在诸侯中产生一种服从霸主的义务。这使霸主对不服从的诸侯可以合法地进行征伐，加上其本身具有的实力优势，其结果有利于霸主权威的正向积聚。霸主的权威达到一定高度后，可能会危及王室的权威，③ 进而危及王室在体系中的超然地位。在这种情况下，周王室和霸主

---

① 李学勤：《东周与秦代文明》，文物出版社，1984，第 135 页。
② 对楚、齐、晋、秦灭国情况的探讨，可以参考顾德融、朱顺龙《春秋史》，上海人民出版社，2001，第四章。
③ 比如，导致体系中的中小国家更多地去朝见霸主，而不是朝见王室。

之间就会出现对权威的争夺。由于权威也是一种特殊形式的权力，① 因此，对权威的争夺实际上是对权力的争夺。

对于霸主利用王室赋予的合法性聚集权威，王室会在一定范围内加以鼓励，但当霸主的权威和威望达到很高的程度，特别是对王室权威产生威胁时，王室会对霸主进行制约。基于合法性之上的权威，其价值对周王室更是至关重要，因为在丧失实力优势地位后，王室所拥有的权威和合法性是其最重要的权力资产。其必然会小心谨慎地保护这一资产，防止那些心存野心的争霸大国将其廉价地拿走。我们在后面的案例分析中可以清晰地看到，王室在对诸侯"尊王"的行为表示"肯定"和"赞赏"的同时，对于其试图逾越礼制的行为保持着高度的戒心。王室对那些"尊王"的诸侯也高度警惕，甚至不排除暗中采取破坏的行动。② 从总体上说，在春秋时期，周王室虽然一时赋予这一诸侯、一时赋予那一诸侯一定的权威，使齐桓公、晋文公在一定时期内可以假借王室权威做一些事情，但这一合法性的地位和权威并没有因此而被永久性地转移走，这也是周王室的成功之处。

在"尊王攘夷"的过程中，周王室与诸侯对权威的争夺，是春秋争霸过程中十分重要和有趣的现象，是等级制下争霸行为的重要体现，也是以往研究中有所忽视的地方。

四　案例分析

这一部分，我们对春秋时期诸侯"尊王攘夷"的案例进行较为详细的分析。

春秋时期诸侯争霸有成功者，也有失败者。我们的案例分析集中在所谓的春秋五霸上。对于春秋五霸是哪五霸，存在不同的看法。按《春秋》所

---

① 像武力一样，当权威发挥作用的时候，它同样可以起到改变其他行为体行为的效果，只是其作用机制与武力强制不一样，在某种意义上，权威是一种"软权力"。

② 比较典型的是王室代表在葵丘之会上对齐国会盟的暗中破坏之举，具体参见后面的案例分析。

记，五霸似应为齐桓公、晋文公、宋襄公、秦穆公、楚庄王；① 《白虎通·号篇》以齐桓公、晋文公、秦穆公、吴王阖庐、越王勾践为五霸；《荀子·五霸》和《吕氏春秋·当染》则以齐桓公、晋文公、楚庄王、吴王阖庐、越王勾践为五霸。五霸具体是谁对研究发现的关系不是很大，我们可以把这些不同看法中涉及的国君都包括进来，以对春秋时期诸侯的争霸策略做更完整的研究。从这个角度，本章选取齐桓公、宋襄公、晋文公、秦穆公、楚庄王、吴王阖庐与吴王夫差、越王勾践的争霸行为和争霸策略作为考察对象。

　　由于在公认的春秋霸主中未做取舍，案例分析在某种意义上具有全案例分析的性质。这些案例的内容较为丰富，可以让我们理解不同变量在其中起作用的方式。首先，这些诸侯之间的实力存在差距，有实力强大的晋国和楚国，也有只具有二流国家实力却试图称霸的宋国。其次，在他们之间存在文化上的差异，齐、晋、宋是中原诸侯，秦、楚、吴、越则一开始被中原诸侯视为蛮夷之国。对中原诸侯来说，他们是异质文化的代表，而在他们之间，称霸策略和争霸结果也有差异。由此，也可考察文化因素在其中的作用。此外，从齐桓公争霸到越王勾践的称霸，共延续了200多年，在这个过程中，他们争霸的外部环境也在发生变化，从某种意义上说，体系的性质也在逐渐发生演化。通过对这些案例的分析，我们可以同时考察诸侯的争霸行为和争霸策略是如何随着体系的渐变而演变，以及诸侯的行为又是如何推动体系变化的。

　　这里的案例分析不是对诸侯争霸的过程进行全面仔细的分析，而是把他们争霸过程中与所涉及理论要点有关的方面，尽可能清晰地揭示出来，以深入理解作为争霸策略的"尊王攘夷"的有效性、适用条件及其使用过程中各方相互博弈的过程。案例分析的内容，一方面是对诸侯争霸行为的外部观察；另一方面则通过对当时的国君、相关决策者话语的分析，判断参与争霸的诸侯主观上是否认为"尊王攘夷"是一个有效战略，以及他们如何具体地从行为逻辑上把"尊王攘夷"与其他行为体的反应、争霸成功

---

① 《左传·成公二年》说，"五伯之霸也，勤而抚之，以役王命"。鲁成公二年为前589年，由于这一说法在吴王阖庐、越王勾践之前，所以他们自然不在其列，但这里也未明确指出五霸具体是谁。

的可能性等联系起来。这一分析一方面可以对前文提出的观点进行检验，另一方面有助于我们深刻体会等级体系下的争霸行为。

（一）齐桓公的争霸行为与策略

齐桓公是春秋时期第一个成功的霸主，他是"尊王攘夷"策略的成功实施者。齐桓公争霸的道路，总体上说，"尊王"是在"攘夷"之前。

由于齐是姜姓诸侯，齐桓公作为异姓诸侯，可以避免诸侯同姓通婚的禁忌，有资格娶周王之女。鲁庄公十一年（前683年），齐桓公亲赴鲁国迎娶周庄王之女，这一举拉近了他与周王室的距离，从此以后，齐桓公就能够以天子懿亲的身份进行活动。[①]

齐桓公在政治舞台上的初步成绩是北杏之盟和其后的讨伐宋国。鲁庄公十二年（前682年），宋国发生内乱。第二年春，齐桓公为平定宋国之乱，在北杏（今山东东阿县境）召集宋、陈、蔡、邾、遂等国诸侯会盟。遂国应邀而不赴会，北杏会盟之后，齐桓公即派兵将遂灭掉。

两年后，因为宋国违背北杏之盟的盟约，齐派人到周，请求周天子允许他率诸侯的军队伐宋。当时，诸侯间进行战争本不需要周天子批准。齐桓公的这一举动表达了他对周天子的特殊和自觉的尊崇，周王室对此自然求之不得，派大夫单伯去和诸侯军队会合，终于迫使宋国请求媾和。[②] 这件事的重点，不在于齐桓公对宋国的征伐，而在于齐桓公出兵之前向周王室请示这一特殊举动。齐桓公的行为得到了周王室的大力支持，双方由此也实现了利益上的互惠。

鲁庄公十四年（前680年）冬，齐桓公召集宋、卫、郑三国在鄄（今山东鄄城西北）会盟，单伯又代表周王室到会，以支持齐桓公。翌年春，齐、宋、卫、郑、陈再次会于鄄，《左传》说这标志着"齐始霸也"。[③] 齐桓公霸业的一个重要方面是与楚国的对抗，齐楚对抗虽然有"攘夷"的成分，但主要方面还是对霸权的争夺。

---

① 晁福林：《春秋战国的社会变迁》（上册），商务印书馆，2011，第88页。
② 事见《左传·庄公十四年》，"十四年春，诸侯伐宋，齐请师于周。夏，单伯会之，取成于宋而还。"
③ 《左传·庄公十五年》。

　　楚国经楚武王、楚文王的经营，逐步跃入强国之林，到楚成王时，显出更盛的气势。楚先后灭掉汉水以北的许多姬姓诸侯，并迫使蔡国服楚。此后，楚的势力进一步向中原地区扩展。鲁庄公二十八年（前666年），楚伐郑，攻到郑国都城郊外。齐、鲁、宋三国军队前往救郑，楚才退军。第二年，楚又两次伐郑。齐桓公谋划救援郑国，并为与楚对抗做了较为充分的外交准备。鲁僖公三年（前657年），齐国找到伐蔡的借口，管仲建议齐挟王命以伐楚，认为"此义于名而利于实，故必有为天子诛之名，而有报仇之实"。① 总之，管仲认为，借天子之名伐楚是名利双收的事情。

　　鲁僖公四年（前656年）春，齐桓公会同鲁、宋、陈、卫、郑、许、曹等八国军队伐蔡，蔡国一触即溃。于是八国军队继续伐楚，伐楚也是齐国这次军事行动的主要目的。

　　面对齐国及其同盟军队，楚成王派使者去对齐桓公说："君处北海，寡人处南海，唯是风马牛不相及也。不虞君之涉吾地也，何故？"实际是问齐国有什么权利、凭什么来攻打楚国。对于出师的名义问题，管仲早已想好对策。他代表齐桓公说，"昔召康公命我先君大公曰：'五侯九伯，女（汝）实征之，以夹辅周室。'赐我先君履：东至于海，西至于河，南至于穆陵，北至于无棣。"这是把几百年前召公对太公的话拿来说事，认为这是周王室赋予齐国的权力。接着，管仲说，"尔贡包茅不入，王祭不共，无以缩酒，寡人是征；昭王南征而不复，寡人是问"。管仲为楚国罗织了两个罪名，前一个是小题大做，因为楚国不按时向王室提供贡品是很长时期的事情，而且不按时纳贡的诸侯很多。至于昭王南征，丧师于楚，周昭王自己也丧生于此，这已是300年前的旧事，此时再来问楚之罪，确实颇为牵强。显然，管仲责问楚国的两个罪名，其使用的时机和对象，都具有高度的选择性，可以说有十分明显的双重标准问题。但齐国从名义上占据大义，楚国只能加以小心应对。由此，我们可以清楚地看到齐国挟天子之命的价值，因为这可以为齐国随时提供两个颇为现成的借口，并在一定程度上发挥着改变战争性质的作用。

---

　　① 《韩非子·外储说左上》。

面对齐国的优势兵力，楚国使者回答说，"贡之不入，寡君之罪也，敢不贡给？昭王之不复，君其问诸水滨"。承认应该贡包茅给周天子，但否认与周昭王之死有牵连。在齐楚争霸中，齐国成功利用周王室的名义，占据了道义上的制高点，迫使楚国有认错的表示。

之后，齐率领的八国军队移驻召陵（在今河南郾城县东），楚国由元帅屈完代表楚成王参与会盟。齐桓公让各国诸侯摆开军队，自己带着屈完乘同一辆车进行检阅。检阅时，齐桓公说道，"以此众战，谁能御之？以此攻城，何城不克？"明显是在炫耀武力。对此，屈完毫不示弱，说，"君若以德绥诸侯，谁敢不服？君若以力，楚国方城以为城，汉水以为池，虽众，无所用之。"表示如果会盟不成，楚将全力与诸国抗争的决心。由于双方基本上处于势均力敌的状况，谁也没有必胜的把握，因此双方妥协，在召陵会盟。齐桓公这次军事行动的成就在于，虽然没能使楚国折服，但在一个时期内遏制了楚向北发展的势头。从这个意义上说，召陵之盟是齐桓公霸业的一个进展。①

除"尊王"外，"攘夷"也是齐桓公霸业的一个重要方面。鲁庄公二十年（前674年），齐国曾经伐戎。对戎给北燕带来的威胁，齐桓公十分关注。鲁庄公三十一年（前663年），"山戎伐燕，燕告急于齐。齐桓公救燕，遂伐山戎，至于孤竹而还"。在解除山戎的威胁之后，齐桓公叮嘱燕庄公要"复修召公之政，纳贡于周，如成、康之时"。② 由此可见，在齐桓公眼中，"攘夷"和"尊王"实际是两件密切联系在一起的事情。《史记》描述此举产生的效果是，"诸侯闻之，皆从齐"。

除伐戎救燕外，齐桓公"攘夷"的另一重要业绩是"迁邢封卫"。鲁闵公元年（前661年），狄人进攻邢国，齐桓公立即出兵救邢。第二年，狄人又进攻卫国，几乎将卫灭掉。齐桓公派公子无亏送给卫戴公三百辆战车和三千名甲士，以及许多其他物资。为使邢、卫两国摆脱狄人的威胁，齐桓公于鲁僖公元年（前659年）将邢国迁到夷仪（今山东聊城市西），又带领诸侯于第二年在楚丘（今河南滑县东）为卫国建立新的都城。齐桓公还曾

---

① 晁福林：《春秋战国的社会变迁》（上册），商务印书馆，2011，第95页。
② 《史记·齐世家》。

大力帮助杞国抵御淮夷的进攻，率诸侯在缘陵（今山东昌乐县东南）筑城，将杞国迁到此处。对齐桓公的作为，宋国司马子鱼后来说，"齐桓公存三亡国以属诸侯，义士犹曰薄德"。① 他认为齐桓公保存三个亡了国的国家，目的在于使诸侯归附。

齐桓公称霸的顶点，是鲁僖公九年（前651年）的葵丘之会。这年夏天，齐桓公召集宋、鲁、卫、郑、许、曹等国诸侯在葵丘（今河南兰考县东）会盟。在这次诸侯之会中，周天子派宰孔"赐齐侯胙"。这是天子把自己祭祖用的肉赐给齐桓公，是一种莫大的荣誉。对此，齐桓公要走下台阶行跪拜之礼。宰孔说，"还有后面的命令，天子叫我宰孔说：因为伯舅年岁大了，加上功勋卓著，赐予增加一等，不用下拜。"齐桓公回答说："天子的威严近在眼前，我小白怎敢接受天子之命而不下拜？如果不下拜，以后就会摔跟头，让天子蒙羞。怎能不跪拜呢！"于是齐桓公走下台阶，行了跪拜礼，再登上台阶，接受赏赐。② 这次盟会上，齐桓公的"尊王"表现相当出色，为其霸业添加了光彩。

这一年秋天，齐再次召集诸侯在葵丘会盟。耐人寻味的是王室代表宰孔在会盟中的表现。根据《左传》记载。宰孔"先归"，③ 路上遇到晋侯（即晋献公），宰孔对晋献公说："您可以不去参加盟会了，齐不致力于德行而忙于对四方进行征讨，向北讨伐山戎，向南攻打楚国，向西举行这次会盟，向东还不知会讨伐谁，这样，向西的活动就不会有了。齐大概会有内乱吧。君主您致力于安定内乱就行了，不必辛苦去跑一趟。"晋献公于是回国，他实际是在王室代表的劝说下没有参加会盟。④

此外，在此事的四年之前，即鲁僖公五年（前655年）还发生了一件事情。这一年秋，齐、鲁、宋、陈、卫、郑、许、曹诸国之君会于卫邑首止。周惠王使宰孔召唤郑国国君，说："我带领你去跟从楚国，加上有晋国

① 《左传·僖公十九年》。
② 《左传·僖公九年》。
③ 从宰孔路遇前往参加会盟的晋献公一事，可以看出宰孔实际没有参加会盟就先行离开了。
④ 《左传·僖公九年》的原文是，"宰孔先归，遇晋侯曰：'可无会也。齐侯不务德而勤远略，故北伐山戎，南伐楚，西为此会也。东略之不知，西则否矣。其在乱乎。君务靖乱，无勤于行。'晋侯乃还"。《国语》也记载了此事，见《国语·晋语二》。

辅助，你可以少许安定"。① 郑伯对周惠王的指示很高兴，又害怕没有去朝见齐国，所以逃了回来，没有参加结盟。周天子要郑靠拢齐的对手楚、晋两国，导致郑国没有参加齐国主持的会盟，这显然是一种对齐桓公暗中拆台的行为。

首止之会以及第二次葵丘之会上，周王室实际上都采取了暗中破坏的做法，这对于以"尊王攘夷"为号召的齐桓公是一个严重的讽刺。周王室采取这样的做法，可能有多方面的原因，但对齐国的霸主地位以及齐国在诸侯中的影响力感到不满，应该也是一个重要原因。从这两件事情我们可以看到，周天子对诸侯"尊王攘夷"做法态度中的矛盾之处：一方面，周天子对诸侯"尊王"的做法持鼓励态度；另一方面，他的支持并不是无保留的，他不希望诸侯因此而对王室的权威和超然地位形成挑战，不希望某一诸侯取得过于突出的地位。特别是，不希望自己的权威和合法性地位被其他诸侯利用，因此对诸侯获取太高威望持谨慎的态度，从而使其对齐桓公"尊王"的做法没有给予不遗余力的支持。在更深的层次上，周王室和试图争霸的齐桓公之间，显然存在着对合法性以及与之相伴随的权威的争夺。

（二）宋襄公的争霸行为与策略

鲁僖公十七年（前643年），齐桓公去世，这使得中原政治舞台出现了霸权真空，急于填补这一空白的是宋襄公。宋襄公于鲁僖公九年（前651年）即位，他认为公子子鱼仁爱，就让子鱼做左师处理宋国的政事，"于是宋治"，② 即宋国被治理得很好。

宋襄公即位时正值齐桓公霸业鼎盛之际。为了表示对齐桓公霸业的支持，他在尚未举行父亲葬礼、自己还在服丧的时候，就前往参加齐桓公召集的葵丘之盟。此后，齐桓公召集的碱之会、牡丘之会、淮之会等，宋襄公都亲自参加，他可说是齐桓公霸业过程中的一个亲密伙伴。③

---

① 《左传·僖公五年》的原文为，"秋，诸侯盟，王使周公召郑伯，曰'吾抚女以从楚，辅之以晋，可以少安'"。
② 《左传·僖公九年》。
③ 晁福林：《春秋战国的社会变迁》（上册），商务印书馆，2011，第95~96页。

鲁僖公十七年，齐桓公和管仲把太子即后来的齐孝公托付给宋襄公。同年，管仲和齐桓公先后去世，桓公的五位公子争夺国君之位，太子逃跑到宋国。第二年春，宋襄公率曹、卫、邾等国军队攻打齐国，送太子回国即位。但齐国国内其他公子的势力依然强大，又赶走太子，并与宋国开战。五月，宋国在甗地打败齐国军队，立太子为国君后就回国了。

宋襄公为大国齐国国君复位起了关键性作用，并在这个过程中两次打败齐国，于是有了称霸之志，并试图通过会盟诸侯的方式，确立自己的霸主地位。鲁僖公十九年（前641年），宋国拘执了滕国国君滕宣公，借以向诸侯示威。同年六月，又邀曹、邾等国在曹地结盟，鄫国国君未及时赶到，宋襄公指使邾人拘押了他，并用他祭祀次睢这个地方的社神，试图通过这种方式使东夷归附。子鱼对宋襄公这种以活人做祭祀的做法颇不以为然，指出齐桓公为使诸侯归附，恢复安定了三个国家；宋国现在想让诸侯归附，却一次会见就虐待了两个国家的君主，这样的做法，"将以求霸，不亦难乎？得死为幸！"① 接着，宋襄公又因为曹国不服，起兵包围曹国。可见，宋襄公为了称霸，更多地对周边小国采取了威压政策。子鱼是宋襄公的哥哥，也是一位颇为贤明的人士，他清楚地指出，即使宋襄公想做霸主，也是用错了方法，而且这样做很可能带来非常危险的结果（"得死为幸"）。

此时，支持宋国的主要只有卫、邾、许、滑等寥寥几个小国，其实力颇为薄弱。但宋襄公对自己的德行和实力缺乏正确的估计，仍妄想担当盟主。鲁僖公二十一年（前639年），宋襄公和齐孝公、楚成王在鹿上（今山东巨野县西南）会盟，请求楚国允许归附楚国的中原诸侯奉自己为霸主，楚成王假意答应。宋襄公在错误的道路上越走越远，对此，子鱼指出，"小国争盟，祸也。宋其亡乎，幸而后败"。② 认为宋国此举有亡国的危险，如果只是争霸失败而不亡国，就已是一件幸事。

这年秋天，宋襄公和楚成王以及服楚的陈、蔡、许、曹等国在盂会盟，楚成王将宋襄公抓了起来，直到冬天才释放。第二年春，郑文公朝楚，这引起宋襄公的不满。同年夏，宋襄公起兵伐郑，楚出兵伐宋以救郑。宋襄

---

① 参考杨伯峻《春秋左传注》，中华书局，1990，第379～382页。

② 《左传·僖公二十一年》。

公率军与楚军战于泓。战争中，宋国兵少，先排好阵势，楚兵还未全数渡过泓水。宋国大司马主张乘此机会对楚军发动攻击，宋襄公认为不能乘人之危，没有同意。当楚军渡过泓水正在布阵之际，司马要求出兵，宋襄公仍不同意。待楚军布阵完毕，宋襄公才进兵，结果一败涂地，宋襄公自己也受了重伤。

宋国在战败之后，一蹶不振。鲁僖公二十三年（前637年），齐国起兵伐宋，其理由是惩罚宋国没有参加齐国于鲁僖公十九年举行的会盟。这年夏天，宋襄公因伤去世。宋国的霸业还未实现就不得不草草收场。

宋襄公争霸是诸侯遭遇失败的典型例子。从中可以清楚地发现，如果一国实力不够，基本上不可能成为霸主，因为它终究过不了其他大国的反对这一关。不仅事实的发展如此，而且从子鱼"小国争盟，祸也"的话中也可以看出，这一点在很多人的心目中是一种清晰的观念。对于宋襄公的争霸来说，打败体系内的大国是必经之路。泓之战是宋襄公争霸道路上必须经过的检验，以宋国的实力，通过这次检验的可能性微乎其微。而且，即使宋国能够战胜楚国，由于宋楚之间的实力差距，楚国后续肯定还会有针对宋国的军事行动。因此，拥有强大的军事实力是成功争霸的先决条件。

此外，宋襄公在争霸过程中，对其他诸侯总体上采取了错误政策，未能把更多力量团结在自己周围，还得罪了曾有恩于他的齐国，导致在争霸过程中势单力孤，很快被楚国打败，失败后还被齐国趁火打劫。宋襄公在实力不足的情况下，采取错误的策略去争霸，他谋求霸权的行为从条件到方法到结果都完全是失败的。虽然宋襄公并未"尊王攘夷"，但其争霸失败并不是因为他没有这样做，从根本上说是宋国实力不足的结果。

（三）晋文公的争霸行为与策略

齐国的霸业在齐桓公去世后就结束了，此后一个时期，大国争霸舞台上的主要角色是晋、楚两国。在晋楚争霸中，晋国总体上处于主动地位，其中一个重要原因在于晋长期得到周王室的支持。

晋文公于鲁僖公二十四年（前636年）继位。他即位后重施齐桓公的故技，迅速举起"尊王"的旗帜。晋文公继位后，周襄王派太宰王子虎和内史兴前往晋国，册封晋文公为君。晋文公对此特别重视，派出上卿在国境迎候，还亲自到郊外慰劳，把王室代表安置在宗庙，并准备了九牢酒肉，[①] 在庭院中设置照明火烛。正式赐命的典礼安排在晋武公庙内举行，由太宰主持仪式，晋文公穿戴黑色礼服礼帽而入。太宰以天子之命赐给晋文公冕服，内史宣读天子的册命，晋文公推让三次后才接受王命，换上冕服。仪式结束后，宴饮时还对太宰和内史赠送礼物，表示尊重友好。

内史兴返回王室后，禀告周襄王说，"晋，不可不善也，其君必霸"。他对襄王建议说，"晋侯其能礼矣，王其善之"，"树于有礼，艾人必丰"。[②] 认为晋侯能奉行礼仪，天子一定要好好礼遇他，因为培植尊奉礼仪的诸侯，王室将来得到的回报必定十分丰厚。

这件事情的重要之处在于，晋文公接待王室代表时刻意突显对礼仪的重视，传递出一个重要信号，即晋文公愿在齐桓公去世后，给予周王室特别尊重，愿意自觉地 "捍卫" 王室的利益。这个信号被王室派出的使者准确地捕捉到，并传递给周天子，使周天子决定对晋文公的行为加以支持和鼓励。

就在晋文公继位的这一年，周襄王的弟弟王子带再次叛乱。这年秋天，王子带领狄人军队进攻襄王，大败周王的军队，周襄王逃到郑国。周襄王向鲁国告难，同时使简师父告于晋，使左鄢父告于秦，试图寻求大国帮助。秦穆公带着军队驻扎在黄河边，准备护送周襄王还都。这时，狐偃对晋文公说了一句对其争霸具有重要意义的话："求诸侯，莫如勤王"。即要得到诸侯的拥护，没有比为王室效力更有效的方法，这种做法可以取得诸侯信任，并占据道义的制高点（"诸侯信之，且大义也"）。[③] 狐偃认为这对晋国是一个难得的机会，如果放过这个机会，秦国就会护送周襄王复位，使晋文公失去通过辅佐周王室获得诸侯拥戴的机会。狐偃说："继文之业，定武之功，启土安疆，于此乎在矣！"[④] 认为这是成败在此一举的机会，应努力

---

① 牛、羊、猪各一头为一牢，晋文公以九牢礼迎接天子使节，是待之以上公之礼。鲁哀公七年，子服景伯指出，"上物不过十二，以为天之大数也"，即最高礼仪的物品不超过十二。见《左传·哀公七年》。

② 周王册命晋文公之事，《左传》没有记载，而载于《国语·周语》上篇。

③ 《左传·僖公二十五年》。

④ 《国语·晋语四》。

抓住。

晋文公显然颇为赞同狐偃的观点。为了独揽勤王之功，他辞谢了秦国的军队。然后兵分两路，一路包围了温，从温抓走并杀死王子带；另一路则去迎接周襄王，并护送周襄王回到王城。晋文公勤王取得成功后，朝觐周天子。晋文公希望周王允许其死后得用天子葬礼，被周襄王婉言拒绝。为了奖励有功于王室的晋文公，周襄王把阳樊、温、原等地赐给晋文公，使晋国的地域扩展到太行山以南、黄河以北的地区，这对晋国成为中原霸主十分有利。① 通过勤王这一"尊王"之举，晋文公达到了名利双收的效果。

得到阳樊、温、原等地，使晋国的势力向南有所扩展。如果晋国要成为诸侯霸主，与南方大国楚国的冲突难以避免。为此，晋文公加强了军事实力，于鲁僖公二十七年（前633年）把原有的两个军扩充为三军。同年，楚成王联合陈、蔡、郑、许等国伐宋，宋向晋求救。先轸说，"报施救患，取威定霸，于是乎在矣。"② 认为这是晋国成就霸业的机会。狐偃则献计说，楚国刚收复曹国，又新与卫国联姻，如果晋国去攻打曹国和卫国，楚国一定会去救，这样就可以解除齐、宋之围。③

鲁僖公二十八年（前632年）春，晋师南渡黄河，先侵曹，后伐卫。卫国国人赶走卫成公以讨好晋国。三月，晋军攻入曹国国都，抓住曹国国君。此时，楚仍攻宋不止，宋向晋告急。晋文公对众大夫说："宋国告急，如不援助，宋会投向楚国，与我们断绝关系；如果直接请求楚国撤兵，楚一定不会答应。我打算攻击楚国，又担心齐、秦国不愿意，该怎么办呢？"显然，晋文公的意图是要与楚国作战，但又希望在外交上先孤立楚国，为战争创造更为有利的外部条件。

先轸献计说，不如先激怒齐国和秦国，让他们对楚国产生怨恨。为达到这一目的，先轸提出了一个一环套一环的计策。（1）由宋国撇开晋国单独去贿赂齐国和秦国，借助齐国和秦国的力量请求楚国退兵；对

---

① 参考晁福林《春秋战国的社会变迁》（上册），商务印书馆，2011，第98页；杨伯峻《春秋左传注》，中华书局，1990，第432～434页。

② 《左传·僖公二十七年》。

③ 此前一年，楚使申叔厚成谷以逼齐，所以说晋国的做法是解齐、宋之围。

齐、秦两国来说，如果能用优势力量迫使楚国退兵，由此得到宋国的贿赂是符合其利益的事情，因此他们会答应宋国的请求。（2）同时，晋国把曹国和卫国的土地分给宋国，使宋贿赂齐、秦的付出得到补偿；只要获得足够的补偿，宋国就愿意去贿赂齐、秦两国。（3）如果前两步顺利实施，由于曹国和卫国新近投向楚国，楚国肯定不会答应把曹、卫之地分给宋国而自己从宋国退兵，因而会拒绝齐、秦两国的请求。（4）齐、秦两国喜欢宋国的财物，他们的请求被楚拒绝，一定会对楚国不高兴。（5）此时晋国再请求齐国和秦国一起攻打楚国，齐、秦就不会不答应。①

晋文公很高兴，于是把曹、卫的土地分赐给宋国。针对晋国的做法，楚军统帅令尹子玉派大夫宛春向晋国提出要求：请晋国恢复卫君的地位，归还曹国的土地，楚国则相应解除对宋国的包围。楚国的这一提议如果获得实施，将会使卫、曹、宋三国的利益都得到改善，实际是楚对三国都施了恩惠。对这一反建议，晋国难以公开拒绝，因为公开拒绝的结果是晋同时得罪曹、卫、宋三国。对此，先轸又出主意说：不如私下同意复卫封曹，以离间曹、卫与楚国的关系，同时扣留楚国的使者宛春，以激怒楚国。这样，晋楚之战就难以避免，对卫国和曹国则可以等仗打起来后再加以对付。晋文公很高兴，于是扣留了宛春，并且私下答应恢复曹国、卫国，曹国和卫国随即宣告与楚国断绝关系。

晋楚城濮之战就在这样的情况下爆发了，结果楚军大败。《左传》说晋文公"出谷戍，释宋围，一战而霸"。② 城濮之战的胜利，使晋文公一举成就了霸主地位。

打了胜仗的晋国，在践土为周天子建造了一座王宫，并在此向周天子献俘。周襄王册命晋文公为"侯伯"，即诸侯之长，③ 让他"敬服王命，以绥四国，纠逖王慝"。即听从天子的命令，安抚四方的诸侯，为王朝惩治邪恶。晋文公以十分虔敬的姿态敬奉周王，曾在践土三次觐见，做足了"尊

---

① 先轸的计策见《国语·晋语四》，以及《左传·僖公二十八年》。
② 《左传·僖公二十七年》。
③ 周襄王的这一册命，给予了晋文公比齐桓公更大得多的恩典，远不是赐齐桓公"胙肉"可比。

王"的功夫。至此，晋文公既有了霸主之实，也有了霸主之名，名实相副，行事就更为便利了。①

这年冬天，晋文公召集齐、鲁、宋、蔡、郑、陈、莒、邾、秦等国诸侯在温会盟，惩罚不顺服的诸侯。原来服楚的蔡、陈等国正式表示服从于晋，原先不参加中原诸侯会盟的秦国也参加了会盟。会上，晋文公处理卫国君臣的争讼，将卫成公拘于京师。温之盟以后，晋文公率领诸侯军队围攻拒不服晋的许国。

在温的会盟，晋文公把周天子也召来了，并带领诸侯拜见天子，还让天子打猎。孔子评价这件事说，"以臣招君，不可以训"。② 晋文公的这一做法实际逾越了礼制，虽然他试图用让天子打猎的方式加以掩盖。在"以臣招君"的背后，人们可以感觉到的是诸侯以自己的势力在威胁周天子。由此可见，晋文公"尊王"背后更多是出于功利考虑，而主要不是发自内心的对王室的情感或者伦理方面的因素在起作用。

晋文公在"攘夷"方面的作为，《左传》和《国语》的记载都很少，但他在这方面并不是无所作为。由于晋在地理上邻近狄人，双方的冲突在所难免，晋文公继位之前的鲁僖公八年（前652年），晋国与狄人还在采桑（今山西乡宁县西）发生过战争。晋文公在打败南面的楚国成为盟主后，于鲁僖公三十一年秋，在已有三军的基础上，进一步扩充军事实力，作五军"以御狄"。③ 同年冬，狄人入侵，迫使卫国从楚丘迁徙到帝丘（今河南濮阳县西南），但第二年夏，狄人发生内乱，卫国起兵侵狄，狄人请和，卫和狄也结了盟。童书业认为，自城濮一战后，蛮族的势力一落千丈，晋文公"攘夷"的功绩远在齐桓公之上，④ 但从史籍上看，晋文公攘夷的事迹并不明显，倒是继他之位的晋襄公与狄人曾进行过大规模战争。⑤

---

① 1994年台北故宫博物院收藏了春秋早期子犯编钟12件。据考证，全铭文共132字，记述了晋文公重耳在舅氏狐偃（字子犯）的辅助下复国，进行"城濮之战"灭楚师以后，举行"践土之盟"和朝见天子的大礼，居于首功的子犯得到周襄王赠予的车马、官服、佩玉等厚重赏赐的情况。参考王美凤等著《春秋史与春秋文明》，上海科学技术文献出版社，2007，第71页。
② 《左传·僖公二十八年》。
③ 《左传·僖公三十一年》。
④ 童书业：《春秋史》，上海古籍出版社，2010，第161页。
⑤ 鲁僖公三十三年（前627年），狄人攻晋，打到箕地，晋襄公亲征，在箕击败狄兵。这一战，狄人丧失了君主，晋国方面元帅先轸丧生，见《左传·僖公三十三年》。

　　值得注意的是，晋文公在继位之初的勤王过程中，为了打开军队东进的道路，曾以财物贿赂晋国东部的戎狄之人，这种做法似乎直接与"攘夷"相悖。[1] 而且，晋文公的母亲就是狄人，[2] 晋文公在早年从晋国逃难时，第一站去的就是狄人之国，在那里娶妻生子，一住就是12年。因此，在晋文公的观念结构中，即使有攘夷之事，可能也更多出于利益考虑，而不太会是因为夷夏之分的观念原因。

　　晋文公霸业中最重要的事件是城濮之战。他在城濮之战前令人眼花缭乱的外交运作，可以说是一套标准的阴谋之术，在整个春秋时期大国争霸过程中，如此复杂、诡诈和缺乏道德信誉的外交运作十分罕见。类似的做法到战国中后期才逐渐变得多起来。而且，与战国时期任何一个外交阴谋相比，晋文公此战中运用的外交阴谋都毫不逊色。[3]

　　晋国的霸业在晋文公去世后还得到一定程度的持续。由于我们关注的重点是"争霸"，是获取霸主地位的策略选择，而不是霸主地位的持续，因此，对晋文公之后晋国的霸业就不再讨论了。

　　比较齐桓公和晋文公的霸业，可以发现，从总体上，齐桓公受到的王室恩典少于晋文公，但他对王室更虔敬。晋文公虽然受到的恩典和实惠较多，也有不少"尊王"的表现，但他至少有两次对王室不敬的举动，分别是要求天子规格的葬礼和"以臣招君"之举。与齐桓公相比，晋文公对王室的虔敬方面要差不少。对此，春秋末期的孔子评价道，"晋文公谲而不正，齐桓公正而不谲"。[4] 即晋文公诡诈不正派，齐桓公正派不诡诈。齐桓、晋文同样是威名赫赫的霸主，但在《论语》中，孔子多次称赞齐桓公而从不正面称赞晋文公。由于年代上的

---

① 《国语·晋语四》。

② 《左传·庄公二十八年》记载，晋献公"又娶二女于戎，大戎狐姬生重耳，小戎子生夷吾"。可见，晋文公本身具有一定的狄戎血统。

③ 笔者对《左传》和《国语》中的相关叙述，花了不少精力才理清其中的线索，并在前文中用五个环节的步骤，对其中隐含的逻辑和推理作了更直接和清晰的表述。从晋文公凭空为楚国设一个局，并成功瓦解楚令尹子玉十分合理的反建议的过程看，在晋文公的决策圈内显然不缺阴谋家，而且晋文公在接受先轸计策时的态度，《左传》《国语》的说法都是"公说（悦）"，丝毫不见道德上的犹豫，可见晋文公作为国君或霸主的为人和行为方式。

④ 《论语·宪问》。

优势，孔子应该是基于与我们今日相比更多史料的基础上做出这一判断的吧。

（四）秦穆公的争霸行为与策略

当齐桓公、晋文公争霸的时候，秦国实力不断上升，开始在中原舞台上出现。齐桓公称霸时期，历次诸侯会盟中都没有秦国的身影。直到晋文公称霸时，在温之会中秦才第一次和中原诸侯会盟，参加这次会盟的秦国国君是秦穆公。

在此之前，秦、晋的关系也十分复杂。鲁僖公十五年（前645年），秦穆公发兵攻打晋国，连续三次打败晋军，一直打到韩原。九月，韩原一战，秦国俘获了晋国国君晋惠公。同年，秦穆公释放晋惠公回国，但条件是：一、晋国送晋惠公的太子圉到秦国做人质；二、晋国向秦国割让部分土地。其结果，晋向秦"献其河西地"，① 而且秦国从此开始接管晋河东五城的政事。② 于是，秦国的势力向东扩展到黄河一带，在秦晋之争中获得优势地位。

鲁僖公二十二年（前638年），晋惠公病重。在秦国做人质的太子圉听到消息，私逃回国，准备继承君位。这使秦穆公大为恼怒，立即从楚国迎来晋献公的另一个儿子公子重耳，"益礼厚遇之"，并给他在秦娶妻。秦穆公这样做的目的是为了扶持重耳与太子圉竞争，以便日后更好地干预和控制晋国。③

一次，秦穆公宴请重耳，以国君之礼招待重耳。第二天，秦穆公再次宴请重耳，并在宴席间赋了《诗经》中的《采菽》，重耳赋《黍苗》回应；秦穆公接着赋《鸠飞》，重耳赋《河水》，秦穆公又赋《六月》。在赋诗的过程中，双方都借助《诗经》中的诗句清楚地表达了自己的想法：重耳希

---

① 《史记·秦本纪》。
② 《国语》说，"是故归惠公而质子圉，秦始知河东之政"。《左传》说，"于是秦始征晋河东，置官司焉"。河东即黄河以东。见《国语·晋语三》和《左传·僖公十五年》。不过，不久之后，秦国把河东之地还给了晋国，见《左传·僖公十七年》记载，"晋大子圉为质于秦，秦归河东而妻之"。
③ 林剑鸣：《秦史》，中国人民大学出版社，2009，第98页。

望秦穆公帮助他夺取晋国君位，并表示如果成功，他愿意朝见、侍奉秦国；秦穆公对此做出允诺，并预言重耳能够称霸。① 一场政治交易在宴席间通过对《诗经》的诵读而达成。②

鲁僖公二十四年（前636年）春，秦国武力护送重耳回国。重耳在一些大臣的支持下，将晋怀公赶走，夺取了君位，这就是晋文公。晋文公继位后，派人在高粱将晋怀公杀死。但晋文公在国内的地位还不是很稳固，就偷跑出国，与秦穆公相会。在这种情况下，秦穆公用计诱杀了试图作乱的晋惠公旧臣吕甥和郤芮，并派兵三千护送晋文公回国。晋文公的统治得以稳定。

秦穆公扶持重耳夺取晋国君位，本是为了使晋国受制于秦。没有想到的是，晋文公是一位十分有作为的君主，在其带领下，晋国实力进一步上升，在诸侯中的地位不断提高，秦国不仅再也不能插手晋国的内部事务，有时反而在晋文公争霸过程中不得不追随晋国。

前636年，王子带作乱，周襄王到郑国避难，并派人到鲁国、秦国和晋国告难。秦穆公听到消息，立即派兵驻扎在黄河边，准备护送周襄王回王都。此事前文已述，其演变的结果是，"晋侯辞秦师而下"，独揽了勤王之功，并获得周王室的赞赏和丰厚赏赐。这件事有趣的地方在于，秦穆公本来准备尽诸侯的责任，而且派出了勤王的军队，但他的军队在晋文公辞谢之后竟然不再参与其事，让晋文公一举获得在中原争霸的重要政治资本。显然，秦穆公没有充分看到勤王的政治价值，这也说明，他在政治上可能不如晋文公高明。

秦穆公的一个重要优势是在位时间长。鲁僖公三十二年（前628年），晋文公去世，这让秦穆公看到了机会。鲁僖公三十三年（前627年），秦试图偷袭郑国而被发现，在回军的路上与晋大战于殽，结果晋军大胜，秦军全军覆没。两

---

① 《国语·晋语》，另见《左传·僖公二十三年》。

② 在春秋时期，诸侯之间通过诵读《诗经》中的诗篇实现政治交易的达成，或者据此对他国的意图或君臣的品行做出判断，似乎是一种颇为常见的做法。笔者对《左传》中类似赋诗行为的一个粗略统计，就发现至少有不下二十次这样的行为。在《左传》这样一个对242年历史的精练记载中，如此频繁地记录赋诗这样的事情，自然是因为颇为看重这些行为背后的政治意义。

年后,秦军再次攻打晋国,又被打得大败。过了一年,鲁文公三年(前624年),秦再次攻打晋国,夺取了王官之地,在殽地祭拜后回师。鲁文公五年(前622年),晋国起兵攻打秦国,围刳和新城,报王官之役的仇。

总体而言,由于强大的晋国横亘在秦国东进的路上,使秦国向东发展的道路基本被堵住。因此,秦穆公的主要成就实际上是在西面取得的。前659年,即秦穆公即位后第一年,他就亲率大军伐茅津并取得胜利。前640年,秦灭梁、芮。① 鲁僖公二十二年(前638年),秦、晋把陆浑的戎人迁徙到伊川。

秦穆公在试图向中原拓展实力的同时,也一直在为向西部地区的开拓做准备。鲁文公四年(前623年),也就是秦军"封殽尸而还"的第二年,秦穆公把主要注意力从东面转向西面,用由余的计谋,突然向西戎发起进攻,取得重要战果。《史记》记载,秦穆公三十七年,"秦用由余谋,伐戎王,益国十二,开地千里,遂霸西戎"。做了西戎的霸主,周王室也派召公向秦穆公表示祝贺,并赐以金鼓。②

总体来看,秦穆公有称霸的企图。他将兴修的宫殿取名"霸城宫",③又将关中的雍水改名霸水,④ 可见他对称霸具有颇为强烈的兴趣。秦穆公也确实数次试图利用晋国内乱,插手晋国内部事务,使晋为秦的利益服务。在这方面,秦穆公曾经获得一定的成功,但晋文公的崛起使他的企图受到很大挫折。此外,虽然秦穆公在努力操控晋国政局方面颇有心机,但或许由于秦长期处于相对偏僻之地,未能对中原诸侯的观念和行为方式有更深的理解,使他虽迅速出兵,却未能抓住勤王这个大好机会,为中原争霸捞取足够的政治资本,而把机会拱手让给了晋文公。从秦穆公及时出兵的行为看,他并非没有"尊王"之心,但在晋文公的安排下,这一"尊王"之心最终没有转化为"尊王"之举。

秦穆公在与晋国的较量中,虽然最终没有获得优势,也没有取得多大的成果,但秦在其西面取得了重要成果,实现了称霸西戎的效果,这一成

---

① 《史记·秦本纪》。
② 《史记·秦本纪》。
③ 《史记·高祖本纪》《正义》引《三秦记》。
④ 《汉书·地理志》,另参考林剑鸣《秦史》,第95页。

功也得到了王室的赞赏和认可。公元前 770 年，周平王将国都东迁雒邑时，始封秦襄公为诸侯，赐之岐山以西之地，说，"戎无道，侵夺我岐、丰之地，秦能攻逐戎，即有其地"。① 秦穆公伐西戎实际上是在完成当初王室对秦国授权之事。同时，秦霸西戎某种意义上也是一种"攘夷"之举，虽然秦在很长的时间内，被中原诸侯视为夷狄。《史记》说，"秦僻在雍州，不与中国之会盟，夷狄遇之"。② 不参与中原诸侯的会盟，是秦被中原诸侯视为夷狄的一个标志。但鲁僖公二十八年（前 632 年）冬，秦国参加了晋国在温地召集的诸侯会盟。第二年夏天，秦国又派人参加晋在翟泉召集的会盟。可见，当此之时，秦已逐渐被中原诸侯接受。从这个意义上，说秦穆公具有一定的"攘夷"之功，也是说得过去的。

（五）楚庄王的争霸行为与策略

齐桓公、晋文公之后，下一个成功的霸主是楚庄王。楚国到楚成王、楚穆王之时，实力进一步增强，成为中原诸侯的强劲对手。楚成王即位不久就派使者到中原聘问并到周都去纳贡，周惠王以祭肉赐给楚成王，希望楚国"镇尔南方夷越之乱，无侵中国"。③ 试图使楚国安心待在南方，不找中原的麻烦。这显然是周天子的一厢情愿。

成王之后，楚穆王继位。楚穆王在位的十二年间，楚国先后灭掉江、六、蓼、宗等小国，并使其北方的陈、郑、宋等国一度归附。楚成王和楚穆王的努力，为楚国称霸打下了雄厚的实力基础。

楚庄王于鲁文公十四年（前 613 年）继位。楚庄王即位之初，楚国公族势力强大，其地位并不十分稳固。最初三年，楚庄王对内对外都采取了低调的韬光养晦策略。晋国趁此机会拉拢诸侯，使原来臣服于楚的陈、郑、宋都倒向晋国，只有蔡还不服从晋。在楚庄王继位的第二年，晋国攻击蔡国，楚竟坐视不救，以至于蔡不得不与晋国签订城下之盟。接着，晋又召集宋、卫、蔡、陈、郑、许、曹在扈会盟。④

---

① 《史记·秦本纪》。
② 《史记·秦本纪》。
③ 《史记·楚世家》。
④ 《左传·文公十五年》。

在楚庄王继位的第三年，楚国遭受大饥荒，戎人乘机进攻楚国西南部，楚国周围的一些蛮夷之国也纷纷叛楚，"庸人帅群蛮以叛楚。麇人帅百濮聚于选，将伐楚"。① 以至楚国北部边境重镇申、息这两个城市的北门都不敢开启，楚国人甚至计划迁都。在严峻的形势下，楚庄王展现出自身的勇气，决定伐庸。濮人部落见楚师大动干戈，就罢兵回去了。楚军先用佯败麻痹庸国人，然后分兵合击，秦人和巴人也配合了楚军的军事行动，最后一举灭掉庸国。

灭庸使楚庄王一战成名，他不仅在危亡之中挽救了楚国，而且在诸侯中初步建立起威信。此时，晋国国君晋灵公暴虐，不得人心，使晋国的声势不如以前。童书业认为，晋国霸业中衰的原因是卿族的骄横。② 一方面是晋国陷入内部矛盾，另一方面是楚国在庄王的治理下蒸蒸日上，晋、楚之间的实力对比逐渐向有利于楚国的方向转移。

虽然在楚庄王继位的当年，晋国曾召集鲁、宋、卫、郑、陈、许、曹诸国于新城会盟，并于第二年又召集宋、卫、蔡、陈、郑、许、曹在扈会盟，但诸侯的态度逐渐发生了变化。晋国可能也感受到其中的变化。鲁文公十七年（前610年），晋灵公到黄父打猎阅兵，并再次在扈地会合诸侯。但这次会盟中，"晋侯不见郑伯，以为贰于楚也"。③ 晋灵公显然是怀疑郑国暗中偏向楚国了。郑大夫子家写了一封国书送给晋国当政的赵盾，这封信写得委婉而强硬，弄得晋国没有办法，只好派大夫巩朔到郑国去修好，晋国还与郑国互换了人质。④

晋、郑虽然暂时结合，但郑国的态度确实发生了变化。在楚庄王继位的第六年，即鲁宣公元年（前608年），《左传》有如下的两段记载：一个说的是"晋侯侈，赵宣子为政，骤谏而不入，故不竞于楚"。这说的是晋国"不竞于楚"，实力已经有些竞争不过楚国了。另一项记载的是："郑穆公曰：'晋不足与也。'遂受盟于楚"。郑国认为晋已不值得亲附，于是脱离晋国而与楚国结盟。⑤

---

① 《左传·文公十六年》。

② 童书业：《春秋史》，上海古籍出版社，2010，第166页。

③ 《左传·文公十七年》。

④ 参考童书业《春秋史》，上海古籍出版社，2010，第172页。

⑤ 《左传·宣公元年》。

　　此时，晋国和楚国的实力大体相当，在这样的情况下，争取晋、楚之间的郑、宋、陈等中间国家就十分重要，于是晋、楚为争取与国进行了一系列战争。鲁宣公元年，郑国倒向楚国，随即晋楚交兵，晋国无功而返。第二年，因为郑国的原因，晋楚再次交兵，结果还未交锋，晋国又主动退避。鲁宣公三年（前606年），晋国再次攻打郑国，此时，楚国因在别处兴兵而没有救援郑国，结果郑国被迫与晋国结盟。

　　公元前606年春，楚军伐陆浑之戎。陆浑之戎在伏牛山与熊耳山之间的伊水流域，未曾开罪于楚。楚庄王伐陆浑之戎，是假借"尊王攘夷"的名义到中原进行试探。楚军在陆浑虚晃一枪之后，来到伊水和洛水之间，在周郊举行盛大的阅兵仪式。这显然是向王室显示实力的举动。周定王派大夫王孙满去慰劳楚庄王，楚庄王竟向王孙满询问王室的镇国之宝九鼎的大小轻重，言外之意是测试周天子的权力。王孙满回答说，"德最重要，鼎并不重要……如果有德，鼎即便很小，那也很重；如果无德，鼎即便很大，那也很轻"。王孙满最后说，"周德虽衰，天命未改，鼎之轻重，未可问也"。① 听了王孙满的话，楚庄王没有强求，带着军队回去了。楚国于同年夏天攻打倒向晋国的郑国，但没有取得什么成效。

　　楚庄王率军前往中原问鼎，是一种相当不尊重王室的行为。此时周王室实力衰微，楚庄王陈兵周郊的目的是为了炫耀武力，而不是攻城略地。楚庄王没有攻取成周，不是做不到，而是没有必要。由这一事件可以看出，与齐桓公、晋文公相比，在楚庄王争霸的过程中，对周王室的虔敬程度进一步下降。对楚庄王的这一举动，中原诸侯却无所反应，可见这一做法客观上起到了向中原诸侯示威的效果。

　　楚庄王与晋国就郑国来回争斗了数年，但没有取得理想的结果，于是转而努力巩固自己的后方。鲁宣公八年（前601年），群舒背叛楚国。② 楚庄王起兵伐灭舒蓼，订正疆界，到达滑水，跟吴国、越国缔结了盟约才回

---

① 《左传·宣公三年》。
② 舒是国名，《左传》文公十二年孔颖达疏引《世本》，认为有舒庸、舒蓼、舒鸠、舒龙、舒鲍、舒龚六国，可能是同宗异国，统称群舒。不过，这些国家在《春秋》《左传》中提到的只有舒、舒蓼、舒庸与舒鸠。参考杨伯峻《春秋左传注》，中华书局，1990，第284页。

去。这使楚国在江淮流域的势力渐趋稳固。

稳定后方之后，楚庄王回过头来经营北方。同年，由于陈国倒向晋国，楚庄王起兵伐陈，陈又倒向楚国。鲁宣公九年、十年、十一年，楚庄王三次起兵伐郑。鲁宣公十一年（前598年）夏，楚、郑、陈三国盟于辰陵。同年冬天，楚庄王借口陈发生内乱而灭陈，变陈为楚国的一个县。楚国大夫申叔时认为这种做法容易引起诸侯不服，庄王听了申叔时的话，重新封了陈国。但将陈国每乡各取一人迁于楚境，集中在一处，称为"夏州"，以纪念这次伐陈的武功。庄王灭陈又复陈的做法，为他赢得了名誉，《左传》说他这一做法"有礼也"，认为是符合礼制的。①

辰陵盟后，郑国害怕得罪晋国，又重新与晋和好。楚庄王亲率大军起兵攻郑，经三个多月的围攻，攻克郑国都城。庄王答应了郑国求和的请求，郑襄公派弟弟子良到楚国做人质，表示服楚的决心。晋国发动大军救郑，来到黄河边就听说郑已降楚。此时，晋军内部意见不一，但最终决定渡过黄河，试图与楚作战。楚庄王克郑后率兵北上，驻在郔地，本意是饮马黄河然后班师。听说晋兵已渡过黄河，楚国内部经过一番讨论，最后决定作战。"邲之战"的结果，楚军大胜，晋军大败。

楚军获胜后，潘党劝楚庄王修筑"京观"以向后世子孙彰显功劳。② 楚庄王回答说：

> 非尔所知也。夫文，止戈为武。武王克商，作《颂》曰："载戢干戈，载櫜弓矢。我求懿德，肆于时夏，允王保之。"又作《武》，其卒章曰："耆定尔功"。其三曰："铺时绎思，我徂惟求定。"其六曰："绥万邦，屡丰年。"夫武，禁暴、戢兵、保大、定功、安民、和众、丰财者也。故使子孙无忘其章。今我使二国暴骨，暴矣；观兵以威诸侯，兵不戢矣。暴而不戢，安能保大？犹有晋在，焉得定功？所违民欲犹多，民何安焉？无德而强争诸侯，何以和众？利人之几，而安人之乱，以为己荣，何以丰财？武有七德，我无一焉，何以示子孙？其

---

① 《左传·宣公十一年》。
② 所谓"京观"，是古时胜者为炫耀武功，收集敌军尸首，封土成高冢，建表木而书之。见杨伯峻《春秋左传注》，中华书局，1990，第744页。

为先君宫，告成事而已……①

楚庄王借回答潘党之机，发表了一番内容精深的讲话。他提到"止戈为武"，提出了武的"禁暴、戢兵、保大、定功、安民、和众、丰财"七大功能，认为"无德而强争诸侯"是行不通的做法。他还谦虚地说，"武有七德，我无一焉"，认为自己并不足以"示子孙"。楚庄王这次谈话的语气，与其九年前在周郊炫耀武力、问鼎之大小轻重的做法相比，体现出的修养和观念可以说完全不可同日而语。楚庄王在谈话中还恰到好处地征引了《诗经·周颂》中的《时迈》《武》《赉》《桓》等篇的内容，② 在显示战胜者的德行和气度的同时，也显示出他对中华文化的深厚修养。他拒绝筑京观，以及随之发表的一番谈话，在某种意义上是偏好显示的行为，其"仁慈霸主"的形象由此清晰地建立起来。不但有助于委托周王室和诸侯，而且提高了其在诸侯中的威望。

邲之战可以说是楚庄王争霸过程中的关键战役，但稍加考察，可以发现，它与欧洲大国之间进行的争霸战争存在多方面的差异。

首先是双方战争决心不足。这次战争的起因是楚国为救郑国而攻打郑国、晋国，但晋国的救郑行为本身颇为迟缓。在楚国围攻郑国三个多月并克郑后，晋国大军才到达黄河。听说郑已和楚国讲和，晋军主帅荀林父就想回兵；统领上军的士会也认为楚国国力强大，不可与其争斗，而且诸侯之中还有许多"弱而昧"的国家可以攻打，没有必要非与楚国较量。但辅佐荀林父的先縠反对，他表示"由我失霸，不如死"，然后独自带领所部军队渡过黄河。韩厥劝荀林父为减少罪责应一同进兵，这样即使战败也有更多的人一起分担责任，于是晋全军渡过黄河。晋军基于这样的心理进军，从军事上说本已颇不严肃。另一方面，楚庄王本无意与晋作战，听说晋军渡过黄河，本想回军。令尹孙叔敖也不想开战。但楚庄王的宠臣伍参想要迎战，他甚至对楚庄王说，"您是君主，却逃避晋国大臣率领的军队，这把国家的地位放在哪里呢？"这使楚庄王很为难，最后决定迎战。这与西方国

---

① 《左传·宣公十二年》。

② 这里所述《诗经》中的篇名与楚庄王原话中的说法有所不同，这可能是由于《诗经》古今篇次不同的结果。

际关系学者经常讨论的由于安全困境、错误认知和为抓住机会等导致的战争以及预防性战争的逻辑有很大出入。

事情发展的过程中，楚王连续两次派使者提出议和；晋军将领魏锜、赵旃都因求高官未得而心怀不满，他们希望晋国失败，于是请求出使楚营，荀林父答应了，而这二人的目的则是挑起战争，并使晋国失败。郤克、士会认为，这两个心怀不满的人去楚营，会挑起事端，如果不加防备必然引起失败。先縠却反对说，"师无成命，多备何为"，认为多加防备没有必要。由于主要将领之间思想不统一，于是大家各行其是。

战争过程中，还有其他许多看起来颇为反常的行为。限于篇幅，这里不详细考察。总体上，以今天的眼光看来，这次从事后看具有争霸战争性质的大战，其实是一场偶然发生的战争，双方的作战决心和意志都并不坚决，更没有通过这场战争一举定霸的决心和清晰意志。从战争的进程看，双方似乎也无意在此做"殊死一战"。战争开始后，面对一拥而上的楚军，晋军主帅荀林父不知所措，在军中擂鼓说，"先济者有赏"，竟公然鼓励大家渡河逃跑。显然，晋军主帅根本就没有打一场恶战的思想准备。

战争过程中，许多今天看来颇有些"异常"的行为，是在当时名义等级体系下，受当时体系文化、观念等多方面因素作用的结果。如果用权力转移理论中大国争霸战争的逻辑来硬套春秋时期的大国争霸行为，虽然从粗略的形式上并不是完全无法套进去，但这样的解释无疑会产生许多牵强和不到位的认识。

楚国的争霸策略本来是先制服处于大国之间的中小国家，然后再和晋国争夺霸权。然而在邲之战中一举打败晋国，取得了意外的胜利。楚国获胜后，郑、陈等国纷纷归附。鲁宣公十五年（前594年），楚国制服仍有些桀骜不驯的宋国。此时，鲁、宋、郑、陈等中原的国家都归附楚国，楚庄王的霸业达到顶峰。

总体来看，在楚庄王争霸的过程中，对周王室的尊重程度进一步下降。与之相应的是，王室的合法性和权威与以前相比也进一步下降了。当王孙满说"在德不在鼎"时，其实已十分缺乏底气；而且，就算"在德不在鼎"，王孙满也承认"周德"已衰，只是认为，还不到改变天命的时候而已

（"周德虽衰，天命未改"）。

至于"攘夷"，楚庄王的伐陆浑之戎，具有"攘夷"的意义，但他这只是为了虚晃一枪，目的在于"观兵周疆"。由于楚国本来被中原诸侯视为蛮夷，能够被中原诸侯承认，对其就是一个很大进步。楚庄王的称霸在很大程度上被中原诸侯接受，在这个意义上，他就已经很成功了。

（六）吴越争霸

从春秋中期开始，吴的国力日趋强盛，与楚不断交兵。吴的崛起和争霸虽然以国力昌盛为基础，但晋国对吴的扶持也是重要条件之一。晋国和楚国的争斗是春秋中期及以后很长一段时期大国关系中的一条主线。晋国想凭一己之力在军事上正面打赢和制服楚国，显然并不容易。在这种情况下，从楚国逃到晋国的申公巫臣向晋国献计：联合并支持位于东南的吴国，从另一条战线牵制楚国，使楚面临多条战线的战略不利态势。在晋国军事技术的援助之下，[①] 吴国迅速变得强大，给楚国制造了很大的麻烦。[②]

在吴王阖庐以前，吴楚双方的战事处于互有胜负的胶着状态。楚国虽胜少败多，但总体上元气未伤，尚足以抗击吴国的进攻。不过，在吴国牵制下，楚再也无暇北顾，让北方的晋国在晋悼公时期再霸诸侯。可以说，晋国联吴扰楚的策略十分成功。

鲁昭公三十年（前 512 年），逃亡在吴的楚将伍子胥建议吴王阖庐：组建三支军队，轮番侵扰楚国边境，一支军队前去，楚国会全军出动，楚军出动，吴军就撤回；楚军撤回，吴军再出动；用这种方法使楚军在路上疲于奔命。这一策略的实施，使吴在战略上处于主动地位，从根本上改变了吴楚之间的僵持状态。鲁定公二年（前 508 年），楚伐吴，在豫章（今湖北应山县东北）被吴击败，此后楚完全陷于被动，再不见有伐吴之事。[③]

鲁定公四年（前 506 年）冬，吴王阖庐联络蔡、唐两国伐楚。吴军五

---

① 巫臣到吴国，"与其射御，教吴乘车，教之战陈，教之叛楚"，从军事技术上对吴国进行扶持。见《左传·成公七年》。

② 《左传》载楚国的子重、子反一年七次奉命奔波，以抵御吴国的侵袭。见《左传·成公七年》。

③ 参考晃福林《春秋战国的社会变迁》（上册），商务印书馆，2011，第 125～126 页。

战五胜，一直打到楚国都城郢。楚昭王仓皇出逃，到陨避难。此时，楚臣申包胥在秦国搬来救兵，越人乘吴王远出，起兵攻入吴国，令在楚的吴兵大受震动。秦军与楚残军夹攻吴军，大败吴夫概王于沂。这年9月，夫概王返吴，自立为王。吴王阖庐率军回国将夫概王打败，稳定了吴国局势。

曾经称雄一时的强楚被吴军打得狼狈不堪，"当是时，吴以伍子胥、孙武之谋，西破强楚，北威齐、晋，南服越人"，[①] 确有称霸之势。

此后，吴国实力继续增长，并对楚国造成巨大威胁。楚迫于压力，于鲁定公六年（前504年），将都城从郢迁到鄀。针对吴国的压力，楚采取了与晋国相似的策略，联合吴国背后的越国，让越在其后不断侵扰吴国，以缓解来自吴国的压力。[②] 鲁定公十四年（前496年），阖庐趁越国国君刚刚去世，率军攻打越国，刚即位的越王勾践率军抵御。结果吴军大败，吴王阖庐伤重去世。

阖庐的去世并不意味着吴国霸业的终结。同年，阖庐之子夫差即位，吴国经过两年多的精心准备，于鲁哀公元年（前494年）起兵伐越，并击溃越军，攻破越都。越王勾践率残部五千甲士退守会稽山，派大夫文仲向吴太宰伯嚭行贿以求和。伍子胥反对议和，但夫差不听，于是吴越议和。

吴王夫差打败越国之后，转而北上经营中原，试图在中原实现霸业。于是，吴侵伐陈国，次年又进攻蔡国。为了北上争霸，吴国开凿了历史上著名的运河——连接长江和淮河的邗沟。鲁哀公十一年（前484年），夫差联合鲁国伐齐，在艾陵打败齐军。夫差将缴获的800辆战车和3000名甲士都送给鲁国，以显示自己的霸主风度。鲁哀公十二年（前483年），吴强逼卫、鲁、宋等国与其会盟，卫侯来得稍迟，吴发兵围困卫侯驻地，孔子的弟子子贡前往劝说，指出吴这样的做法不利于争取诸侯，有损于吴的争霸，终使吴释放了卫侯。[③] 由此可以看出，吴王对诸侯的很多态度和做法，是从是否有利于霸业的角度来思考的。

夫差霸业的顶点是鲁哀公十三年（前482年）的黄池之会。这年夏天，

---

① 《史记·伍子胥传》。

② 参考何晋《君子时代的争霸——〈左传〉二十讲》，新华出版社，2008，第197页。

③ 子贡说："……堕党崇仇，而惧诸侯，或者难以霸乎。"见《左传·哀公十二年》。

吴王夫差北上到黄池（今河南封丘县南）和晋定公、鲁哀公会盟，周王室卿士单平公也参加了会盟。六月，越王勾践乘吴军主力在中原会盟之机，兵分两路对吴发起猛攻，大败吴军，攻入吴都城，还俘获了吴国太子友。吴人奔赴黄池报告战败的消息，夫差怕败讯外传影响争霸，亲自在帐幕下杀了知晓此事的七个人。七月七日，诸侯于黄池盟誓，吴国奋力争取，最后晋让吴在会盟时先歃血，有条件地承认了吴的霸主地位。① 之后，夫差率兵快速回国，派人送厚礼向越求和。越王估计不能马上灭掉吴国，于是同意媾和。②

黄池之会后，夫差也采取了尊王的做法，派大夫王孙苟向天子报功，强调从前楚国不讲道义，不承担向天子纳贡的义务，还疏远离间姬姓诸侯国，先君阖庐不能容忍这种行为，对楚国进行了讨伐；如今齐国不吸取楚国的教训，又不承担向天子纳贡的义务，疏远离间姬姓诸侯国，对此我夫差同样不能容忍，奋起与齐国大战与艾陵，并打败了齐国，这实在是周文王、周武王赐福的结果，并冒昧地派遣大夫向天子的办事人员汇报。周敬王对夫差的做法表示赞赏（"若余嘉之"），这意味着夫差的霸主地位得到周王室的承认。

从春秋诸国争霸的情况看，齐桓公、晋文公的做法是先"尊王"，然后成就了"霸主"业绩。吴王夫差在黄池之会前，却无"尊王"的举动，按《左传》的记载，其实还有不少不合礼数的做法，如吴的称"王"就是一种僭越。又如鲁哀公七年（前488年），吴王夫差与鲁哀公在鄫相会，吴向鲁征收百牢之礼。③ 鲁向吴解释说，鲁对天子也只有12牢之礼，要百牢之礼是不合礼制的做法。但吴人不听鲁的解释，鲁只好享吴以百牢之礼。④ 这一方面显示礼仪在武力面前的无能为力，另一方面则清楚地暴露出吴国态度的蛮横。夫差此时的尊王表示，显然是一种先上车后补票、敷衍差事的做法。有意思的是，夫差的霸业是凭武力东征西讨而来，他本不必再行"尊王"之举，因为这对他的霸业已经不能起到什么实质性作用，但他还这样做，显然在当时

---

① 关于会盟时吴、晋谁先歃血之事，《左传》和《国语》的记载有一定出入，按《左传》是晋人先歃血，《国语·吴语》是吴人先歃血。以当时的形势来判断，似乎《国语·吴语》中记载的情况可能性更大一些。关于此事的分析，可参考晁福林《春秋战国的社会变迁》（上册），商务印书馆，2011，第129~130页。

② 参考顾德融、朱顺龙《春秋史》，第159页。

③ 如前所述，牛、羊、猪各一头为一牢。

④ 《左传·哀公七年》。

诸侯的观念中，获得王室的正式认可终究还是一件颇有意义的事情。

当吴王夫差参与黄池之会时，越军兵分两路攻打吴国，并大获全胜。这次战争从根本上改变了吴越双方的力量对比，越国在双方关系中也从守势转为攻势。鲁哀公十五年（前480年），楚国乘吴实力衰落攻打吴国报仇，打到桐汭。第二年，吴兵伐楚，却被楚将白公打败。鲁哀公十七年（前478年），越国乘吴荒年伐吴，吴王夫差率军抵御，在笠泽被勾践打得大败。鲁哀公二十年（前475年），越国突然大举伐吴，① 把吴都包围了三年，最后灭掉吴国，吴王夫差自缢而死。吴国的霸业随之烟消云散。

鲁哀公二十二年（前473），越国灭亡吴国，这也标志着越王勾践称霸的开始。灭吴之后，勾践同样走上了北上与中原诸侯争霸的道路。他起兵渡过淮水，与齐、晋等国在徐州会盟。他也向周王室进贡，周元王像王室当年对齐桓公、晋文公那样，派人把自己祭祖用的祭肉赐给勾践，命勾践为诸侯之伯。勾践回去后，把淮上的土地送给楚国，把吴国从宋国侵占的土地还给宋国，又把泗水以东方百里的土地送给鲁国，勾践的这一做法获得诸侯的称道。据《史记》记载，"当是时，越兵横行于江、淮东，诸侯毕贺，号称霸王"。②

从越王勾践称霸的道路可以发现，"尊王"和"攘夷"对于勾践成为霸主并没有什么实质性的帮助。越国在前494年被吴打败后，勾践向吴太宰伯嚭行贿从而与吴国求和。为了麻痹吴王，他卑躬屈膝地侍奉吴王夫差，派遣三百名士到吴国充当奴仆，自己还亲自充当夫差出行的前驱。③ 勾践于前482年趁吴王参加黄池之会时猛攻吴国，最后于前473年灭亡吴国。他是通过与吴国竞争，并最终打败当时称霸的吴国而成为霸主的，这完全是实力斗争的结果，其中也不乏诡诈之术。跟吴王一样，他是在已有称霸之实的情况下，通过"致贡于周"这种廉价的方式，获得了周王室对其霸主地位的认可。在中原国家看来，吴、越本身都属于夷，"攘夷"之事，与他们基

---

① 此前，越国曾假意攻打楚国，以麻痹吴国，使吴放松警惕。前479年，吴国还曾攻打楚国，显然吴并未全力对付越国，这意味着越国对吴国的麻痹在一定程度上是成功的。不然，吴不会做出这种让自身陷入两线作战不利情势的举动，而会努力改善与越国的关系。见《左传·哀公十九年》"越入侵楚，以误吴也"的记载，但此事的发生可能不一定在鲁哀公十九年。

② 《史记·越世家》。

③ 《国语·越语》说勾践，"卑事夫差，宦士三百人于吴，其身亲为夫差前马"。

本上不大沾边。综合来看,在吴、越的争霸过程中,"尊王"只是点缀,"攘夷"则是连虚名都谈不上。

(七)小结

本节我们对齐桓公、宋襄公、晋文公、秦穆公、楚庄王、吴王阖庐与夫差、越王勾践的争霸行为进行简单的小结(见表3-1)。

表3-1 春秋时代诸侯的"尊王攘夷"

诸侯王	在位时间	"尊王"	"攘夷"
齐桓公	前685年~前643年	1. 娶周庄王之女 2. 请周天子批准伐宋 3. 救燕后叮嘱燕庄公要"纳贡于周" 4. 以不按时纳贡的名义讨伐楚国 5. 以恭敬的态度接受王室的赐"胙"	1. 伐山戎以救燕 2. 迁邢 3. 封卫 4. 迁杞
宋襄公	前651年~前637年	无明显的"尊王"之举	无力"攘夷"
晋文公	前636年~前628年	1. 即位后,接受王室册封,以隆重礼节接待王室代表 2. 武力勤王,讨平叛乱的王子带 3. 践土之盟,恭敬地朝觐周王,被册命为诸侯之长 对王室不敬的表现:(1)请求天子规格的葬礼;(2)以臣招君	作五军以御狄
秦穆公	前659年~前621年	1. 已出兵,但中途退出勤王过程 2. 秦穆公霸西戎后,天子使召公贺以金鼓,说明其称霸受到王室认可	1. 伐戎王,益国十二,开地千里,遂霸西戎 2. 自身逐渐被中原诸侯接受
楚庄王	前613年~前591年	庄王的祖父楚成王(前671~前626年在位)曾派使者"献天子,天子赐胙"。对王室不敬的表现:观兵周郊,问鼎之大小轻重	伐陆浑之戎
吴王阖庐与吴王夫差	前514年~前496年;前495年~前473年	黄池之会后,派使者"告劳于周"。不敬之举:(1)僭越称王;(2)向鲁、宋征百牢	
越王勾践	前496年~前465年	与齐、晋诸侯会于徐州,致贡于周。周元王使人赐勾践胙,命为伯	

上述争霸过程大体上按时间先后排列，从表3－1可以看出，春秋时期诸侯争霸的总体态势是：周王室的权威和合法性呈下降之势，与此同时，争霸诸侯"尊王"的虔敬程度和"攘夷"的卖力程度也呈下降趋势。

从总体上说，是否有"尊王"表现与霸业的成功与否，具有一定的甚至可以说较为明显的相关关系。其中宋襄公在"尊王攘夷"方面做得最差，他在争霸方面也最为失败。从合法性角度来说，宋争霸的条件也很差，因为宋国是为了奉商朝的宗祀而立。因此，在宋楚泓之战前，宋大司马曾劝阻说，"天之弃商久矣，君将兴之，弗可赦也已"。① 认为商已被天命所抛弃，宋襄公的努力违背天意、不可赦免。可见宋国官员本身对于宋国试图崛起的努力就不认可。合法性与认同不足，加上没有通过"尊王"的方式有效缓解来自体系的阻力，以及宋国实力本身不足，几方面因素综合作用，导致宋襄公的争霸实际上绝无成功的可能。

另外，齐桓公、晋文公在"尊王"和"攘夷"两方面都几乎可以说做得最好，他们的霸业也最为成功。相比之下，秦穆公虽有"尊王"之心，但对"尊王"价值的认识还存在不足，从而未能有效利用"尊王"的名义。楚庄王的态度则经历了一个转变过程，从最初的轻视王室变为强调与诸侯打交道时保持克制，强调德行，这不知是否受到王孙满"在德不在鼎"观点的启发。吴王夫差、越王勾践虽然从形式上有"尊王"的表现，但这是在他们已经通过召集中原诸侯会盟取得霸主地位之后，这样的"尊王"已经纯粹流于形式。

从上述七个案例的分析中，我们可以发现以下几点。（1）强大的实力，特别是强大的军事实力，是成功争霸的必要条件。如果实力不够而试图争霸，将导致十分不利的后果。（2）在具有强大实力的情况下，适当地"尊王"可以减小崛起和争霸的阻力。（3）即使如此，在春秋体系的演化过程中，"尊王"的效用也呈下降之势，这导致诸侯在争霸过程中"尊王"的态度出现较为显著的差异，整体呈减弱之势。（4）吴王夫差、越王勾践的情

———————————

① 《左传·僖公二十二年》。

况说明,即使不"尊王",也可能成功争霸;但他们在成为霸主后,都试图获得王室对其霸主地位的正面认可,这显然受到等级体系下观念结构的影响。(5)对于"尊王"的价值,诸侯可能有一个学习的过程,这在一定程度上体现在楚庄王行为的前后变化上。(6)从晋文公的表现看,他对"尊王"更多的是采取工具主义的态度,利用"尊王"的效率也最高。通过"尊王",他在名利两方面都获得了巨大的利益。(7)"尊王"和"攘夷"都是增强自身在体系中的合法性和权威,减小崛起阻力的方式。当周王室实力不够但合法性和权威较高时,"尊王"能产生更好的效果,但这也可能引起王室一定程度的反弹。总体上说,"攘夷"在增强霸主国的合法性和权威、减小称霸阻力方面,效果不如"尊王"。宋国司马子鱼曾说,"齐桓公存三亡国以属诸侯,义士犹曰薄德"。显然,试图通过"攘夷"换取更多诸侯的归附并不容易。

五 结论

本章对春秋时期诸侯的争霸策略进行了分析,认为"尊王攘夷"作为一种有效争霸方式,有着较为严格的条件限制,它是在较为松散的等级制下的一种争霸行为。从西周到春秋时期,是一个体系等级性逐渐松散化的过程(虽然不排除中间有一些强化体系等级性的努力)。在某种意义上,这是一个从真正的等级制走向松散等级制,进一步成为名义上的等级制,然后在战国时代逐渐进入无政府状态的过程。

在等级体系松散化的初期,周王室的实力已经不如强大的诸侯,但仍保持很高的合法性和权威地位,因此"尊王"仍能在体系争霸过程中发挥重要作用。随着体系进一步松散化,周王室的合法性和权威地位逐渐衰落,"尊王"的价值随之降低,从而使诸侯更为重视其他争霸策略的使用。也就是说,在体系逐步走向松散化的过程中,"尊王"的价值有一个先上升然后下降的过程,与此相应,体系中会逐步出现"尊王"(以及一定程度上"攘夷")的现象,并逐渐达到高潮,然后又开始逐步弱化。我们推测,在体系的松散化程度与"尊王攘夷"之间存在如图3-1所示的关系。

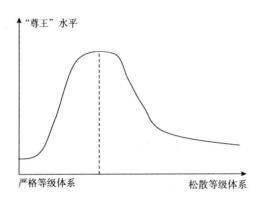

图 3 – 1 等级体系的松散化与"尊王"行为

如图 3 - 1 所示，争霸诸侯"尊王"的最高点出现在体系由严格等级体系转向松散等级体系的前期阶段。当等级体系从严格等级体系开始松散化时，体系内诸侯以"尊王"方式获取权力的行为迅速增加，此时，如果诸侯的"尊王"行为得到王室的认可，诸侯将可由此获得非常大的实质性利益。但随着等级体系的进一步松散化，王室的合法性和权威逐渐下降，诸侯可以从中获得的效用逐渐降低。在这一过程中，争霸诸侯"尊王"的水平会逐渐下降，方式也会慢慢流于形式。本章所做的较长时段的案例分析，从某种程度上支持了这一看法。

此外，"尊王攘夷"作为一种争霸方式在春秋时期较为普遍，与这一时期体系中的实力结构具有较大的关系。春秋时期大国在争霸实力方面的一个重要特点在于，任何一个诸侯都无力在体系内获得压倒性优势，同时体系中还存在为数较多的中小国家。对大国来说，这些小国在争霸过程中具有很大的争取价值。体系的观念结构，使"尊王"可以发挥争取中小国家的作用，从而对大国争霸可以起到重要作用。从某种意义上说，"尊王"是一种合法化的崛起方式。通过获得周王室的正式认可，特别是王室给予的封号，诸侯可以在体系中通过合法的程序获取高于其他诸侯的地位。在此基础上，霸主再通过"攘夷"的方式，为体系中的其他诸侯提供安全公共产品，从而降低争霸过程中来自周王室以及其他诸侯的压力或阻力，同时巩固和壮大自身同盟，孤立潜在的竞争对手。"尊王"和"攘夷"并不足以起到取代体系内大国战争的作用，但在一定程度上可以弱化其他大国的反制，避免其他大国群起而攻之的不利局面。

这里，一个十分重要但过去往往被忽视的现象是，在"尊王"的过程中，存在着大国与周王室对体系内权威的争夺。对于实力上已处于十分不利地位的周王室而言，历史遗留下来的合法性和体系中独特的权威地位，是其最为重要和最有价值的战略资产。如果霸主通过"尊王攘夷"获得的威望和权威地位对王室权威形成威胁，必然会使王室产生对此反制的动机，在某些情况下，这些动机会进一步转化为具体行动。对权威的争夺，实际上是王室与争霸诸侯之间的权力斗争在另一个领域的一种表现形式。从案例分析中，我们可以体会到王室对诸侯"尊王"的矛盾心理。这也是一个值得进一步深入研究的理论问题。

对春秋时期诸侯争霸的分析，有助于深入发现等级体系下不同争霸策略的有效性和其随体系性质变化而演变的机制。春秋时期的等级体系，包括其实力结构、制度安排与观念结构，[①] 在一定程度上可以被视为一种特殊的体系形态。对这一特殊体系下诸侯行为的分析，有助于我们避免只是从欧洲的经验来理解大国崛起和争霸行为；对于丰富和深化大国崛起和大国争霸的研究，具有重要的理论意义和现实意义；对于我们理解未来东亚秩序的发展演变，也具有一定的启发意义。对这一历史经验的深入挖掘与理论分析，有助于我们更好地把历史与理论相结合，发展出具有历史敏感性的理论和挖掘出具有深刻理论内涵的历史。[②]

（周方银）

---

① 阎学通对国际领导与国际规范的演化之间的关系进行了探讨，提出在国际体系特性（等级与无政府）、体系规范、大国争霸策略之间是什么样的关系，这一关系在春秋时期以及其他时期的国际体系下如何体现，都是值得进一步研究的问题，具体参见本书第二章。此外，时殷弘对中国文化传统与中国对外战略之间的关系，提出了见解。见时殷弘《武装的中国：千年战略传统及其外交意蕴》，《世界经济与政治》2011 年第 6 期，第 4～33 页。

② Zhang Yongjin and Barry Buzanz, "The Tributary System as International Society in Theory and Practice," *Chinese Journal of International Politics*, Vol. 5, No. 1, 2012, p. 4.

第四章 德国崛起的合法化战略
(1933～1934)

一 问题的提出

均势理论认为，在无政府状态下，如果某个大国实力迅速增长并积极谋求体系霸权，其他大国将制衡该国并使得国际体系的实力分布重新恢复大致均衡的状态。[1] 权力转移理论也认为，崛起国相对实力的不断提高，会威胁到体系霸权国的霸权地位，因而会招致霸权国的遏制，甚至引发霸权战争。[2] 均势理论和权力转移理论的观点虽有差异[3]，但都认为崛起大国在其迅速提升实力和权势的过程中，会不同程度地遭受来自霸权国以及国际体系的遏制和制衡压力。

然而，仔细考察历史我们就会发现，崛起大国成功规避、延迟制衡或遏制的案例并不少见。[4] 例如，18 世纪俄国在其周边进行的领土扩张、19

---

[1] 对均势理论的最新梳理见 Daniel H. Nexon, "The Balance of Power in the Balance," *World Politics*, Vol. 61, No. 2, 2009, pp. 330 – 359。

[2] 权力转移理论的代表性学者及著作有 Robert Gilpin, *War and Change in World Politics*, 北京大学出版社，2005 年影印版；A. F. K. Organski and Jacek Kugler, *The War Ledger*, the University of Chicago Press, 1980。

[3] 有关这两种现实主义阵营内部理论的区分，参见 Jack S. Levy, "War and Peace," in Walter Carlsnaes, Thomas Risse, and Beth A. Simmons, eds, *Handbook of International Relations*, Sage, 2002, pp. 350 – 368。

[4] 除下文列举的近现代国际关系史案例外，还有学者系统考察了世界古代史中的多个国家体系，发现这些体系的进程以及其中的国家行为也并不支持均势理论的预期。See, William C. Wohlforth, Richard Little, Stuart J. Kaufman, David Kang, Charles A. Jones, Victoria Tin - bor Hui, Arthur Eckstein, Daniel Deudney, and William L. Brenner, "Test Balance - of - Power Theory in World History," *European Journal of International Relations*, Vol. 13, No. 2, 2007, pp. 155 – 185；Stuart J. Kaufman, Richard Little and William C. Wohlforth, eds, *The Balance of Power in World History*, Palgrave Macmillan, 2007。

世纪中后期德意志的统一、19世纪末和20世纪初美国在西太平洋和拉美地区的扩张、20世纪初及"二战"早期日本在亚太地区的扩张，都没有引发其他大国足够的制衡反应。在当代，"冷战"结束后美国成为体系内唯一的超级大国，均势理论家据此预测美国霸权不久即将遭到其他大国的制衡，国际实力分布又将恢复大致平衡的状态。然而"冷战"结束至今已近20年，我们仍未发现其他大国明显制衡美国的行为和趋势。[1]

即使是均势理论家奉为经典案例的拿破仑法国的扩张和希特勒德国的扩张，其他大国应对两个崛起大国的制衡反应也远非如均势理论所预测的那样及时和有效。例如，1812年法国入侵俄国之前，虽然先后出现了五次反法联盟，但其实每次都只有直接遭受法国入侵的大国对法国采取了军事上的对抗行为，而其他尚未遭受入侵的大国实际上采取的则是隐藏（hiding）、追随（bandwagoning）或者超越（transcending）等行为，并未对法国实施真正意义上的制衡。[2] 又如，自1933年希特勒上台到1942年《联合国家宣言》的签署，其他大国对德国崛起扩张的制衡延迟了近十年。

面对上述种种反例，均势理论研究者开始进一步探究大国制衡行为生成所需的具体条件，即大国由于国际实力分布失衡所产生的制衡倾向在什么条件下才会转化为实际的制衡行为，又在什么情况下体系的制衡将受到抑制。[3] 其中，考察崛起战略合法性与崛起国规避体系制衡之间的关系成为

---

[1] 学界近年来讨论"冷战"后美国单极霸权与制衡缺失问题的专著主要有 John Ikenberry, ed, *America Unrivaled: The Future of the Balance of Power*, Cornell University Press, 2002；中译版见约翰·伊肯伯里主编《美国无敌：均势的未来》，韩召颖译，北京大学出版社，2005；John A. Vasquez and Colin Elman, eds, *Realism and the Balancing of Power: A New Debate*, Prentice Hall, 2003；T. V. Paul, James J. Wirtz and Michel Fortmann, eds, *Balance of Power: Theory and Practice in the 21st Century*, Stanford University Press, 2004；Stephen G. Brooks and William C. Wohlforth, *World Out of Balance: International Relations and the Challenge of American Primacy*, Princeton University Press, 2008。

[2] 保罗·施罗德曾详细分析了这一案例与均势理论的不符之处，并讨论了19世纪欧洲大国的其他替代性行为。参见 Paul Schroeder, "Historical Reality vs. Neo-realist Thought," *International Security*, Vol. 19, No. 1, 1994, pp. 108 – 148。

[3] 这一问题已成为近年来均势理论乃至整个现实主义理论学界研究的核心问题，涌现出一大批研究成果。相关综述，参见本书第一章。有学者认为，目前的均势理论研究已经出现了从传统的关注国际体系的均势状态向关注国家制衡行为及外交政策的研究转向。见刘丰《从均势到制衡——均势理论的争论与发展》，提交给首届全国国际关系、国际政治专业博士生学术论坛的论文，北京大学，2008年10月。

值得关注的研究前沿。斯坦茜·戈达德（Stacie E. Goddard）的论文是这一领域较为典型的研究成果。[①]

从 1864 年至 1871 年，普鲁士通过一系列战争实现了德意志的统一，极大地改变了欧洲国家间的实力分布。但令人困惑的是，普鲁士统一德国的进程中，并未遭到欧洲其他大国明显的阻挠和干涉。戈达德的论文以 1864 年丹麦战争前后普鲁士有效规避其他欧洲大国的制衡为关键案例，集中分析了崛起国（潜在受制衡国）如何运用合法化言辞（legitimation rhetoric）规避体系的制衡行动。戈达德认为，普鲁士的合法化策略包括三个部分：释放自我约束并遵守现有规范的信号、设置言辞上的圈套使得潜在制衡国无法找到反对其扩张的理由、将其扩张行为表达成与潜在制衡国自身的价值取向一致的行为。尽管研究只考察了丹麦战争一个案例，但是作者还是特意指出，这种合法化言辞策略对缓解体系制衡的作用具有普适性，可以用来解释"冷战"后美国霸权未遭受制衡以及国际社会对中国崛起的温和反应。[②]

戈达德研究的最大贡献是引入了崛起战略的合法性视角，开始关注大国的言辞和政策宣示与制衡生成/规避之间的关系。但作为前沿领域的一次尝试性探索，这项研究还略显粗糙。

首先，夸大了合法化言辞对国家行为的影响。比如，作者认为释放自我约束信号并不一定需要其他国家相信，甚至声称"即使在崛起国的意图很模糊很不清楚甚至还具有进攻性的情况下，其他国家仍然有可能认为其扩张行为是合法的"。[③] 然而，在现实的国际政治中，国家言行不一致的现象司空见惯，其他国家很难仅凭崛起国的一面之词就相信其随后的行为具有合法性。

其次，理论框架存在认识论上的障碍。作者设定的第三种合法化言辞策略是"增加本体安全"[④]，即在意识形态和身份认同上取得与潜在制衡国

---

① Stacie E. Goddard, "When Right Makes Might: How Prussia Overturned the European Balance of Power," *International Security*, Vol. 33, No. 3, 2008/2009, pp. 110 – 142.

② Stacie E. Goddard, "When Right Makes Might: How Prussia Overturned the European Balance of Power," *International Security*, Vol. 33, No. 3, 2008/2009, pp. 140 – 142.

③ Stacie E. Goddard, "When Right Makes Might: How Prussia Overturned the European Balance of Power," *International Security*, Vol. 33, No. 3, 2008/2009, p. 124.

④ 本体安全这一概念最早由英国社会学家安东尼·吉登斯（Anthony Giddens）提出，是他的自我认知理论的核心概念。在吉登斯看来，本体安全是一种感受，是人们对 （转下页注）

的"共鸣"。但问题是，无论是现实中崛起国的决策者，还是此项研究的作者和读者，都无法确切地知道，这种类型的言辞宣示是否以及在何时能够取得与潜在制衡国的这种共鸣。也就是说，究竟是受到了本体安全感的影响，还是只是一时的权宜之计有赖于考察潜在制衡国决策者内心的真实反应过程。如果仅从行为结果判断，往往会陷入循环论证。

更为关键的是，作者选取的案例是较容易解释的案例。发动丹麦战争时，普鲁士的实力尚不能威胁欧洲大国的核心利益，其他大国制衡普鲁士的动机因此并不强烈。但是，当崛起国实力增长到足以动摇霸权国的权力地位或其行动威胁了体系大国的核心利益，崛起国的合法化策略是否依然能够缓解崛起国所面临的制衡压力呢？显然，作者的研究并没有给出具有说服力的解释和论证，本章将通过考察1933～1934年德国的合法化战略实践来回答这一核心问题。

之所以重点关注1933～1934年德国的合法化实践，其原因主要包括三个方面。首先，1933年前后的德国与英国和法国实力接近。[①] 崛起国与潜在制衡国之间的实力对比，会显著影响潜在制衡国的制衡反应。[②] 如果崛起国相对实力较弱，通常难以对潜在制衡国构成较为严重的安全威胁，因此潜在制衡国采取制衡行动的动力也相应较弱。如果崛起国相对实力过强，则又会形成制衡"门槛"，从而抑制潜在制衡国的制衡动机。[③] 也就是说，崛

（接上页注④）其自我认同的连续性以及对社会与物质环境的恒常性所具有的信心，它是人类的一种最原始的生存需要。参见安东尼·吉登斯《现代性与自我认同》，生活·读书·新知三联书店，1998，第40～61页。

[①] 我们界定崛起国与潜在制衡国实力接近的操作性标准是双方的相对实力对比处于0.8～1.25这一区间。根据学者们的计算，1933年德国与英国的实力对比为0.98，与法国的实力对比为0.8，1934年德国与英国的实力对比为1.11，因此1933～1934年德国与英国和法国的相对实力较为接近。参见孙学峰《战略选择与崛起成败（1816～1991）》，清华大学博士学位论文，2005年，附录A。还可参见 Randall L. Schweller, *Deadly Imbalances*: *Tripolarity and Hitler's Strategy of World Conquest*, Columbia University Press, 1998, p. 31。

[②] 牛铭实（Emerson M. S. Niou）等学者指出，如果一个国家拥有的资源超过了体系总资源的1/2，那么这个国家将居于主导地位，其他国家将很难阻止其拥有体系霸权。See Emerson M. S. Niou, Peter C. Gregory, Gregory F. Rose, *The Balance of Power*: *Stability in International Systems*, Cambridge University Press, 1989, p. 76。

[③] 有关制衡门槛的论述见 William C. Wohlforth, "The Stability in a Unipolar World," *International Security*, Vol. 24, No. 1, 1999, pp. 5 – 41; William C. Wohlforth, "U. S. Strategy in a Unipolar World," in John Ikenberry, eds, *America Unrivaled*, pp. 98 – 118; William C. （转下页注）

起国与潜在制衡国实力对比较为接近①时，潜在制衡国的制衡动力相对而言最为强烈。因此，选择崛起国与制衡国实力对比接近的案例，既可以控制实力对比变量的影响，同时又增加了理论检验的难度，因为所选择的案例属于"最不可能支持理论假设的案例"。不过，一旦这样的案例通过检验，就能够较为显著地增强理论假设的可靠性和说服力。

再次，1933~1934年德国的相关行动具有明显的改变现状性质。②具体包括：1933年10月德国宣布退出裁军会议和国际联盟，以及1933~1934年德国鼓动奥地利纳粹分子叛乱意图吞并奥地利。根据均势理论，采取改变现状行动的崛起国，会比安于现状的崛起国更容易招致其他大国的打压和制衡。也就是说，1933~1934年德国采取改变现状行动时，力图规避制衡比较困难。因此，选择上述两个事件为案例能够加大假设通过检验的难度，增强检验的可靠性和说服力。

最后，相关案例能够比较有效地避免社会思潮等其他因素的干扰。有关"二战"前德国有效规避制衡的众多解释中，英法等国当时盛行的绥靖主义思潮是得到广泛认可的解释。③但是，1933~1934年德国实施合法化战略的两个案例④，有助于我们控制绥靖主义思潮的影响。其一，即使绥靖主义思想的确影响了"二战"爆发前英法等国的外交政策，但其影响在1933~

（接上页注③）Wohlforth, "Measuring the Power and the Power of Theories," in John A. Vasquez and Colin Elman, eds, *Realism and the Balance of Power*, pp. 250 - 264; Stephen G. Brooks and William C. Wohlforth, "Realism, Balance - of - Power Theory, and the Counterbalancing Constraint," in Brooks and Wohlforth, *World Out of Balance*, pp. 22 - 59。

① 孙学峰将相对实力处于这一区间的崛起进程定义为崛起的僵持阶段，在这一阶段崛起国所面临的体系压力最为巨大。见孙学峰《战略选择与大国崛起成败》，阎学通、孙学峰等《中国崛起及其战略》，北京大学出版社，2005，第43页。

② Randall L. Schweller, "Bandwagoning for Profit: Bringing the Revisionist State Back," *International Security*, Vol. 19, No. 1, 1994, pp. 72 - 107; Randall L. Schweller, "Neorealism's Status Quo Bias: What Security Dilemma?" *Security Studies*, Vol. 5, No. 3, 1996, pp. 90 - 121.

③ 近来也有研究开始质疑这一解释的正确性，指出英法等国实际上很早就清楚地认识到德国的危险性以及与德国发生战争冲突的可能性。参见 Norrin M. Ripsman and Jack S. Levy, "Wishful Thinking or Buying Time? The Logic of British Appeasement in the 1930s," *International Security*, Vol. 33, No. 2, 2008, pp. 148 - 181。

④ 分别是1933年德国退出裁军会议和国际联盟以及1933~1934年德国鼓动奥地利叛乱，详细论证可参见本章第三节和第四节。

1934 年希特勒刚刚上台时还比较小。① 其二，更为关键的是，两个案例发生的时间非常接近，而两个案例中德国合法化策略规避英法两国制衡的结果又截然相反，因此可以进一步排除绥靖主义的干扰作用。此外，两个案例发生时间接近，行为主体相同（崛起国都是德国，潜在制衡国都是英法等欧洲大国），也有助于排除其他潜在的干扰因素，如地理位置、技术水平、观念结构等，进而提高研究发现的说服力。

二　崛起国合法化策略与制衡规避

根据第一章的讨论，本章将合法化策略定义为：国家利用现行的国际规范和规则使其改变现状的行为具有正当性和合理性的过程。崛起国合法化策略规避制衡有赖于两个因素。首先，崛起国力图合法化的行为是否威胁目标国的核心安全利益。其次，崛起国合法化策略所依据的规范和规则能否得到潜在制衡国国内决策者所依托的政治力量的支持。参见表 4 - 1。

表 4 - 1　崛起国合法化策略效果的影响因素

崛起国合法化策略		是否符合潜在制衡国规范倾向	
		符合	不符合
是否威胁潜在制衡国核心安全利益	不威胁	有效	效果不明显/无效
	威　胁	无效	无效

据此，我们可以得到有关崛起国合法化策略与制衡规避关系的三个假设。

假设一：在崛起国改变现状行为威胁到目标国（霸权国）核心安全利益的情况下，无论其合法化策略所依据的规范是否受到目标国国内有政权影响力的团体的支持，其策略都是无效的。

---

① 关于绥靖主义政策的开始时间，学术界尚存在争议。有人认为绥靖政策是自 1937 年 9 月张伯伦上台后才真正贯彻实施的，有人则认为绥靖政策始于 1933 年麦克唐纳政府，还有人认为早在 1919 年巴黎和会上就已经出现绥靖主义政策方针。参见王绳祖主编《国际关系史》（第五卷），世界知识出版社，1995，第 338 页。

假设二：在崛起国行为没有威胁到目标国核心安全利益的情况下，如果其合法化策略所依据的规范不符合目标国国内有政权影响力团体的政治倾向，那么这一策略的效果将会不明显或者无效。

假设三：只有当崛起国不威胁目标国的核心安全利益，并且其合法化策略符合目标国国内有政权影响力的团体所支持的规范时，崛起国的合法化策略才会有效。

在上述三条假设中，策略有效是指崛起国实施合法化策略之后，目标国放弃或中止了其原本要对崛起国采取的制衡和遏制行为；无效是指策略实施后，目标国依然选择制衡或遏制崛起国；效果不明显是指策略实施后，目标国仍试图阻止崛起国的相关行为，但主要不依靠军事手段。

（一）未触及潜在制衡国的核心安全利益

崛起国合法化策略的本质是证明自身改变现状的行为是正当的，但如果这种行为威胁到了潜在制衡国的核心安全利益，那么即使这种行为确实符合国际规范，也很难避免潜在制衡国的制衡和打击。① 这是因为，在无政府的国际体系中，由于缺乏中央权威，国家只能通过自助来保障本国的生存安全。一旦崛起国的某一行为威胁到了目标国的生存安全，那么保障本国安全就会成为目标国国内社会最为优先的共识，其他的任何规范都将让位于确保本国安全不受侵犯这一最为根本也最为紧迫的规范，并从根本上剥夺崛起国赖以合法化其行为的法理基础。更为重要的是，只要国际体系的无政府状态没有发生改变，确保本国安全，尤其是确保本国生存安全，就将永远是所有国家最根本的决策依据。②

因此，崛起国合法化策略成功规避体系制衡的必要条件是其合法化的战略行为不挑战潜在制衡国的核心安全利益，否则难以实现规避制衡的战略成效。例如，1962年苏联在古巴部署中程导弹被美国察觉之后，

---

① 合法化策略的这一适用条件，在此前探讨合法性及合法化策略的文献中均未被提及，不知道是因为学者们认为这一点不会引起争议因而不必多做论述，还是认为合法化策略的效力可以克服安全威胁所造成的阻力。但不管怎样，安全威胁这一因素的确会对合法化策略的效果起到根本性的影响，不考虑安全威胁会夸大合法化策略的作用。

② Kenneth N. Waltz, *Theory of International Politics*, Chapter 6.

苏联竭力宣称它向古巴提供军事援助是依据两国的协议，而且完全是为了古巴自身的防御，因而苏联有权利进行相应的导弹部署。但由于部署在古巴的中程导弹能够直接打击美国本土，对美国的生存安全构成了重大的直接威胁，因此美国政府内部尽管对苏联的真实动机莫衷一是，但都认为无论如何不能容忍苏联在古巴部署中程导弹。[①] 苏联的合法化战略最终收效甚微。

（二）符合潜在制衡国国内规范

合法性概念之所以重要，是源于其与政治统治稳定性的密切关系，合法性本身就是影响政治统治是否稳定的重要因素之一。为此，我们借鉴了"言辞压迫模型"（Model of Rhetorical Coercion）[②] 来说明合法化策略发挥作用的逻辑机制。

在这个模型中，设定了三个方面的参与者：一方是崛起国（抗争者），另一方是潜在制衡国（反对者），第三方是观众。崛起国依据现有的规范向潜在制衡国提出自己的主张和要求，而潜在制衡国是否针对崛起国的主张和要求采取制衡行动则取决于观众的态度。在这个模型中，观众充当了类似"力量传感器"的角色。一方面，崛起国向潜在制衡国提出要求的同时，更重要的是将这些信息传递给观众；另一方面，观众在接收到这些信息后，会将他们对这些信息的态度传递给潜在制衡国的决策者。因此，为了实现自己改变现状的目标，崛起国首先要确保自己提出的主张和要求让观众完整准确地"听"到。其次，更为关键的是，崛起国要尽量争取观众认可并支持自己的主张，即让观众认为其主张和要求具有合理性和正当性。为实现这一目标，崛起国通常要借助现有规范和规则

---

① 参见王绳祖主编《国际关系史》（第九卷），世界知识出版社，1995，第 131~133 页。
② 原模型参见 Ronald R. Krebs and Patrick Thaddeus Jackson，"Twisting Tongues and Twisting Arms，"pp. 35 - 66. 本文根据研究需要，做了相应修正和调整。这个模型的可取之处在于，既承认国际规范对国家行为存在影响，同时又将其作用逻辑限定在理性主义分析框架内，依据成本—收益分析建立起从策略到结果的逻辑机制。具体而言，目标国的决策者（即该模型中的反对者）是否真的相信和接受策略实施国（即该模型中的抗争者）所提出的合法化主张和要求，该模型并不关心（事实上也不必关心），因为仅从纯理性角度考虑观众成本，合法性就足以影响目标国决策者的决策。

来为自己的主张寻找依据。在确知崛起国的主张和要求将获得观众支持的情况下[①]，如果潜在制衡国仍坚持采取制衡行动，拒绝、阻挠崛起国的要求，则很可能付出丧失政治权力的代价，因此通常会接受崛起国的相应主张和要求。[②]

正如图 4-1 所揭示的，潜在制衡国的决策者之所以会放弃对崛起国的制衡，根本原因也在于其害怕失去"观众"的支持，进而失去政权。可见，崛起国合法化策略能否生效，其合法化依据能否符合观众的政治倾向至关重要。那么，这里的"观众"究竟是国际观众还是国内观众，抑或是两者都涵盖在内呢？在言辞压迫模型中，克莱博斯和杰克逊并未明确区分国内观众和国际观众。在讨论言辞压迫模型的局限时，他们也只是强调这种压迫手段只有在共有规范分享程度较高的地区才有效。[③] 但面临某个特定争议问题时，即使在规范共享程度很高的地区，地区内的不同国家仍然有可能出现国际和国内规范认同排序不一致的情况。例如，2003 年伊拉克战争时期，美国和法国、德国之间在防止大规模杀伤性武器扩散等诸多领域都享有高度一致的价值观和规范，但在人道主义干涉、预防性打击等领域，美国国内社会与法德等国对相应规范的认同和重视程度却有着明显区别。因此，研究合法化策略规避制衡的成效有必要将国内观众和国际观众区分开来考虑。

---

① 需要注意的是，在现实政治中反对者并不需要等到观众已经做出反应之后再决策，更不会为了明确观众的态度而先做一次民意测验。因为假如抗争者所借以合法化其主张的规范和规则已经非常深入人心，或者正是反对者自己长期坚决支持和鼓吹的，那么观众对此种要求的支持也将变得没有悬念。在这种情况下，反对者往往只需根据对观众态度的预判就会做出决策，而不必真的等到观众做出反应之后。这并不有悖于这一理论模型的逻辑，观众成本毕竟成为左右反对者决策的一个重要因素。

② 言辞压迫策略运用于国际政治领域的经验研究参见 K. M. Fierke and Antje Wiener, "Constructing Institutional Interests: EU and NATO Enlargement," *Journal of European Public Policy*, Vol. 6, No. 5, 1999, pp. 721–742; Matthew Evangelista, "Norms, Heresthetics, and the End of the Cold War," *Journal of Cold War Studies*, Vol. 3, No. 1, 2001, pp. 5–35; Frank Schimmelfenig, *The EU, NATO, and the Integration of Europe: Rules and Rhetoric*, Cambridge University Press, 2004; Richard Little, "British Neutrality versus Offshore Balancing in the American Civil War: The English School Strikes Back," *Security Studies*, Vol. 16, No. 1, 2007, pp. 68–95。

③ Ronald R. Krebs and Patrick Thaddeus Jackson, "Twisting Tongues and Twisting Arms," p. 55.

图 4 - 1　崛起国合法化策略的作用机制

做出相应的区分后，随之而来的关键问题则是：国内观众和国际观众两者究竟何者对潜在制衡国决策者的影响更为重要？我们的研究发现，潜在制衡国的决策者更为看重的是其国内观众的反应，即本国国内社会的态度。其原因在于，国内观众的态度与决策者切身利益（政权稳固性、政党连任等）的联系更为紧密，对决策者的影响更为直接有效。一旦遭到国内观众反对，决策者政治权力所受到的威胁和损失更为直接，更加严重；而国际观众成本（主要是潜在制衡国的国际声誉、国际形象等）对决策者的影响则比较间接，其压力最终还要通过国内政治过程才能影响决策者，而且这种作用产生影响的时间相对较长，力度相对较弱。因此，国内观众成本对潜在制衡国决策者的约束力要远远大于国际观众成本。① 例如，2003年美国在未经联合国授权，并在遭到包括其传统军事盟友在内的多个大国强烈反对的情况下，依然坚持发动了伊拉克战争，就是顺应了国内观众的要求。而 1973 年美国之所以愿意停止越南战争并从越南撤军，一个非常重要的原因也是顺应国内民众的反战诉求。因此，崛起国合法化战略所依据的国际规范越符合潜在制衡国国内社会的倾向，其国内社会

① 有关观众成本理论，参见 James D. Fearon，"Domestic Political Audiences and The Escalation of International Disputes，" *The American Political Science Review*，Vol. 88，No. 3，1994，pp. 577 - 592；Bruce Bueno de Mesquita and Randolph M. Siverson，"War and the Survival of Political Leaders：A Comparative Study of Regime Types and Political Accountability，" *The American Political Science Review*，Vol. 89，No. 4，1995，pp. 841 - 855；Matthew A. Baum，"Going Private：Public Opinion，Presidential Rhetoric，and the Domestic Politics of Audience Costs in U. S. Foreign Policy Crises，" *The Journal of Conflict Resolution*，Vol. 48，No. 5，2004，pp. 603 - 631。中国学者对这一理论的介绍，参见唐小松《公众成本理论与对外政策决策——以布什父子处理外交危机为例》，《国际观察》2007 年第 6 期，第 1~6 页；林民旺：《国内观众成本理论与国际合作》，《教学与研究》2009 年第 2 期，第 81~90 页。尽管普遍认为国内观众成本比国际观众成本更为重要，但也有学者指出国际观众成本同样具有不容忽视的作用。见 Anne ESartori，"The Might of Pens：A Reputational Theory of Communication in International Disputes，" *International Organization*，Vol. 56，No. 1，2000，pp. 121 - 149；Anne E. Sartori，*Deterrence by Diplomacy*，Princeton University Press，2005。

制约决策者放弃制衡行动的可能性越大，其合法化策略规避制衡的效果就越明显。

但是，值得注意的是，国内观众的构成是多元的，既有普通民众，也有政治精英，既有决策者的政治盟友，也有决策者的反对力量。不同集团的国内观众对于同一国际规范的倾向很难完全一致，随之而来的问题就是，当国内观众对于特定规范的倾向和态度存在差异时，我们究竟应该重点关注哪些国内观众的倾向呢？根据前文的逻辑机制，潜在制衡国的决策者之所以会接受崛起国的主张和诉求，关键并不需要其在价值观上确实认同了崛起国的主张，而可能仅仅是出于现实利益的权衡，担心因为失去关键国内观众的政治支持而丧失其政治权力，因而被迫做出让步。所谓关键的国内观众就是构成潜在制衡国权力基础，与其政治权力地位联系更为直接、更为紧密的国内观众。① 也就是说，潜在制衡国决策者会更加重视关键国内观众的规范倾向。因此，崛起国的合法化策略越符合关键国内观众的规范倾向，其规避制衡的效果就越明显。

三　德国退出裁军会议和国际联盟（1933）

1933年德国退出裁军会议和国际联盟过程中，德国的合法化策略比较有效地规避了英国的制衡，但未能阻止法国的制衡行动。对于英国而言，德国退出裁军会议和国际联盟对其核心安全利益冲击有限，同时，德国合法化策略所依据的"军备平等"原则又得到了国内社会的高度认同，英国政府因此未对德国采取强硬的制衡政策。但是，德国退出裁军会议使得法国不得不面对德国发展军备后对其领土安全的直接威胁，挑战了法国的核心安全利益。因此，即使法国能够接受军备平等原则，但依然采取强硬态度和制衡措施回应德国的退出行动，德国的合法化策略因此未能有效地规避法国的制衡。

---

① 通常而言，如果潜在制衡国是民主国家，构成决策者权力的基础则是选民和国内社会的主流舆论；如果目标国是非民主国家，构成权力基础的则是有能力影响决策者权力的政治精英小团体。

（一）德国的合法化策略

1932年2月，日内瓦国际裁军会议正式开幕，德国的"军备平等"问题成为会议争论的焦点。经过各方激烈的争论，英、法、美、德、意五国于当年12月11日在五国裁军会议上达成协议，协议称"裁军会议的指导原则之一应是在一个保障所有国家安全的体系之内给予德国和其他由条约规定裁军的国家以平等的权利"。[①] 由此德国应享有军备平等这一原则成为当时国际裁军问题的重要规范之一。

1933年1月，希特勒上台以后，要求将"军备平等"原则付诸实践，而其实际目的则是希望拥有合法扩军的权利。希特勒在当年5月17日的一次公开演说中警告："德国要求同所有其他国家享有平等待遇。如果不能得到平等待遇，德国宁可退出裁军会议和国际联盟。"[②] 9月24日，国际联盟会议以英、美、法、意四国名义向德国提出一项公约草案，建议裁军分为两阶段实施，第一阶段德国应以短期兵役取代长期兵役，第二阶段则实现真正的裁军。希特勒政府觉察到，这一方案意味着德国实现军备平等将会被推迟若干年，[③] 于是抓住时机退出了裁军会议和国际联盟。与此同时，1933年德国军费支出占当时所有大国军费支出的比例由1932年的3.42%激增至9.39%，1934年这一比例又上升至两位数。[④]

在退出过程中，德国充分利用军备平等这一既定的国际规范，努力将其退出裁军会议和国际联盟这些改变现状的举动合法化。1933年10月6日，德国政府向英、意两国发出照会，声称德国如果接受这一方案，就等于接受自己所不能容忍的差别待遇，"德国希望，要么获得完全自由，要么同其他国家一样接受质量方面的限制"。10月14日，德国政府致电裁军会议主席内维尔·汉德逊，宣称由于"拥有庞大武装的国家"既不裁军，又不满足德国军备平等的需求，裁军会议不可能完成全面裁军的任务，因此

---

① John Hiden, *Germany and Europe 1919 - 1939*, Longman, 1977, p. 63.

② 李巨廉：《希特勒的战争谋略——乖戾的军事天才》，上海人民出版社，1995，第16页。

③ Gerhard L. Weinberg, *The Foreign Policy of Hitler's Germany：A Diplomatic Revolution in Europe 1933 - 1936*, Humanity Press, 1970, p. 164.

④ RandallL. Schweller, *Deadly Imbalances*, p. 29.

德国政府不得不退出裁军会议和国际联盟组织。10 月 19 日，德国外交部部长牛赖特致电国际联盟秘书长，正式宣布"德国根据盟约第一条第三款退出国际联盟"。①

（二）英法两国的不同反应

面对希特勒德国的退出行动和相应的合法化言行，英、法两个欧洲主要大国的态度和反应截然相反，前者温和而后者强硬。也就是说，德国的合法化战略有效规避了英国的制衡行动，但并没有缓解法国的制衡行动。之所以出现这样的局面，核心原因不在于德国合法化策略依据的规范，而在于德国的退出行动对两国的核心安全利益威胁程度不同。

法国 法国原则上认可德国军备平等的要求。即使在希特勒上台后，法国政府也没有改变其前任政府在裁军大会上的政策，仍然同意讨论德国军备平等的问题。1933 年 3 月 10 日法国外长保罗·邦库尔阐述法国在安全问题上的立场时表示："法国必须通过国际协定来寻求安全，而不是通过重整军备。"②

然而，对于这一时期的法国而言，压倒一切的追求是军事安全，而且"一战"的严重损伤导致国内士气低落，恐慌情绪十分严重。③ 地理临近以及"一战"的惨痛记忆使得法国对德国的潜在安全威胁更为敏感，尤其在希特勒上台之后，法国的不安全感变得越来越强烈。1933 年 4 月 6 日，法国军事情报部门明确指出：希特勒执政初期的对外政策将是"暂时不惜一切代价避免任何外部冒险"，因为"德国需要时间重建其军事力量"。5 月 4 日，情报部门又向国防部、外交部警告称："希特勒分子的外交政策概念的基本核心是对法国的极端仇视，后者被视为德国世代相传的死敌。"为此，

---

① 王绳祖主编《国际关系史》（第五卷），世界知识出版社，1995，第 103～104 页。

② Peter Jackson, "French Intelligence and Hitler's Rise to Power," *The Historical Journal*, Vol. 41, No. 3, 1998; 转引自梁占军《1933 年希特勒在德国上台与法国的反应》，《史学月刊》2000 年第 2 期，第 81 页。

③ 时殷弘：《旧欧洲的衰颓——论两战之间的英法外交与国际政治》，《复旦学报（社会科学版）》1999 年第 6 期，第 10 页。

法国军方专门向总理达拉第致信，要求政府关注德国政局变化对法国存在的潜在威胁。[①] 德国对法国构成的强烈威胁也影响到了法国国内的舆论。当时法国舆论普遍认为，在德国威胁日益增强的情况下，法国必须加强自己的国防力量。甚至还有人建议，对德发动预防性战争。[②]

在这种背景下，法国政府坚决反对德国退出裁军会议和国联，态度异常强硬。1934 年 1 月 1 日和 2 月 14 日，法国政府两次照会德国，称德国必须返回裁军会议和国际联盟，在此前提下才能讨论实质性问题。[③] 4 月 17 日，法国外交部部长巴尔都声明："法国正式拒绝承认德国重新武装的合法性"。并照会德国："由于德国重新武装，谈判无法进行，法国今后将通过自己的方式来确保国家的安全。"[④] 6 月，巴尔都正式向苏联提出了缔结《东方公约》的建议草案，并试图以此为基础缔结法苏互助同盟条约，只是由于后来巴尔都被纳粹雇佣的杀手刺杀而未能最终成功。[⑤]

英国　同法国相比，德国退出裁军会议和国联对英国核心安全利益的威胁比较有限，而且德国合法化策略所借助的国际规范符合英国关键国内观众的政治倾向，因此德国的合法策略较为有效地规避了英国的制衡行动。

希特勒德国退出裁军会议和国际联盟时，强调其行动的依据是此前由英、法、美、德、意五大国签署协议确定的德国军备平等原则，而这一原则在当时的英国国内得到了较高程度的认可。1932 年的裁军会议上，德国代表团要求取消对德国重整军备权利的一切限制，这一要求得到了英国舆论的有力支持。英国影响力最大的报纸《泰晤士报》称之为"对不平等待遇的适时补救"。《新政治家报》则称之为"对各国平等原则的无条件承认"。[⑥] 1933 年 5 月，希特勒发表演说表示，如果不能在军备方面与其他所

---

① Peter Jackson，"French Intelligence and Hitler's Rise to Power"；转引自梁占军《1933 年希特勒在德国上台与法国的反应》，《史学月刊》2000 年第 2 期，第 79～80 页。

② 梁占军：《1933 年希特勒在德国上台与法国的反应》，《史学月刊》2000 年第 2 期，第 80 页。

③ 王绳祖主编《国际关系史》（第五卷），世界知识出版社，1995，第 104 页。

④ A. J. P. 泰勒：《第二次世界大战的起源》，何抗生、林鲁卿译，闵光沛校，商务印书馆，1992，第 85 页。

⑤ 王绳祖主编《国际关系史》（第五卷），世界知识出版社，1995，第 128～130 页；李巨廉：《希特勒的战争谋略》，第 24～25 页。

⑥ 温斯顿·丘吉尔：《第二次世界大战回忆录》（第一卷），吴万沈译，杜汝楫校，南方出版社，2003，第 70 页。

有国家享有平等待遇，德国宁可退出裁军会议和国际联盟。随后，《泰晤士报》发表文章认为，希特勒有关平等待遇的要求是"驳不倒的"。《每日先驱报》也提出应相信希特勒提出的要求。《旁观者》周刊认为，希特勒已响应了罗斯福有关裁军的呼吁，德国的姿态使惶惶不安的世界有了新的希望。① 直到 1934 年 7 月，《泰晤士报》还对德国因军备平等要求未能满足而退出国际联盟的举动表示同情，认为"在未来若干年内，有更多的理由为德国担心，而不是担心德国"。② 正如基辛格所指出的，德国有权获得公平待遇的观念，在这一时期已深植于英国人的心中。③

正因为如此，德国以军备平等待遇难以得到保证为由退出裁军会议和国际联盟，引起了英国国内社会舆论的强烈共鸣和认同，对英国政府的决策产生了决定性的影响。1933 年 10 月 14 日，德国政府公开表示要退出裁军会议和国际联盟的当天，英国驻德大使菲普斯在给国内的一封电报中称，当天媒体普遍抱怨"英国代表团现在比法国还固执，他们把去年 12 月那份关于德国军备平等的协议当作废纸，进而以一种英国人不常有的方式背叛了自己的承诺"，并批评说"正是英国的态度阻碍了裁军的进程"。④ 第二天，菲普斯继续报告称，对于德国退出裁军会议和国际联盟的行为，媒体仍倾向于批评英国甚于法国。⑤

面对巨大的舆论压力，1933 年 10 月 16 日，英国驻日内瓦代表团致电菲普斯，对英国面临的舆论压力和批评做出了解释。电报称："该草案⑥的

---

① 威廉·夏伊勒：《第三帝国的兴亡——纳粹德国史》（上卷），董乐山、郑开椿、李天爵译，董乐山校，世界知识出版社，1996，第 307 页。

② A. J. P. 泰勒：《第二次世界大战的起源》，何抗生、林鲁卿译，闵光沛校，商务印书馆，1992，第 84 页。

③ 亨利·基辛格：《大外交》，顾淑馨、林添贵译，海南出版社，1998，第 275 页。

④ No. 218 Telegraphic ［W11648/40/98］, Oct. 14, 1933, in E. L. Woodward and Rohan Butler, eds, *Documents on British Foreign Policy 1919 - 1939*, Her Majesty's Stationery Office, 1956, Second Series, Vol. V, p. 680.

⑤ No. 222 Telegraphic ［W11653/11650/98］, Oct. 15, 1933, p. 686.

⑥ 即 9 月 24 日以英、美、法、意四国名义向德国提出的那份裁军草案。依据该草案，德国裁军分两阶段实施：第一阶段为 3～4 年的巩固期，德国应在这段时期内以短期兵役取代长期兵役；第二阶段也为期 3～4 年，实现真正的裁军。德国外交部部长牛赖特认为这一草案将推迟德国军备平等的实现，并就此建议希特勒以此为依据退出裁军会议和国际联盟。参见王绳祖主编《国际关系史》（第五卷），世界知识出版社，1995，第 103 页；Gerhard L. Weinberg, *The Foreign Policy of Hitler's Germany*, p. 164。

实质在于，第一阶段尽管十分必要，但只要这一阶段一结束，表面上的平等就将开始产生实际效果。此外，我们的草案还有一个更为重要的特点似乎被忽视了，那就是我们正努力使这一平等原则具有非常实际的效用。"① 10月17日，从日内瓦返回伦敦的英国外交部部长西蒙在一篇演讲中也强调："去年12月，法国、意大利、美国以及我们英国共同签署协议的过程中，英国发挥了主导作用。这份协议规定德国应该享有'安全机制内的平等权利'。我们在这份协议中的立场从未动摇，今天我们仍然坚持认为它具有合法性。"② 当被问及英国为什么不愿保护法国时，英国外长西蒙的回答是，因为"英国的民意不会支持这么做"。③

　　国内舆论对英国的对德军备政策影响如此之大，以至于有人不得不提醒英国政府"（英国的）未来不仅仅掌握在报纸通讯员的手中"。④ 不过，1933年10月25日的递补选举确实证明了西蒙判断的准确性。在此次选举中，支持裁军和军备平等原则的工党击败了持相反立场的保守党，取得了压倒性的胜利。⑤ 在这一背景下，英国并没有针对德国的退出采取任何阻挠和惩罚措施，甚至在某种程度上表示出同情和理解。1933年10月17日，英国驻法大使蒂勒尔在会见法国总理达拉第时表示，英国方面已经做好了满足德国合法化要求的准备。⑥ 1934年1月29日，英国政府在一份备忘录里提议，允许德国扩军至20万，而不是希特勒德国所要求的30万。但作为补偿，其他大国也实行部分裁军。备忘录还允许德国拥有6吨以下的轻型坦克，如果其他国家不彻底销毁军用飞机，还允许德国在两年后拥有军用飞

① No. 27 Telegraphic ［W11715/40/98］, Oct. 16, 1933, in E. L. Woodward and Rohan Butler, eds, *Documents on British Foreign Policy 1919 – 1939*, Second Series, Vol. V, pp. 688 – 689. See also, Kenneth Bourne and D. Cameron Watt, eds, *British Documents on Foreign Affairs: Reports and Papers from the Foreign Office Confidential Print*, University Publications of America, 1992, Pt. II, Ser. J, Vol. 4, p. 333.

② ［W11833/40/98］, Oct. 17, 1933, in Kenneth Bourne and D. Cameron Watt, eds, *British Documents on Foreign Affairs*, Pt. II, Ser. J, Vol. 4, p. 340.

③ 亨利·基辛格：《大外交》，顾淑馨、林添贵译，海南出版社，1998，第283页。

④ Gerhard L. Weinberg, *The Foreign Policy of Hitler's Germany*, p. 167.

⑤ Gerhard L. Weinberg, *The Foreign Policy of Hitler's Germany*, p. 168.

⑥ No. 85 Telegraphic: by telephone ［W11726/40/98］, Oct. 17, 1933, in E. L. Woodward and Rohan Butler, eds, *Documents on British Foreign Policy* 1919 – 1939, Second Series, Vol. V, pp. 691 – 692.

机，10 年后达到其他国家的同等水平。①

四 德国鼓动奥地利叛乱（1933～1934）

在退出国际联盟和裁军会议的同时，德国还积极鼓动奥地利的纳粹分子发起叛乱，试图出兵奥地利。在这一进程中，德国虽然也实施了合法化策略，但收效甚微，其吞并行动遭到了英法等大国的联合干涉和阻挠，并因此暂时放弃了吞并奥地利的图谋。

（一）德国的合法化策略

将奥地利纳入大德意志帝国的版图之内，既是纳粹党《二十五点纲领》中的重要内容，也是希特勒德国对外扩张的首要目标。② 在《我的奋斗》第一节里，希特勒就曾写到，奥地利和德国的重新结合是一个"我们一辈子要用各种方法来实现的任务"。③ 自 1930 年起，随着德国纳粹势力的崛起，奥地利纳粹党也迅速发展起来。希特勒上台后，奥地利纳粹党开始从德国当局领取活动经费，接受行动指示，不断在奥地利境内制造恐怖事件，其目的就是促成德奥两国的合并。④ 为了暴力夺取奥地利，希特勒政府在与奥地利接壤的巴伐利亚地区组建了数千人的"奥地利军团"，向奥地利纳粹分子提供培训和武器弹药，伺机越境进攻。1933 年 5 月，德国巴伐利亚邦司法部部长弗兰克还应奥地利纳粹党的"邀请"，进入奥地利境内，直接干涉奥地利内政。6 月 19 日，奥地利陶尔斐斯政府取缔了本国纳粹组织。此后，德国纳粹分子甚至出动飞机，飞入奥地利境内萨尔茨堡、因斯布鲁克等地散发传单，鼓动法西斯暴乱。⑤

为了避免英法等欧洲大国的干涉，德国政府并没有以官方名义正式对

---

① 王绳祖主编《国际关系史》（第五卷），世界知识出版社，1995，第 105 页。
② 王绳祖主编《国际关系史》（第五卷），世界知识出版社，1995，第 96 页。李巨廉：《希特勒的战争谋略》，上海人民出版社，1995，第 22 页。
③ 威廉·夏伊勒：《第三帝国的兴亡——纳粹德国史》（上卷），董乐山、郑开椿、李天爵译，董乐山校，世界知识出版社，1996，第 404 页。
④ 李巨廉：《希特勒的战争谋略》，上海人民出版社，1995，第 22 页。
⑤ 王绳祖主编《国际关系史》（第五卷），世界知识出版社，1995，第 108～109 页。

奥地利的领土归属问题提出挑战，一直采取暗中支持的方式向奥地利纳粹力量提供帮助。与此同时，德国积极实施合法化策略，将矛头直接针对奥地利陶尔斐斯政府驱逐纳粹分子和奥地利纳粹组织等一系列行为。自1933年2~3月起，德国政府媒体连篇累牍地指责奥地利政府迫害纳粹党人，以此表明奥地利境内纳粹党人暴力反抗的正当性，[①] 力图借此争取欧洲大国默许这些暴力行为，顺利实现吞并奥地利的目标。

（二）英法的联合干涉

德国支持奥地利纳粹叛乱对英法两个欧洲大国的核心安全利益并未构成直接威胁，其威胁程度至少弱于同一时期德国退出国际联盟对英法所构成的安全压力，但却遭到了英法的联合干涉，合法化战略以失败告终。在这一案例中，德国合法化战略失败的根源在于其所依托的规范没有获得英法国内社会的认可。1933年6月17日，英国外长西蒙在给英国驻德大使菲普斯的一封电报中说："奥地利总理陶尔斐斯对英国媒体在德国对奥问题上的立场表示感激，并希望英国媒体的这种态度倾向能够在未来（对德国）产生威慑效果。"[②] 这表明英国国内舆论显然并不支持甚至反对德国对奥地利叛乱行为的合法化诠释。

正因如此，英国在奥地利叛乱问题上的态度一直非常强硬。1933年6月14日，时任英国驻德大使鲁姆博德给西蒙的一封电报中就曾提出："鉴于奥德关系持续恶化，我认为我们对意大利代表的任何支持都应是合理的。在我看来，如果没有外部干涉，当前的僵局将无法解开。"[③] 7月18日，英国外交部常务次官范斯塔特表示，当前唯一能有效阻止德国挑战现状的方法就是"让德国意识到，如果继续（对奥地利）采取极端手段，那么它将必然面对其他三个大国的联合抵抗"。[④] 同一天，西蒙也称："只要受德国操纵的纳粹分子发动袭击的可能性确实存在，那么我认为英国政府就有责

---

① 王绳祖主编《国际关系史》（第五卷），世界知识出版社，1995，第108页。

② No. 55 Telegraphic ［C5368/2092/3］，June 17，1933，in E. L. Woodward and Rohan Butler, eds, *Documents on British Foreign Policy 1919 – 1939*，Second Series，Vol. Ⅴ，p. 355.

③ No. 135 Telegraphic ［C5368/2092/3］，June 14，1933，Ibid，p. 350.

④ No. 585 ［C6323/2092/3］，July 18，1933，p. 432.

任检视自己的立场，从而能够在袭击一旦发生时毫不推延、毫不犹豫地应对任何违犯《凡尔赛条约》第80项条款规定的行为。"① 12月19日，西蒙在与来访的奥地利官员谈话时，明确表示："英国的政策依然坚持维护奥地利领土完整和主权独立的原则。"② 法国方面的情况与英国类似。1933年6月30日，英国驻法大使蒂勒尔在给西蒙的一封电报中指出，法国方面认为"其他大国必须尽一切努力帮助它（奥地利）保持自己的独立"。③

1934年2月17日，英、法、意三国共同发表了《英、法、意三国关于维护奥地利独立完整的联合宣言》，表示三国政府的共同看法是"有必要依照有关条约维持奥地利的独立和完整"。④ 此后希特勒依然继续扶植奥地利纳粹分子，并于7月25日暗中指挥纳粹分子刺杀了陶尔斐斯，进而又将"奥地利军团"从德国巴伐利亚越境调往奥地利，企图乘乱占领奥地利。但英法两国驻德大使均奉本国政府之命，提请德国政府注意奥地利的独立是得到国际保障的。意大利也迅速调集4个师开往意奥边境，向德国示威。此时德国的扩军备战尚处于起步阶段，面对其他大国的一致反对，德国只好暂时放弃吞并奥地利的企图。德国宣传机构被迫发表声明称，德国不赞成奥地利纳粹党的行动，希特勒则对陶尔斐斯遇刺表示"谴责和遗憾"。同年9月27日，英、法、意三国签署《英、法、意三国对于执行1934年2月17日关于奥地利独立完整宣言的联合宣言》。⑤

五　对竞争性解释的反驳

就本章所选的两个案例而言，有待反驳的竞争性解释主要有以下三个。

（1）英法的绥靖政策。以绥靖主义来解释"二战"前英法未对德国实

---

① No. 585 ［C6323/2092/3］, July 18, 1933, in Kenneth Bourne and D. Cameron Watt, eds, *British Documents on Foreign Affairs*, Pt. II, Ser. F, Vol. 3, p. 328.

② No. 326 ［C11246/420/3］, Dec. 19, 1933, p. 399.

③ No. 155 Saving: Telegraphic ［C5905/175/22］, June 30, 1933, in E. L. Woodward and Rohan Butler, eds, *Documents on British Foreign Policy 1919–1939*, Second Series, Vol. V, p. 384.

④ 王绳祖主编《国际关系史》（第五卷），世界知识出版社，1995，第109页。

⑤ 王绳祖主编《国际关系史》（第五卷），世界知识出版社，1995，第110~111页。

施积极有效的制衡，是现代国际关系史学界中最为主流的一种观点。① 笔者无意也无力对这一早已取得学界高度共识的宏观解释提出根本性的质疑和批判，但仍愿指出，至少对于本章所涉及的两个案例而言，绥靖主义难以做出合理而圆满的解释。在德国退出裁军会议和国际联盟这一案例中，绥靖主义可以解释英国未对德国的退出采取阻止和制衡，却无法解释法国为何采取强硬政策制衡德国。此外，如果将英法态度的差异归结为这一时期两国国内绥靖主义影响力各不相同，英国的绥靖主义影响力更大，那么为什么英国对德国鼓动奥地利叛乱的态度又会如此坚定和强硬？事实上，从奥地利叛乱这一案例中我们可以清晰地看出，英法两国制衡德国的扩张政策，表明至少到 1934 年，绥靖主义还没有完全主导英法两国的外交决策。

（2）实力对比问题。斯维勒在其专著《致命的失衡》中，从英、法、德三国实力对比的角度分析了"二战"前英法阻止德国扩张失败的原因。根据斯维勒的解释，"二战"前德国的扩张之所以未能得到有效遏制，原因在于 1935 年以后，国际体系实际上呈现美、苏、德三极结构，英法两国实力弱于德国，因而难以制衡德国。② 然而，不管这种解释是否正确，至少在 1933 年，我们无法将英国放弃制衡德国的事实归因于其实力较弱，因为这一年德国的实力尚未超越英国。根据斯维勒本人的计算，到 1934 年德国的实力已超过英法，根据实力对比的逻辑，这一年英法两国对德国应该表现得更为温和和软弱。然而事实却与之相反，在这一年中英法与意大利一起，先后多次联合制止了德国在奥地利的扩张行为。

（3）多极结构的影响。正如沃尔兹所揭示的，国际实力分布对国家行为和国际体系的结果有着重大影响。在多极结构下，国家采取制衡行动面临的主要障碍是威胁的不确定性，即由于权力较为分散，潜在制衡国不易准确地判断真正的威胁，从而导致制衡的滞后或缺失。③ "二战"前的欧洲显然也是多极结构，客观上确实对崛起国规避制衡提供了一定的便利。但

---

① 绥靖主义导致"二战"前英法安全政策失败这一判断，在政策研究者、公众和诸多学者那里，已经成为一种规律性的总结。参见 Keith Robbins, *Munich*, 1938, Cassell, 1968, quoted from Norrin M. Ripsman and Jack S. Levy, "Wishful Thinking or Buying Time?" p. 148。

② Randall L. Schweller, *Deadly Imbalances*.

③ Kenneth N. Waltz, *Theory of International Politics*, p. 165.

在本章的两个案例中，潜在制衡国英国和法国已经明确将希特勒德国视为欧洲安全的主要威胁。从这个意义上讲，多极结构并不会对英法拒绝制衡造成明显影响。1933 年 3 月，英国外交部部长西蒙在一份报告中也同样表达了对德国的忧虑。他说："（希特勒的）政府是好战、异常危险而又无能的，它将继续主宰中欧，并且以其严格的训练（对欧洲安全）造成伤害。"他得出的结论是："欧洲真正的敌人能否推迟几年来临是很值得怀疑的"。① 此外，多极结构还容易导致潜在制衡国之间的相互推卸责任。② 但至少在本章的第二个案例中，我们并没有看到多极结构的这一特点对英法的联合制衡行为构成明显的阻碍。

六　结论

通过考察 20 世纪 30 年代初德国的合法化战略实践，我们可以发现，崛起国合法化策略有效规避体系制衡取决于两个条件：一是崛起国改变现状的行为不能威胁到潜在制衡国的核心安全利益；二是崛起国合法化策略所依据的应是潜在制衡国国内有政权影响力的群体所支持的规范。支持的程度越高，合法化策略的效力就越大。在此基础上，笔者根据"言辞压迫"模型，说明了合法化策略的作用程序和机制：崛起国首先选择恰当的国际规范作为其某个改变现状行为的法理依据，然后将这一依据及其诉求同时告知潜在制衡国的决策者和国内观众。潜在制衡国的国内观众因支持这些法理依据而认同崛起国的具体主张和行为，同时由于国内观众的态度构成了对外政策决策者的政权基础，因此，潜在制衡国的决策者不愿因制衡而违背国内观众态度危及政权基础。结果导致崛起国的合法化策略能够在不同程度上缓解体系潜在的制衡。1933 年希特勒德国退出裁军会议和国际联盟之所以会招致法国的制衡，同一时期德国鼓动奥地利叛乱并企图吞并奥地利的图谋之所以会遭到英法等大国的联合阻挠，就是因为德国在两次使

---

① 　Norrin M. Ripsman and Jack S. Levy, "Wishful Thinking or Buying Time?" pp. 159 – 160.

② 　约翰·米尔斯海默：《大国政治的悲剧》，王义桅、唐小松译，上海人民出版社，2003，第 424～440 页。

用合法化策略时分别忽视了上述的两个条件。而当这两个条件均能得到满足时，合法化策略就能够在英国国内获得强大的舆论支持，由此使得德国成功规避了英国对其退出国际联盟和裁军会议的干涉和遏制。

这些发现，对于中国在崛起进程中塑造良好外部环境具有较为重要的政策指导意义。中国政府往往习惯于借助本国认同的规范塑造某一政策的合法性，而对其他国家的国内社会是否认同这些规范重视不够，结果导致一些对外政策遭遇挫折。例如，在达尔富尔问题上，中国曾强调坚持"不干涉别国内政"的原则，但这一原则受到西方国家国内社会的普遍怀疑，并由此认定中国漠视达尔富尔地区的人权，因此应该为达尔富尔的人道主义危机负责。在最初介入达尔富尔问题时，中国依然坚持"主权高于人权"的原则，反对对苏丹的制裁。但最终迫于参与国际社会、建构国家形象等方面的压力，中国政府于 2006 年调整了对达尔富尔问题的政策，支持 2006年 11 月时任联合国秘书长安南提出的"安南计划"，同意在达尔富尔地区部署联合国和非盟'混合'维和部队，积极敦促苏丹政府接受并执行安南方案。[①] 中国处理达尔富尔问题的重要启示是，恰当选择国际规范，并据此塑造本国政策的合法性，有助于中国在崛起进程中减少体系压力，改善外部环境。

（杨原 孙学峰）

---

① 参见王猛《达尔富尔危机：中国外交转型的挑战与契机》，《世界经济与政治》2005 年第 6 期，第 38 ~ 39 页；贺文萍：《苏丹达尔富尔问题与中国的作用》，《西亚非洲》2007 年第 11 期，第 8 ~ 10 页；孙学峰、金峰：《试析中国参与解决达尔富尔问题的基本方式》，《国际论坛》2009 年第 3 期，第 37 页。

第五章　苏联弱化美日同盟的战略选择

近年来，随着中国实力地位的不断崛起，中日关系持续恶化。从 2010 年 9 月钓鱼岛撞船事件非法拘捕中方船长到 2012 年 9 月单方面将钓鱼岛收归国有，日本政府强硬政策均严重恶化了中日关系，对两国的经济合作以及中国的战略利益均产生了较为严重的负面影响。日本之所以能如此强硬地应对中国崛起，其与美国的同盟关系有着不可忽视的巨大作用。

美日同盟历经"冷战"，虽几经变迁却一直延续，近期又呈现出不断强化的迹象。[①] 无论是美国推行其"重返亚太"战略，还是日本在东亚牵制中国，都需要借助美日同盟。美日同盟的延续和不断强化增大了东亚地区安全环境中的不确定因素，迫使中国不得不考虑如何缓解美日同盟对中国崛起施加的安全压力。也就是说，对于中国来说，所面临的压力并不局限于日本或美国相互分离的战略压力，而是要面对战略上形成整体的美日同盟。

"冷战"期间，苏联一直是美日同盟最主要的针对对象，因此曾长期承受美日同盟较为明显的安全压力。尽管"冷战"时期美日同盟的根基并未出现根本动摇，但是，不同时期美日同盟针对苏联的战略压力却有着较为明显的差异。例如，20 世纪 50 年代中期，美苏对抗有所缓和，苏日之间建立外交关系，美日同盟对苏联的压力较之此前有所弱化。1979 年苏联入侵阿富汗后，美日两国不仅联合向苏联施加战略压力，而且共同对苏联实施经济制裁，苏联不得不承受美日同盟施加的巨大战略压力。

为什么美日同盟针对苏联的战略压力会发生起伏变化？影响这一变化的诸多因素中，苏联的战略选择能否发挥作用？如果答案是肯定的，那么，苏联如何做出战略安排可以弱化美日同盟的战略压力？这些问题正是本章

---

① 可参见尚书《美日同盟关系的走向》，时事出版社，2009。

研究的核心问题，其研究意义突出表现在以下两个方面。

首先，有助于拓宽崛起大国缓解主导国同盟压力的思路。目前有关分化同盟的研究大多关注如何防止敌对同盟形成或促成敌对同盟瓦解，而对在无法根本瓦解敌对同盟的前提下，如何尽量减小其施加的战略压力则关注不多。为此，我们研究的关注重点相应发生了变化，不再将同盟瓦解作为解释现象，转而关注如何弱化敌对同盟的战略压力。更为重要的是，美日同盟既是不对称同盟，同时也构成了等级安全体系，即日本在安全事务上高度依赖美国，而成为其依附国。从弱化敌对同盟的难度来讲，此类以不对称性同盟形式存在的等级安全体系最难弱化瓦解，但却一直未受到学者们的充分重视。在本章我们将重点分析崛起国弱化此类等级安全体系型同盟的条件。

其次，有助于中国制定恰当的战略应对美日同盟的安全压力。正如前文所述，中国崛起进程中，最为突出的安全压力来自美日同盟。如何有效地弱化美日同盟的安全压力，直接关系到中国能否塑造更为有利的安全环境，较为有效地缓解崛起困境。通过分析苏联弱化美日同盟的成败得失，可以帮助我们更为透彻地理解可资借鉴的经验和应当避免的战略教训，进而为中国制定恰当的政策组合弱化美日同盟的安全压力提供学理支持。

本章包括七节。第一节回顾分析了既有相关研究的主要发现和不足。第二节重点阐述苏联弱化美日同盟的条件及其逻辑机制，并说明了研究设计和经验检验的思路。第三节和第四节重点分析了苏联成功弱化美日同盟压力的两个案例，分别是 20 世纪 70 年代中期的苏联成功寻求战略缓和和 20 世纪 50 年代中期的苏日建交。第五节和第六节重点关注了苏联弱化美日同盟失败的两个案例，分别是 20 世纪 50 年代中期苏日和约谈判失败和 20 世纪 70 年代末苏联全球扩张导致美日同盟制裁和抵制。最后是结论部分。

一 既有研究回顾

（一）历史文献

历史学家主要关注苏联拆解美日同盟时，究竟是以美国还是以日本为主要对象。不过，在这一问题上，学者们并未达成共识。

一派学者认为，苏联主要从美国入手瓦解美日同盟。这些学者发现，
"冷战"期间苏日关系虽有时出现缓和，但这些变化仅仅流于表面，缺乏持
续的动力。其原因除了苏联在领土问题上不愿妥协之外，更为重要的是苏
联认为日本是美国的附庸，[①] 美日关系过于紧密，苏联瓦解美日同盟的余地
非常有限。[②] 因此，有学者认为，苏联并未对日本实施拉拢政策，苏联的对
日政策是根据其全球战略制定的，苏美关系才是苏联对待美日同盟的关
键。[③] 然而，这种研究倾向忽略了一个非常重要的事实，即很多时候苏联的
对日政策与其对美政策在性质上完全不同。

另一派学者认为，苏美"冷战"时期的结构性矛盾决定了苏联只能从
日本入手瓦解美日同盟。有学者认为，苏联对日本的政策目标就是"芬兰
化"，具体手段包括利用军事威胁动摇日本对美国军事依赖的信任，同时通
过经济手段诱导日本，努力使其脱离美国。[④] 然而，苏联这些努力的效果并
不明显，其中非常重要的原因就是，苏联漠视日本的领土主张。有日本学
者认为，苏联对日本的一些强制政策使日本感到羞辱，结果这些政策反而
对缓解美日同盟的战略压力产生了副作用。例如，苏联不顾日本方面的反
对，单方面公开苏联起草的《苏日和平友好条约》，结果这一举措加快了日
本与中国谈判的进度，使苏联不得不面对最不愿意面对的处境。[⑤]

（二）理论文献

克劳福德（Timothy W. Crawford）对于分化同盟做了比较深入的研究。
从"二战"期间西班牙没有加入轴心国集团这一历史案例入手，他提出英

① Joseph P. Fergus, *Japanese - Russian Relations*, 1907 -2007（New York：Routledge, 2008），p. 44.
② P. L. Falkenheim, "Evolving Regional Ties in Northeast Asia：Japan, the U. S. and the USSR," *Asian Survey*, Vol. 28, No. 12, 1988, p. 1229.
③ 参见 P. Berton, " Soviet - Japanese Relations：Perceptions, Goals, Interactions," *Asian Survey*, Vol. 26, No. 12, 1986, p. 1264；Joseph P. Fergus, *Japanese - Russian Relations*, 1907 - 2007, p. 44；安成日：《试论战后日苏关系的特点》，《西伯利亚研究》2006 年第 5 期，第 75 页；杨家荣：《苏日关系的症结及其发展趋势》，《苏联东欧问题》1991 年第 1 期，第 68 页。
④ 晓明：《"芬兰化"——苏联对日政策的战略目标》，《外国问题研究》1983 年第 1 期，第 12 ~18 页。
⑤ Hiroshi Kimura, "Japan - Soviet Relations：Framework, Developments, Prospects," *Asian Survey*, Vol. 20, No. 7, 1980, pp. 707 -725.

国对于西班牙的安抚政策产生了至关重要的影响，[①] 进而指出制衡与安抚并非互斥的政策，有时可以互补。[②] 此后，克劳福德又深入研究了楔子战略（wedge strategy）与同盟瓦解之间的关系。

所谓楔子战略是指国家以可接受的代价，采取举措尝试阻止威胁本国的同盟形成或者拆散、弱化威胁本国的同盟。[③] 楔子战略的使用方式包括两种，即选择性安抚和对抗。选择性安抚是指对敌对同盟的一方施加威胁，而对另一方实施利益诱导，以试图瓦解同盟的向心力。而对抗策略则是指对潜在结盟的国家同时施加威胁，阻止敌对同盟的形成。作者认为，选择性安抚取得成功的可能性更大。一国只有在两种情况下才会倾向于使用对抗策略，一是没有可以安抚敌对同盟的资源，二是能够承受敌对同盟强化带来的冲击。[④]

克劳福德还集中研究了使用选择性安抚策略时，拆分国的成本和收益期望。从成本上看，安抚、补偿和支持三种手段付出的代价分别是本国的主要利益、次要利益以及边缘利益，因此成本逐步降低。从收益方面看，收益由高到低的四种选择分别是：对象国与本国结盟；敌对同盟一方中立；防止敌对国之间形成同盟；敌对同盟盟国关系动摇。[⑤] 克劳福德的研究对于我们思考弱化敌对同盟的战略效果非常具有启发意义，但是，其关注的经验案例主要是平等性同盟，对于弱化美日同盟这类依赖性同盟还有待于我们进行更为深入的研究。

在《拆解对手联盟：同盟理论再思考》一文中，刘丰对拆解联盟的策略类型和成功机制做了进一步的探索。[⑥] 按照其战略性质，作者将拆分战

① Timothy W. Crawford, "Wedge Strategy, Balancing, and the Deviant Case of Spain 1940 – 1941," *Security Studies*, Vol. 17, No. 1, 2008, p. 6.

② Timothy W. Crawford, "Wedge Strategy, Balancing, and the Deviant Case of Spain 1940 – 1941," *Security Studies*, Vol. 17, No. 1, 2008, p. 36.

③ Timothy W. Crawford, "Preventing Enemy Coalitions: How Wedge Strategies Shape Power Politics," *International Security*, Vol. 35, No. 4, 2011, p. 156.

④ Timothy W. Crawford, "Preventing Enemy Coalitions: How Wedge Strategies Shape Power Politics," *International Security*, Vol. 35, No. 4, 2011, p. 164.

⑤ Timothy W. Crawford, "Preventing Enemy Coalitions: How Wedge Strategies Shape Power Politics," *International Security*, Vol. 35, No. 4, 2011, pp. 155 – 189.

⑥ 刘丰：《拆解对手联盟：同盟理论再思考》，提交给清华大学当代国际关系研究院与复旦大学国际关系与公共事务学院联合举办的"联盟理论与中国联盟战略"学术研讨会论文，2012 年 12 月 8 日。

略分为合作战略和对抗战略，并且将观望作为区别于两种战略的独立战略选择。更为重要的是，文章明确了外部环境对于拆解政策成败的制约机制。作者将外部环境归纳为三类：对手联盟的性质；战略实施国与对象国之间的关系；对象国自身的属性。从对手同盟的性质看，最有可能影响拆解战略效果的是敌对联盟的内部关系。在作者看来，这种关系取决于同盟国之间的实力对比，即同盟是对称性同盟还是非对称性同盟。从战略实施国与对象国之间的关系看，双方是否存在核心利益冲突是拆分战略能否成功的重要因素。从经验上容易理解，双方如果存在核心利益冲突，分化成功的可能性较小。从对象国自身属性看，国内凝聚力是最为重要的因素。通常而言，国内凝聚力较低的国家比凝聚力较高的国家更容易分化。[①]

刘丰的论文对于我们理解外部环境对弱化敌对同盟的影响具有十分重要的借鉴意义。不过，论文的切入点是拆分国政策对敌对同盟中一国产生效果的机制，而没有考虑敌对同盟中其他国家的干预。试想，如果敌对同盟中的弱国积极回应拆分国的政策，而强国进行干预迫使同盟中的弱国消极应对拆分国，则很大程度上会影响拆分国的政策效果。在美日同盟这样的依赖性同盟中，强国的干预更是我们分析弱化同盟效果时不可忽视的重要机制。

二　苏联的政策组合与美日同盟弱化

本节由两部分构成。第一部分阐述苏联政策组合与美日同盟弱化之间的逻辑关系。第二部分说明了研究设计的思路，主要包括核心概念的操作化以及案例选择的思路。

（一）苏联弱化美日同盟的政策组合

就政策性质而言，苏联弱化美日同盟的政策可分为三类，即合作、观望

---

① 刘丰：《拆解对手联盟：同盟理论再思考》，提交给清华大学当代国际关系研究院与复旦大学国际关系与公共事务学院联合举办的"联盟理论与中国联盟战略"学术研讨会论文，2012 年 12 月 8 日。

和对抗。① 不过，对于政策目标国而言，观望政策意味着此前政策的延续。因此，在不同政策背景下，观望政策既可能理解为合作政策，也可能理解为对抗政策。因此，我们将苏联的弱化政策简化为合作与对抗政策两个类型。

由此，苏联对于美日同盟的政策组合呈现以下四种情况，分别是：对美国合作，对日本合作；对美国合作，对日本对抗；对美国对抗，对日本合作；对美国对抗，对日本对抗。对于苏联的不同政策组合，美国会依据自身利益做出反应，同时也会干涉日本对苏联政策的反应。因此，在美日同盟的框架下，苏联承受的安全压力并不是美日对苏联压力的简单叠加，而是美国对苏联压力和美国修正后的日本对苏联压力的叠加。

研究发现，苏联政策组合弱化美日同盟的核心机制在于能否有效缓解美国对日本离心倾向的担心。根据同盟困境理论，同盟内的国家之间存在两种担忧，即"抛弃"和"牵连"。抛弃是指一国担心在紧急时刻，盟友拒绝承担同盟条约中所规定的义务。因此，当一国比较担心其被盟友抛弃时，会倾向于加强与盟友的关系，以便保持同盟行动的一致性。牵连是指一国担心其对盟友的承诺使其卷入不符合其国家利益的战争中。因此，当一国比较担心受盟友牵连时，会倾向于弱化与盟国的关系，以免鼓励盟友轻易采取对抗行为。②

"冷战"期间，美日之间也存在着盟国之间的抛弃－牵连担忧。但是，其担忧有着非常独特的特点，与斯奈德同盟困境理论的描述有所不同。对于日本而言，由于其毗邻苏联，战略位置十分重要，因此其对于被抛弃的担忧相对较弱，否则无法解释战后日本长期不愿意增加军费。对于美国而言，其主要疑虑则是日本采取中立政策，或过分接近苏联，而对牵连的担心非常弱，原因在于"冷战"时期日本始终无力也无意卷入与苏联的直接冲突，更难以想象日本主动进攻苏联或苏联的盟友而将美国拖入与苏联的直接对抗。因此，在美日同盟框架内部，最为突出的问题就是美国对日本离心倾向的担心。

---

① 刘丰：《拆解对手联盟：同盟理论再思考》，提交给清华大学当代国际关系研究院与复旦大学国际关系与公共事务学院联合举办的"联盟理论与中国联盟战略"学术研讨会论文，2012 年 12 月 8 日。

② Glenn H. Snyder, "The Security Dilemma in Alliance Politics," *World Politics*, Vol. 36, No. 4, 1984, pp. 461 – 495.

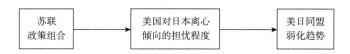

图 5 - 1　苏联政策组合与美日同盟弱化

美国对日本离心倾向的疑虑程度由两方面因素决定。一是美国对苏联威胁程度的认知。苏联威胁越大，美国就愈加重视美日同盟，对于日本离心倾向的危害也愈加担忧。例如，苏联入侵阿富汗期间，苏联威胁上升，美日同盟随之强化。二是苏联对日政策的性质。当苏联对日本采取合作政策时，美国对于日本的离心倾向担忧较大。苏联合作政策的力度越大，美国对日本离心倾向就愈加担忧。例如，20世纪50年代初期，苏联希望与日本签订和约，对日政策由对抗转为合作，结果引起了美国极大担忧，随即加强了对日本的经济控制和军事控制。

表 5 - 1　苏联政策组合与美日同盟弱化效果

苏联政策		对日本政策	
		合作	对抗
对美国政策	合作	较成功	成功
	对抗	较失败	失败

由此，我们可以推论出苏联政策组合弱化美日同盟的不同效应。当苏联对美采取合作政策，对日采取对抗政策时，美国认为苏联的整体威胁程度较低，因而对于日本离心倾向的担忧水平较低。同时，由于苏联对日采取对抗政策，日本对美国的依赖会进一步强化，美国对日本的离心倾向担忧有所减弱。因而，美国对日本离心倾向担忧水平最低，苏联弱化美日同盟的努力能够成功。

当苏联对美日均采取合作政策时，美国认为苏联的整体威胁程度较低，因而，对于日本离心倾向的担忧水平较低。不过，由于苏联对日本也采取合作政策，美国会特别关注日本是否过度接近苏联。一旦美国认定日苏关系超出其心理预期，美国对日本离心倾向的担忧会增强，结果导致美国干预日苏关系的改善。因此，这一政策组合可以弱化美日同盟，但成果可能不够稳定。此外，由于日本高度依赖美国，苏联采取合作政策的次序应是先美后日，从而有助于日本做出更为积极的合作姿态，进而更加有效地缓解美日同盟的战略压力。①

当苏联对美日同时采取对抗政策时，美国认为苏联的整体威胁程度较高，因而，对于日本的离心倾向担忧水平较高。苏联弱化美日同盟的效果较差。不过，由于苏联对日同时采取对抗政策，日本对美国的依赖会进一步增强，结果会使美国对日本离心倾向的担忧有所减弱。因此，美日同盟对苏联的压力力度虽大但稳定程度稍弱。

当苏联对美采取对抗政策，对日采取合作政策时，美国认为苏联的整体威胁程度较高，因而对日本离心倾向的担忧也较为严重。同时，由于苏联对日采取合作政策，美国会更加担心苏日关系过分接近，其对日本离心倾向的担忧也会进一步增强，从而加强对日本的控制，共同向苏联施加战略压力。也就是说，在这一政策组合下，美国对于日本的离心倾向总体担忧水平最高，苏联弱化美日同盟的效果也最为失败。

（二）研究设计

苏联对美政策性质　准确判断苏联对美政策的性质，要处理好以下两个问题：一是苏联对美地区政策和体系政策之间的关系；二是苏联对美政策的客观性质和美国认知之间的关系。

对于第一个问题，我们认为，判断苏联对美政策性质应以苏联的体系政策为主。"冷战"时期，美苏两国在全球范围内展开对抗，两国争夺的不仅仅是某一地区内的领土、资源等物质利益，而是体系霸权。相对于局部得失，美国更注重苏联对于其霸权地位的挑战程度。因此，苏联对美政策的性质，并不取决于苏联在局部是否采取对抗或合作政策，而是取决于这些政策是否冲击美国的体系霸权。例如，20 世纪 70 年代中期，虽然美苏两国在第三世界的争夺日趋激烈，但是由于苏联在欧洲等美国维持霸权的关键地区推行缓和政策，并且坚持与美国在限制战略武器问题上展开协商，因此，苏联对美政策依然可视为合作政策。

对于第二个问题，我们认为，判断苏联对美政策性质时，要注重美国

---

① 李凡：《日苏关系史（1917～1991）》，人民出版社，2005，第 222 页。

对苏联政策的认知。例如，20 世纪 50 年代初期，苏联在东亚地区采取了一些积极的缓和行动，包括签订朝鲜停战协议、召开日内瓦会议等。不过，在美国看来，苏联的缓和举动是构成巨大威胁的对抗政策，甚至将朝鲜战争停战理解为美国的重大失败。因此，在判断苏联对美政策性质时，要特别注重考察美国对苏政策行为的解读。

苏联对日政策性质　苏日关系的影响仅局限于双边关系，并不具备美苏关系的全球属性。因此，判断苏联对日政策的性质需考察苏日双边关系中的核心问题。"冷战"时期，苏日之间最大的双边矛盾就是南千岛群岛问题。对于苏联而言，南千岛群岛是其影响苏日关系的主要战略资源。而在日本看来，由于日苏之间的巨大实力差距，日本无力与苏联就领土问题展开对抗，也无法寄望于美国支持其采取对抗政策，因此，其解决领土问题的现实途径只能是通过缓和日苏关系，进而争取苏联在领土问题做出让步。换句话讲，对于日本而言，其判断苏联政策性质的核心标志是苏联对南千岛群岛领土问题的态度和具体举措。

美日同盟弱化效果　我们以美日同盟对苏联施加压力的变化作为考察美日同盟弱化与否的指标。具体而言，包括压力大小和压力稳定程度两个维度。美日同盟对苏联压力强弱的判断标准是，美日两国都对苏联采取对抗政策，或美国采取对抗政策、日本采取合作政策时，为压力强化；美日两国都对苏联采取合作政策或美国采取合作政策、日本采取对抗政策时，为压力弱化。压力稳定程度的判断标准是，日本倾向于改善与苏联关系，美国主动干涉日本改善苏日关系，则压力状态稳定程度低；反之，当日本主观倾向于恶化与苏联关系时，则美日国家利益一致性高，压力状态稳定程度高。因此，因变量美日同盟弱化的取值有四个，即成功（压力弱化，稳定程度高）、较成功（压力弱化，稳定程度低）、较失败（压力强化，稳定程度低）和失败（压力强化，稳定程度高）。

案例选择思路　我们选取了苏联与美日同盟互动的四个案例检验研究假设，分别是苏联发动和平攻势（1952～1954）、苏联谈判与日本建交（1955～1957）、苏联寻求战略缓和（1975～1977）和苏联战略扩张（1978～1982）。其主要考虑是：四个案例中，苏联所采取的政策组合不同，有利于分析苏联在不同政策组合情况下弱化美日同盟的效果。更为重要的是，前两个案例和后两个案例在时间上是连续的，有助于控制变量和排除竞争性假设，如苏联的战略地位、美国总统个性等。此外，所选取的案例时间范围都控制在 3 年左右，进一步增强了不同案例中美日同盟弱化效果的可比性。

三 成功案例：苏联寻求战略缓和（1975～1977）

1975～1977 年间，苏联对美日同盟的政策组合是对美合作、对日对抗。具体而言，苏联对美继续其缓和政策，同时强硬回应日本有关南千岛群岛的领土要求，表示日本的要求将始终遭到应有的回击。[①] 这一时期，除遭遇日本的政治抗议以外，苏联面临的美日同盟压力呈弱化趋势，特别是美国坚持裁撤驻韩美军实质性动摇了美日同盟合作的紧密程度。

（一）苏联政策组合：对美合作—对日对抗

这一时期，苏联对美政策延续了 1971 年苏共二十四大提出的"和平纲领"。1975 年 4 月，苏联外长葛罗米柯在苏共中央全会上指出，现在已经具备必要的客观条件来公正解决国际冲突，政治上的缓和应以军事上的缓和加以补充，其所做的报告还委托政治局像以往一样明确积极地争取彻底实现和平纲领。[②] 1976 年 2 月，勃列日涅夫在苏共二十五大报告中指出，苏联对资本主义国家政策的关键，过去是、现在仍然是确立和平共处原则。苏联坚定地希望严格按照已经达成的协议和承担的义务进一步改善美苏关系，以利于两国人民和世界和平事业。[③]

为了保持与美国良好的缓和态势，苏联积极推进欧洲安全与合作会议取得进展。自 20 世纪 50 年代中期以来，苏联以及东欧国家就主张召开全欧

---

① 中共中央党校科研办公室主编《70 年代苏联对外关系大事记》，中共中央党校出版社，1985，第 344 页。

② 中共中央党校科研办公室主编《70 年代苏联对外关系大事记》，中共中央党校出版社，1985，第 323 页。

③ 辛华编译《苏联共产党第二十五次代表大会主要文件汇编》，生活·读书·新知三联书店，1977，第 27～33 页。

会议，以签订欧洲集体安全条约，缓和紧张的国际形势。1975 年 7 月 30 日
至 8 月 1 日，欧洲安全与合作会议首脑会议在赫尔辛基举行，签署了《欧洲
安全与合作会议最后文件》。会议期间，苏联就欧洲安全问题、人道主义及
人员思想自由交流等问题做出妥协，促成了会议的最终成功。美国对欧安
会成果做出了积极评价，认为《最后文件》所确立的各国关系指导原则是
对勃列日涅夫主义的否定，文件强调尊重人权和基本自由，特别是对于人
员跨国交流的肯定非常有利于美国推行对苏政策。①

除了推进欧洲缓和之外，苏联还在第二阶段限制进攻性战略武器问题
上与美国保持密切磋商。1974 年 11 月 23～24 日，勃列日涅夫与福特在符
拉迪沃斯托克举行会晤，双方达成口头协议，即此后十年两国进攻性战略
武器总数和多弹头导弹数量相等，并同意将口头协议变成书面协议。从协
议内容看，为了缓和局势，苏联在两个方面做出了重大让步：一是同意两
国战略武器数量相等，这实际上限制了苏联通过战略武器数量优势弥补质
量不足的努力；二是在计算美国核力量时，英法两国的核力量以及美国在
西欧前线部署的核力量均未计算在内。②

1975 年 1 月 31 日，两国限制战略武器会谈在日内瓦举行，会议的主要
目标是 1975 年夏天之前两国根据在符拉迪沃斯托克的口头协议达成正式协
议。同年 7 月，苏联外长葛罗米柯在与基辛格会谈时，强调苏联领导层有充
分决心坚持对美国的缓和政策。虽然此后的第二阶段限制战略武器谈判比
预期的更为困难，直到 1977 年 9 月才出现转机，但是，这一时期苏联的努
力与让步为最终达成协议奠定了良好基础。③

需要指出的是，这一时期苏联对外政策的对抗性有所增强。比如，1975
年苏联策动古巴军队入侵安哥拉，插手埃塞俄比亚和索马里的武装冲突等。
然而，由于这些地区在美苏争夺中并不处于中心地位，且苏联的军事行动
规模较小，所以并未使美国领导人放弃与苏联寻求缓和的努力。④ 1976 年 1

---

① 刘金质：《冷战史（中）》，世界知识出版社，2003，第 735 页。
② 刘金质：《冷战史（中）》，世界知识出版社，2003，第 762 页。
③ 王绳祖主编《国际关系史第十卷（1970～1979）》，世界知识出版社，1996，第 71 页。
④ Joseph L. Nogee and Robert H. Donaldson, *Soviet Foreign Policy Since World War II*, Pergamon Press, 1984, p. 257.

月 3 日，在接受美国全国广播公司专访时，美国总统福特表示，在安哥拉问题上，美国希望通过与非盟、苏联等相关各方的磋商，寻求非洲问题非洲解决的方式。① 他还指出，放弃缓和是非常不明智的。缓和不仅符合美国的国家利益，而且还符合世界稳定与和平的利益。② 1977 年 5 月 22 日，在圣母大学发表演讲时，卡特也表达了相似的观点。他指出，与苏联搞好缓和是有益的，意味着朝着实现和平的方向发展。③ 可见，这一时期，苏联合作政策的积极努力和让步得到了美国决策者的理解和认可。

20 世纪 70 年代中后期，苏联对日采取的是对抗政策，与 70 年代初期的合作政策形成了鲜明对比。1971 年，苏日重启停摆四年的外长定期协商。会议期间，日本提到归还北方领土问题时，葛罗米柯没有直接拒绝，只是提到领土问题是个伤脑筋的问题。④ 1973 年 10 月，日本首相田中角荣访问苏联，双方签署并发表了《苏日联合宣言》，双方约定在 1974 年的适当时候，继续就缔结和约交涉。⑤ 其中，"就有关诸问题进行交涉"，实际上指的就是领土问题。对此，田中角荣回忆，他追问勃列日涅夫未解决的诸问题中最重要的问题是南千岛群岛，即齿舞群岛、色丹岛、国后岛、择捉岛。勃列日涅夫忙说：是的，确认，是的，确认，回答了两次。⑥ 苏联对日本关注的南千岛群岛问题表态有所松动使得苏日关系曾一度好转。

1974 年 12 月，以三木武夫为首相的内阁成立，次月就派外相宫泽喜一赴莫斯科向苏联提出一揽子归还南千岛群岛的解决方案，但遭到苏联外长葛罗米柯一口回绝。葛罗米柯表示，不能同意这些要求，先缔结和约向前迈进更好些，宫泽喜一对此非常不满。⑦ 可以看出，此时苏联在领土问题上

---

① Public Papers of the Presidents of the United States，http：//quod. lib. umich. edu/p/ppotpus/4732102. 1976. 001/111？ page = root；size = 100；view = image.

② Public Papers of the Presidents of the United States，http：//quod. lib. umich. edu/p/ppotpus/4732102. 1976. 001/114？ page = root；size = 100；view = image.

③ 刘金质：《冷战史（中）》，世界知识出版社，2003，第 773 页。

④ 夏威仪：《战后苏联对日本的政策》，《政治研究》，1984 年第 1 期，第 15 页。

⑤ 田中明彦研究室：《日本与俄罗斯·苏联关系资料集》，http：//www. ioc. u‐tokyo. ac. jp/~worldjpn/。

⑥ 坂本德松、甲斐静马著《归还南千岛群岛》，第 132 页，转引自李凡《日苏关系史》，人民出版社，2005，第 334 页。

⑦ 宋成有等著《战后日本外交史》，世界知识出版社，1995，第 460 页。

的态度有所倒退，明显违背了此前《苏日联合宣言》中先解决双方存在问题再缔结和约的表态。此后苏日在和约谈判问题上分歧严重，苏联既不承认两国之间存在领土问题，更不愿意做出任何妥协。1976 年 2 月，苏共二十五大报告明确指出，关于和平解决的诸问题，日本一部分人对苏联提出了毫无根据的不法要求。苏联希望利用日苏意见不一致牟取不法利益的人能够悬崖勒马。①

此后米格－25 事件导致苏联对日政策更加强硬。1976 年 9 月，苏联空军飞行员别连科驾驶当时苏联最先进的米格－25 型战斗机向日本方面投降并申请赴美政治避难。苏联要求引渡驾驶员并敦促日本立即归还飞机。日本方面以无法拒绝别连科申请赴美政治避难为由，拒绝了苏联的引渡请求，并在完全拆分并检验其构造和性能后才将米格战机交还苏联。为了回应日本，苏联采取了一系列制裁措施，包括终止苏日经济合作委员会活动、加大对南千岛群岛海域军事巡逻力度等。1978 年 3 月 6日，苏联外交部发表《关于领土问题的口头声明》，指责日本对苏联领土千岛群岛南部诸岛提出要求，是对苏不友好的政治宣传，歪曲了 1973年 10 月 10 日《苏日联合宣言》的意思，强调苏日之间不存在任何领土问题。②

（二）美国对日本离心倾向担忧弱化明显

虽然苏日关系因和约签订谈判受阻而趋于紧张，但美国并不担心受日本牵连卷入对苏战争。在美国看来，不管苏日领土问题多么严重，日本都不可能主动发起针对苏联的领土收复战争。与此同时，因苏日关系紧张，日本对美国的依赖反而强化，美国对日本离心倾向的担忧反而明显弱化，突出表现是这一时期美国对日政策趋于强硬。

经贸领域，美日贸易摩擦从纺织品、钢铁等传统领域扩展到半导体、通信设备等高技术领域。为此，美国不但对日本提出了更加严格的开放市

---

① 田中明彦研究室：《日本与俄罗斯・苏联关系资料集》，http：//www.ioc.u－tokyo.ac.jp/~worldjpn/。

② 《日本外交主要文书・年表・第三卷（1971~1980）》，转引自李凡《日苏关系史》，人民出版社，2005，第 342 页。

场要求，同时开始限制日本对美出口。① 战略领域，从 1976 年开始，美国国会经常批评日本在安全保障问题上"免费搭车"，并向日本施压敦促其增加军费支出。1976 年 1 月，美国国防报告中指出，日本改善在西太平洋的反潜作战能力符合日本利益。同年 7 月，美国国防部部长布朗访日期间，明确要求日本增加分担驻日美军费用的份额，并要求日本增强反潜作战能力和防空作战能力。②

在撤离驻韩美军问题上，美国不顾日本的反对继续推行其四至五年内分阶段撤退驻韩美军陆军的计划。1977 年 1 月，美国副总统访日本时，虽表示美国会慎重处理，做出最终决定前会与日本保持协商。但事实上美国不仅没有与日本事先商量，甚至在决定公布撤军方案前都没有通知日本，③ 对此日本政府心存不满。前美国驻韩国大使斯奈德曾表示，苏联的政策组合使得日本对美国防卫日本的能力和意愿都产生了怀疑。④ 但是，日本并未明确坚决地反对美国的撤军计划，其原因在于日本担心过分反对会导致美国在增加防卫开支问题上向日本施加更大压力。⑤ 也就是说，日本更为依赖美国承担远东的安全保障，不愿意独自增大防卫开支。

（三）美日同盟弱化明显

这一时期，苏联的合作政策使得福特政府和卡特政府延续了尼克松政府时期对苏联的缓和，苏联承受的美国压力明显减小。福特政府的主要关注点是国内问题，外交方面基本上延续了尼克松时期的政策，基辛格继续担任国务卿和国家安全顾问就是很好的佐证。在对苏政策上，福特强调要继续维持美苏关系改善的进程，为此福特初期的对苏政策甚至被评价为带有一定的绥靖色彩。⑥

卡特则提出，美苏关系改善要有更为广泛的基础，为此卡特甚至考虑

---

① 细谷千博主编《日美关系通史》，东京大学出版社，1995，第 235 ~ 249 页。
② 肖伟：《战后日本国家安全战略》，新华出版社，2000，第 155 页。
③ 细谷千博主编《日美关系通史》，东京大学出版社，1995，第 253 页。
④ Richard L. Sneider, *U. S. – Japanese Security Relation* (New York, Columbia University Press, 1982), p. 39.
⑤ 细谷千博主编《日美关系通史》，东京大学出版社，1995，第 253 ~ 260 页。
⑥ 王绳祖主编《国际关系史》（第十卷），世界知识出版社，1996，第 71 页。

解除杰克逊修正案，以发展美苏之间的贸易关系。同时，他还强调美苏共同参与解决中东、南非等地区问题。① 在东亚地区，卡特政府表示要从韩国撤出美军地面部队。早在1976年美国总统大选时期，卡特就曾表示，有可能在与韩国和日本协商后，分阶段撤回驻韩美军地面部队。同年11月当选之后，卡特很快就提出了有关韩国政策的报告书。随后，在没有与韩日商议的情况下，卡特公开声明要在四至五年内撤出驻韩美军，并且解除美国公民赴朝鲜、越南、柬埔寨等国的旅游禁令。②

虽然这一时期美苏在第三世界的争夺日趋激烈，反对与苏联缓和的势力在美国国内也有所抬头，但并未动摇美国对苏缓和政策的基础。1977年5月，卡特公开表示，美国以火灭火，却从未想过火可以更好地被水征服。以火灭火的方式是行不通的，越南战争就是这一方式导致失败的最好例证。③ 对于"以水灭火"，美国官方的解释是苏联利用军事手段争夺国家，而美国要利用经济技术援助将苏联夺走的国家重新夺回。④ 不难看出，卡特政府的政策有助于弱化美苏的对抗性，减轻苏联承受的战略压力。

尽管这一时期日苏政治关系较为紧张，但是，对于苏联的实际安全压力并不明显，主要原因之一在于苏美关系稳定促使日本无法对苏采取强硬政策。1976年1月，日本首相三木武夫指出，政府要努力增进日苏友好合作关系。但是，两国之间的领土问题依然未解决，政府今后会坚持不懈地致力于解决领土问题，仍要在经济、文化以及人员往来方面，切实深化两国关系。⑤ 1977年10月3日，日本首相福田赳夫在国会演讲中依旧强调与苏联合作。他指出，日苏关系在经济、贸易、文化、人员交流领域发展顺利，日本政府为真正安定两国关系，收复北方领土、缔结和平条约做着锲而不舍的努力。同时，为早日达成两国渔业长期协定，有必要多层面发展

---

① 刘金质：《冷战史（中）》，世界知识出版社，2003，第772页。

② 细谷千博主编《日美关系通史》，东京大学出版社，1995，第252页。

③ "Public Papers of the Presidents of the United States," http：//quod. lib. umich. edu/p/ppotpus/ 4732130. 1977. 001/982？rgn = full + text；view = image；q1 = vietnam.

④ 王绳祖主编《国际关系史》（第十卷），世界知识出版社，1996，第21页。

⑤ 田中明彦研究室：《日本首相国会演讲——三木武夫》，http：//www. ioc. u – tokyo. ac. jp/ ~ worldjpn/。

日苏关系。① 这些努力表明苏联面临的日本压力并没有明显上升。此外，对于苏联极为重要的苏日经贸关系还发生了积极变化。1975 ~ 1977 年，苏日贸易额分别为 28 亿美元、34 亿美元、34 亿美元，比 1970 ~ 1974 年两国政治关系良好时期的 8 亿美元、9 亿美元、11 亿美元、16 亿美元、25 亿美元均有大幅增长。②

总体而言，这一时期苏联的政策组合效果明显，不仅延续了与美国缓和的局面，而且一定程度上加深了美日之间的矛盾。虽然苏日政治关系紧张并遭遇日本一系列反制措施，但是，其象征意义大于实际效果，对于苏联而言完全可以承受，因此，这一时期苏联弱化美日同盟战略压力的努力取得了成功。

四　较为成功的案例：苏联推动与日本建交（1955 ~ 1957）

在苏日建交案例中，苏联的政策组合为对美对日同时合作，这一政策使得美日同盟对苏联施加的压力减小，美日同盟弱化效果较为显著。有学者甚至认为，苏日建交是"冷战"时期苏联弱化美日同盟最为成功的努力。然而，我们的研究发现，这一政策组合的战略效果并不稳定，原因在于加剧了美国对日本离心倾向的担忧，从而导致了美国干预苏日之间的谈判，结果苏日未能达成和约而仅仅以建交终结谈判。

（一）苏联政策组合：对美合作 - 对日合作

斯大林去世后，苏联开始逐步寻求缓和与美国的紧张关系，率先从欧洲入手弱化其与美国阵营的对抗。1955 年 5 月 15 日，苏联做出重要让步，签订对奥地利和约，同意奥地利成为中立国。这一举动让西方国家切实感受到苏联正在努力推行缓和政策。8 月 13 日，苏联政府又决定单方面裁军 64 万。③

1956 年 2 月的苏共二十大上，赫鲁晓夫提出了和平共处、和平过渡、

---

① 田中明彦研究室：《日本首相国会演讲——福田赳夫》，http：//www.ioc.u - tokyo.ac.jp/ ~ worldjpn/。

② 宫本胜浩：《日苏贸易展望》，《大阪府立大学经济研究》1985 年第 2 期。

③ 王绳祖主编《国际关系史》（第八卷），世界知识出版社，1995，第 428 页。

和平竞赛的"三和路线"。根据和平共处总路线，赫鲁晓夫把改善美苏关系放在其对外政策的首要位置。① 苏联的缓和政策一定程度上改善了美苏关系，使得双方在一些地区热点问题上的激烈对峙逐步冷却下来。尽管这一时期波匈事件、苏伊士运河危机等都对美苏关系造成了冲击，但是苏联并没有利用这些事件对美国采取强硬的对抗政策，在苏伊士运河危机中，美苏甚至联合起来共同反对英法的行动。

在对日政策上，苏联不但延续了缓和政策，而且一定程度上提升了合作政策的力度，更加积极地向日本表达两国建交的强烈愿望。1954 年 12 月 15 日，鸠山内阁成立后，苏联外长莫洛托夫发表声明，表示苏联与中国都准备同日本单独举行恢复邦交的谈判。苏联通讯社也在这篇声明公布前后申明，苏联不会将废除《日美安全条约》作为恢复邦交的前提条件。② 这表明苏联改变了此前以废除美日同盟为建交条件的政策主张。

同时，苏联开始推动双方就部分实质性问题展开讨论，并促使日本政府做出了积极回应。1955 年 1 月，日本首相鸠山一郎与苏联政府首席代表多莫尼斯举行会谈。会谈中，多莫尼斯表示，可通过签署结束战争宣言结束两国之间的战争状态，两国恢复邦交互派大使，在此基础上就领土、通商、战犯、加入联合国等问题举行谈判。③ 此后，苏日分别在伦敦和莫斯科举行了多次大使级和部长级会谈，双方围绕领土、战俘、商贸和加入联合国等议题进行了艰苦的谈判，其中分歧最大的就是南千岛群岛的领土问题。④

---

① 王绳祖主编《国际关系史》（第八卷），世界知识出版社，1995，第 430 页。
② 吉泽清次郎主编《战后日苏关系（1917~1991）》，叶冰译，上海人民出版社，1977，第 7 页。
③ 李凡：《日苏关系史（1917~1991）》，人民出版社，2005，第 223 页。
④ 参见吉泽清次郎《战后日苏关系》，上海人民出版社，1977；信夫清三郎：《日本外交史（下册）》，商务印书馆，1992；高山智：《日苏关系：领土外交和经济合作》，天津人民出版社，1981；J. W. Morley, "The Soviet – Japanese Peace Declaration," *Political Science Quarterly*, Vol. 72, No. 3, 1957, pp. 370 – 379；K. Hara, "50 Years from San Francisco: Re – Examining the Peace Treaty and Japan's Territorial Problems," *Pacific Affairs*, Vol. 74, No. 3, 2001, pp. 361 – 382；Bruce. A. Elleman, Micharl. R. Nichols and matthew. J. Ouimet, "A Historical Re-evaluation of America's Role in the Kuril Islands Dispute," *Pacific Affairs*, Vol. 71, No. 4, 1998, pp. 489 – 504；P. Berton, "Soviet – Japanese Relations: Perceptions, Goals, Interactions," *Asian Survey*, Vol. 26, No. 12, 1986, pp. 1259 – 1283；T. C. Rhee, "Japan and the Soviet Union," *World Affairs*, Vol. 133, No. 3, 1970, pp. 240 – 256；E. Pond, "Japan and Russia: The View from Tokyo," *Foreign Affairs*, Vol. 52, No. 1, 1973, pp. 141 – 152。

　　日本主张南千岛群岛（齿舞、色丹、国后、择捉）是日本固有领土，苏联应无条件归还。同时，被苏联占领的南库页岛、千岛群岛的最终归属问题也应该召开国际会议加以决定。而苏联的主张是，苏联对于争议领土的主权已经按照国际协议加以确认，相关领土毫无争议地属于苏联。苏联本着与日本发展睦邻关系的愿望，决定将齿舞、色丹两岛归还日本，而对于其余领土争议概不接受。① 日本代表松本俊一倾向于接受苏联提出的条件签订和约，不过以日本外相重光葵为代表的日本外务省坚决反对有关领土的条款。结果历经 23 轮谈判之后，苏日之间的大使级谈判以失败告一段落。②

　　不过，1956 年 4 月，苏日两国就两国渔业纠纷解决签订了《日苏渔业条约》等合作协议。苏联借此提出《日苏渔业条约》要待两国恢复邦交或签订和约之后才能生效。③ 不久，日本同意两国重启谈判并将谈判级别升格为部长级谈判。1956 年 7 月，日本外相重光葵率团赴莫斯科进行苏日和约谈判。尽管重光葵的态度相比此前发生了巨大变化，一度试图劝说日本政府接受苏联的主张，强调"继续拖延，于我方立场不利，齿舞、色丹亦恐难保"。④ 但由于日本国内反对，莫斯科部长级谈判最终以失败收场。

　　莫斯科谈判失败使得鸠山内阁承受了巨大压力。1955 年 4 月，鸠山曾在第二次组阁后的施政方针演讲中表示，希望可以迅速与苏联结束战争状态，实现两国关系正常化。⑤ 为了与苏联达成妥协，鸠山致信苏联部长会议主席布尔加宁，明确提出苏日建交的底线，即在明确保证就领土问题继续谈判的前提下，苏日两国应该宣布结束战争状态、互设大使馆、立即遣返被俘人员、渔业条约生效、苏联支持日本加入联合国。如果苏联同意以上条件，苏日之间可以重启恢复邦交正常化谈判。⑥

---

① 吉泽清次郎主编《战后日苏关系》，叶冰译，上海人民出版社，1977，第 51 页。
② 李凡：《日苏关系史（1917～1991）》，人民出版社，2005，第 251 页。
③ 宋成有等著《战后日本外交史》，世界知识出版社，1995，第 180 页。
④ 吉泽清次郎主编《战后日苏关系》，叶冰译，上海人民出版社，1977，第 77 页。
⑤ 田中明彦研究室：《历届首相国会演讲》，http://www.ioc.u-tokyo.ac.jp/~worldjpn/。
⑥ 《日本外交主要文书年表》（第一卷），原书房，1983，第 781～782 页。

苏联对鸠山的要求做出了积极回应。1956 年 10 月 12 日，日本首相鸠山一郎访问莫斯科，向苏联提出在苏日建交问题上采取"阿登纳方式"，即搁置双方争议，先实现建交，同时苏联释放战俘和支持日本加入联合国。10 月 19 日，苏日两国达成协议，签署《苏日联合宣言》。在领土问题上的表述是，两国同意在外交关系正常化后，继续谈判签订正式和约问题。为满足日本的愿望并考虑到日本的国家利益，苏联同意将齿舞群岛和色丹岛移交给日本，但移交只能在缔结和约以后进行。① 不难看出，苏联在领土问题上做出了较为明显的让步。

（二）美国对日本离心倾向的担忧历经起伏

苏日建交谈判之初，美国采取了中立旁观的态度。1955 年 1 月 10 日，杜勒斯电告美国驻日大使馆，要求向日本政府阐明美国政府对鸠山内阁改善同共产党国家关系政策的态度。主要内容是：（1）美国与苏联至今仍保持着外交关系，因此很难说服日本不去发展与苏联关系；（2）当前环境下，美国反对日本承认共产党中国；（3）美国并不想由于日本真正发展与苏联或共产党中国的关系而在外交陷入被动。

美国没有积极干预日苏建交谈判，主要源于其对美日同盟的紧密程度持乐观态度。1955 年 4 月 19 日发布的《美国国家安全委员会第 5516/1 号文件——美国对日政策》中，美国认为，日美关系将继续受制于日本在经济、军事、外交等方面对美国的依赖，因此，几乎可以确定日本会保持目前与美国的协同关系。②

不过，美国对日本接近苏联的倾向也早有心理准备。美国认为，日本会继续致力于减小对美国的依赖，为其国际行为争取更大的自由，包括拓展与苏联和中国共产党的关系。美国的态度是不反对日本与苏联建立外交关系，但反对其与共产党中国建立外交关系。③ 可见，这一时期，由于苏联

---

① 《国际条约集：1956～1957》，世界知识出版社，1962，第 124 页。
② 周建明、王成至主编《美国国家安全战略解密文献选编（1945～1972）》，社会科学文献出版社，2010，选自 1955 年 4 月 19 日《国家安全委员会报告》，第 822 页。
③ 周建明、王成至主编《美国国家安全战略解密文献选编（1945～1972）》，社会科学文献出版社，2010，选自 1955 年 4 月 19 日《国家安全委员会报告》，第 827 页。

对美采取合作政策，使得美国对于苏联威胁的担忧有所下降，进而对日本离心倾向加剧的担忧也随之大幅下降，因此对于苏日建交问题，采取了静观其变的态度。

美国采取静观其变的另一个重要因素是认定苏联根本不会归还齿舞岛、色丹岛，因此美国支持日本收回上述岛屿，实际上就是断定苏日谈判必然会破裂。[①] 但是，苏日建交谈判中，苏联竟然承诺让出齿舞、色丹两个岛屿，这使得美国大为震惊。1956 年 8 月 19 日，杜勒斯利用日本外相重光葵参加处理苏伊士运河管理伦敦会议之际，向日本施加压力，史称"杜勒斯威胁事件"。俄罗斯学者马科夫认为，杜勒斯直接要求日本外相拒绝与苏联达成领土协议，还声称如果日本与苏联签订和平条约，美国将拒绝归还冲绳。美国要求日本恢复苏日谈判之初的领土主张，即要求苏联归还全部南千岛群岛。[②]

这实际上彻底阻挠了苏日达成协议，因为在美国看来苏联断然不会再次让步。尽管后来因苏联的让步，苏日最终达成建交协议，但因美国将苏日之间的"北方领土问题"和美日之间的"南方领土问题"联系起来，对日苏之间的和约谈判产生了相当的牵制作用，结果苏日之间最终只是完成了建交而没有最终签订和约。

（三）美日同盟压力弱化较为明显

尽管美国对于苏联对外政策根本目标的判断并未发生变化，但是这一时期苏联对美的合作政策促使美国开始接受苏联缓和双方紧张关系的举措，并开始根据这些变化制定美国的应对之策。1956 年 3 月 15 日发布的《国家安全委员会第 5602/1 号文件》指出，在核武器时代，美苏全面战争的概率已大大降低。尽管苏联并没有改变对美国的敌视态度，但几乎可以肯定的是，苏联不会以破坏政权安全或控制共产主义集团方式追求其长期目标。[③]

---

① 崔丕主编《冷战时期美国对外政策史探微》，中华书局，2002，第 121 页。

② Bruce A. Elleman，Michael R. Nichols，Matthew J. A. Ouimet，"A. Historical Reevaluation of America's Role in the Kuril Islands Dispute，" p. 498.

③ 周建明、王成至主编《美国国家安全战略解密文献选编（1945～1972）》，社会科学文献出版社，2010，选自 1956 年 3 月 15 日《国家安全委员会报告》，第 365 页。

对于当时的苏联对外政策，美国认为，苏联人表现出来的灵活性显著增长。1955 年，共产党人针对自由国家的战术重点发生了变化，从依赖暴力和暴力威胁转向借助分裂、诱惑和欺骗。表面上"温和"的苏联集团路线若占据上风，美国的盟国将会认真考虑加以利用，一些国家会在寻找"和平共处"基础的过程中可能更倾向于增进信任，实现和解。① 可见，美国实际上认识到了苏联对外政策的变化，并且开始担心其盟国在与苏联和平交往的过程中日趋独立。从承受压力的角度而言，苏联面临的美国压力确实呈现缓解之势，因为美国关注的重点从直接与苏联的强硬对抗转移到有效维持与盟国的团结。

美国对于苏联认知的变化对其控制日本产生了较为明显影响。1955 年 4 月制定的《美国国家安全委员会第 5516/1 号文件——美国对日政策》明确提出，对苏日建交奉行不干涉原则，而且改变了 20 世纪 50 年代初期积极支持日本扩大军备的政策，转而更加关注和正视日本发展经济的愿望。上述文件指出，日本军力建设的规模与时机，应当与其政治、经济稳定局面的形成和军事实力的需求相联系。美国应避免迫使日本不顾政治、经济稳定而增加军力。② 美国政策的变化不仅有助于弱化日本增强军备对苏联造成的压力，同时客观上也为苏联加强与日本的贸易提供了便利。③

苏日建交是弱化日美同盟，引导日本走向独立自主外交的第一步。《苏日联合声明》签订后，英国方面表示祝贺。而日本代表团 10 月 26 日到达纽约后，美国方面以艾森豪威尔总统、杜勒斯国务卿有紧要事务离不开华盛顿为由而回避会见，反映出美国方面对日苏谈判达成妥协的冷淡态度。④ 此外，苏日建交以后，苏联得以利用正常的官方渠道，就一些重要事件向日本表达立场。而在建交之前，由于无法向日本派驻合法政府代表，难以在重大问题上与日本政府进行沟通，从而严重影响了苏联对日本的影响力。

---

① 周建明、王成至主编《美国国家安全战略解密文献选编（1945～1972）》，社会科学文献出版社，2010，选自 1956 年 3 月 15 日《国家安全委员会报告》，第 365 页。

② 周建明、王成至主编《美国国家安全战略解密文献选编（1945～1972）》，社会科学文献出版社，2010，选自《美国国家安全委员会第 5516/1 号文件——美国对日政策》，第 828 页。

③ 高山智：《日苏关系：领土外交和经济合作》，江陵、郭敏译，天津人民出版社，1981，第 34 页。

④ 李凡：《日苏关系史（1917～1991）》，人民出版社，2005，第 280 页。

简而言之，这一时期苏联承受的美日同盟压力得到了较为明显的弱化。苏日建交不仅直接弱化了来自日本的压力，而且弱化了美苏之间的直接对抗。不过，由于谈判过程中美国对日本的离心倾向担心有所上升，进而采取措施干预日本对苏谈判政策，对日苏之间的和约谈判产生了相当的牵制作用，结果苏日之间实现了建立正式外交关系的目标，但未能最终签订和约。

五　较为失败的案例：苏联发动和平攻势（1952～1954）

1951 年美日实现单独媾和之后，苏联的对日政策目标由制裁日本转为与日本签订和约，试图通过缓和手段分化美日合作。苏联政策的本意是通过与美日同时缓和，改善战略安全环境，不过美日两国对苏联政策性质的判断截然相反。美国认为，苏联并没有做出实质性让步，因此认为苏联延续了此前的对抗政策，而日本则明确感受到苏联对日政策由对抗转为合作。苏联的政策组合（对美对抗—对日合作）加剧了美国对日本离心倾向的担心，进而干涉日苏关系的改善，结果导致苏联弱化美日同盟的努力遭遇挫折。

（一）苏联政策组合：对美对抗—对日合作

斯大林执政末期，苏联的对美政策初步显现出弱化对抗的迹象。1953 年斯大林去世之后，继任的马林科夫继续推动苏联的对美政策逐渐从对抗向缓和过渡。这一时期，苏联在远东地区对以美国为首的西方国家采取了一些缓和措施，其中最为重要的是 1953 年 7 月《朝鲜战争停战协议》的签订。随后，苏联积极谋求印度支那战争结束。1954 年 7 月，讨论朝鲜和印度支那问题的日内瓦会议促成法国与印支三国实现停火并达成了和平协议。[①] 然而，在美国看来，苏联并没有做出实质性让步，而且在欧洲问题上两国对抗依旧，因此，美国对苏联政策的认知依然是对抗性质。

在对日政策上，斯大林执政后期就开始向日本释放一些改善双边关系的信号。1952 年元旦，在日本首相的要求下，斯大林第一次向日本民众发

---

① 崔建平：《苏联对日外交政策研究（1941～1956）》，吉林大学博士学位论文，2010，第 91 页。

表告日本国民书，祝愿日本国民能够享有自由和幸福，相信日本国民也可以像苏联人民一样实现国家的独立和复兴。① 斯大林的考虑是，与其加剧资本主义阵营与社会主义阵营的矛盾，不如利用资本主义国家之间的矛盾，并通过缓和政策激化西方国家之间的矛盾。在斯大林看来，日本昨天还是震撼英国、美国、法国的帝国主义大国，因此一定会设法重新站起来，打破美国的制度，走上独立发展的道路。②

斯大林去世后，苏联加大了对日本的和平攻势，不断表明希望与日本关系正常化的愿望，并呼吁日本走独立自主的对外政策路线。1953 年 8 月，苏联领导人马林科夫在苏维埃最高会议上所做的报告中并未指责日本政府，反而强调同日本关系正常化的课题已具有现实意义。③ 苏联还联合中国推进与日本的缓和。1954 年 10 月，苏联与中国共同发表《中苏共同对日声明》，提出将采取步骤谋求与日本的关系正常化，同时希望日本谋求独立地位。④ 虽然就政策力度而言，这一时期苏联的对日合作政策还有相当的试探性，然而，不可否认，苏联政策在性质上已经发生了根本变化，是较为明显的合作政策。

（二）美国对日本离心倾向的担忧最为严重

1951 年 9 月美日两国签署媾和条约生效后，美国对日本的离心倾向一直有些担忧。1952 年 7 月出台的美国国家安全委员会 NSC125/1 文件，对恢复主权后的日本外交走向充满了期待和不安。文件指出，随着经济力量和军事力量的增强，日本会采取更加自由的行动。日本根据自身国家利益制定的对外政策，未必会符合美国的利益。更有甚者，日本有可能利用美苏之间的对立。为了重获亚洲大陆的影响力并谋求对华贸易利益，日本有可能接近亚洲的共产主义国家。⑤ 为此，1953 年，美国决定与日本签订《日美

---

① 《日本外交主要文书·年表（1）》，转引自共同通信社出版部，《世界资料》第 6 卷第 2 号，第 3 页。
② 李凡：《日苏关系史（1917～1991）》，人民出版社，2005，第 213 页。
③ 吉泽清次郎主编《战后日苏关系》，叶冰译，上海人民出版社，1977，第 6 页。
④ 葛罗米柯等著《苏联对外政策史（下卷）》，韩正文等译，中国人民大学出版社，1988，第 240 页。
⑤ 细谷千博主编《日美关系通史》，东京大学出版社，1995，第 183 页。

相互安全保障协定》，向日本提供以军事援助为主体的综合援助计划，以强化日本的自主防卫能力。但是，考虑到日本的经济承受能力，1953 年 6 月美国总统艾森豪威尔指出，不应对日本提出高水准的军备要求，[①] 因为帮助日本恢复经济是防止日本倒向苏联的关键。

不过，日内瓦会议的召开还是加深了美国对日本离心倾向的担忧。1954 年发布的《国家安全委员会关于审议美国远东政策的政策声明》指出，失去东南亚会破坏日本作为沿海岛屿链关键要素的价值。为此，要逐步发展日本军事力量，使之能够自我防卫并随着时间推移为远东共同防御做出贡献。[②] 与此同时，苏联对于日本的和平攻势更是引起了美国的高度警惕。1954 年 8 月，美国国务卿杜勒斯明确表达其对于苏联拉拢日本的担忧。在杜勒斯看来，在远东地区，日本的工业能力必须和亚洲的资源与劳动力结合才能发挥作用。苏联正是看到这一点才试图将日本拉拢到自己一边。苏联还利用日本人爱好和平的心理以及 "二战" 中日本遭遇两颗原子弹袭击的事实拉拢日本。[③]

为了稳定日本，美国加大了对日本的经济扶持力度，甚至将其作为重要战略。1954 年 5 月，美国国务卿杜勒斯在给总统的备忘录中强调，鉴于日本在美国远东安全保障体系中的重要作用，有必要扩大日本对美国以及其他国家的出口。如果美国未能就下一年度通商协定实现交涉，则将造成非常不幸的后果。同时，美国总统通商咨询委员会负责人兰德尔也在备忘录中表示，如果日本无法在美国这里寻找生路，就会倒向敌人阵营。这一问题应通过日本与自由国家签订多边协定加以解决，这样日本就容易得到足够生存的市场。[④] 可见，苏联的和平攻势很大程度上强化了美国对日本离心倾向的担忧，促使美国更加主动地干预日本，强化日本对美国的依赖。

---

① 樋渡由美著《战后政治与日美关系》，东京大学出版社，1990，第 76 页。
② 周建明、王成至主编《美国国家安全战略解密文献选编（1945～1972）》，社会科学文献出版社，2010，选自 1954 年 8 月 20 日《常务秘书（雷）向国家安全委员会提交的文件》，第 804～805 页。
③ 细谷千博主编《日美关系通史》，东京大学出版社，1995，第 184 页。
④ 细谷千博主编《日美关系通史》，东京大学出版社，1995，第 189 页。

（三）美日同盟压力上升

在"冷战"初期整体的对抗背景下，苏联的和平举措不但没有缓解美国的压力，反而加深了美国对苏联的疑虑和担忧。在美国看来，朝鲜战争停战协议的签订是其军事行动的重大失败，而法国退出印支战场也加剧了美国对于东亚地区局势的不安。这一时期，美国提出"多米诺骨牌"理论并不断强化其在东亚地区的同盟体系正是出于这一担忧。对于苏联要求召开美苏首脑会议的请求，艾森豪威尔表示，"我不会仅仅因为克里姆林宫的友好言辞和花言巧语的诺言而去参加一次最高级的会议。在此之前，必须有实际行动表示共产党人有意愿进行建设性会谈"。①

与此同时，日本政府也没有对苏联的和平攻势做出积极反应，其核心原因在于日本对美国的依赖，甚至在收回战后与苏联有争议的领土问题上，日本当时都寄希望于美国。20 世纪 50 年代初期，杜鲁门政府成功阻止了苏联对其占领的南库页岛及千岛群岛的合法化努力。1953 年 2 月，美国总统艾森豪威尔请求美国国会帮助废除过去缔结的秘密协议。② 虽然艾森豪威尔没有明确表明"过去缔结的秘密协议"就是指《雅尔塔协议》，但是日本方面对这一讲话做了大力宣传，甚至强调这是日本战败投降以来得到的最好消息。③ 其原因在于，苏联占领与日本有争议岛屿的主要法律依据之一就是美苏在"二战"中签订的《雅尔塔协议》。美国表示要废除这一协议，也就表明美国政府在领土问题上不承认争议领土归苏联所有的合法性，为日本此后解决领土问题创造了条件。

应当承认，苏联和平攻势的诚意和力度也是造成日本反应消极的因素，因为苏联并没有触及日本最为关心的领土等问题。不过，如果苏联当时提出全面解决苏日双边矛盾的和约提案，只能进一步加深美国对日本离心倾向的担忧，其结果必然是美国强力介入，强化日本对美国的战略依赖和同盟合作关系，苏联弱化美日同盟的努力同样会遭遇失败。

---

① 刘德斌主编《国际关系史》，高等教育出版社，2003，第 375 页。
② 李凡：《日苏关系史（1917～1991）》，人民出版社，2005，第 219 页。
③ 李凡：《日苏关系史（1917～1991）》，人民出版社，2005，第 219 页。

六　失败案例：苏联全球扩张（1978～1982）

从 1978 年开始，苏联与美国的对抗态势逐步强化。尽管苏联一再宣称与美国缓和的政策不动摇，但苏联入侵阿富汗前后的战略对抗举措使其对美政策彻底逆转，美日同盟对苏联的安全压力明显上升，弱化美日同盟的努力遭遇失败。

（一）苏联的政策组合：对美对抗—对日对抗

从 1978 年年中开始，苏联对美政策的对抗性逐步展现出来。1978 年 5 月，苏联利用雇佣军入侵了具有重要战略地位的非洲国家扎伊尔。[①] 虽然因法国、比利时等国干预并参与作战，苏联雇佣军最终被击败，但是，苏联的扩张野心却引起了西方国家的关注。1978 年 6 月，苏联利用南北也门发生矛盾的机会，直接支持伊斯梅尔和南也门总理纳赛尔发动政变，亲苏势力取得了南也门政权。一年多之后，苏联又同南也门签订了《友好合作条约》，其对南也门的控制更加牢固。[②] 1978 年 11 月，苏越签订了为期 25 年的《友好合作条约》，双方军事合作愈加密切。[③] 苏联利用军事援助在越南境内建立了诸多军事基地，还在越南重要港口金兰湾修建了海空军基地并部署了远程导弹。虽然苏越合作的主要目标在于对抗中国，但是其在金兰湾建立的基地对东南亚航道安全构成了严重威胁，因而引起了美国的关注。

1979 年 12 月 27 日，苏联直接出兵阿富汗，扶植亲苏的傀儡政权，使其对抗政策达到了顶点，美国对苏联缓和政策的判断也发生了根本性变化。早在 1979 年春，美国就一再通过公开和私下途径警告苏联不要直接参与针对阿富汗的军事行动，否则美苏两国之间长期努力形成的缓和局面将受到严重影响。[④] 但是，苏联并未重视美国的警告，最终还是直接针对阿富汗发动了军事行动。除了考虑到阿富汗的战略地位极为重要外，苏联军事入侵

---

① 李凡：《日苏关系史（1917～1991）》，人民出版社，2005，第 41 页。
② 王绳祖主编《国际关系史》（第十卷），世界知识出版社，1996，第 40 页。
③ 王绳祖主编《国际关系史》（第十卷），世界知识出版社，1996，第 46 页。
④ 刘金质：《冷战史（中）》，世界知识出版社，2003，第 999 页。

阿富汗也与对美国干预力度的预判有很大关系。苏联认为，美国在阿富汗没有直接的实质利益，因此不会进行长时间的干预。

面对美国政府对苏联入侵阿富汗做出的强硬回击，勃列日涅夫严厉批评了卡特政府的对苏政策。他指出，卡特政府根本不希望与苏联发展关系并取得谅解。为了对苏联施加压力，不惜破坏前几年费了好大劲才建立起来的积极成果。他还批评了取代卡特担任美国总统的里根，呼吁美国应该采取更加务实的对苏政策。① 苏联媒体也积极配合政府，在对本国对外政策辩护的同时，猛烈抨击美国的政策，指责美国是新冷战的发起者，在对外政策中奉行黩武主义，显著增加了核战争的危险。②

在对日政策上，苏联的对抗性依然很强。1978 年夏，苏联开始在北方领土附近加强军事力量部署。这一举动引起了日本的强烈不满，认为苏联违反了日苏之间的睦邻友好精神。1979 年 12 月苏联入侵阿富汗以及 1980 年的波兰事件使得两国关系更加恶化，包括经济关系在内的双边关系迅速冷却。③ 双边关系的恶化使得苏联对日政策愈加缺乏灵活性，只能通过强化领土问题主张和使用军事力量威胁应对日本。

1979 年年底，苏联驻日大使到日本外务省宣读了苏联政府的口头声明，表示苏日关系中不存在任何领土问题，苏联有权在本国境内采取任何行动，别国对此提出要求是粗暴干涉内政。④ 与此同时，苏联快速更新太平洋舰队的装备，在日本周边海域的军事活动明显增加。1979 年 2 月，苏联利用在这一地区部署的武装力量展开大规模军事演习，日本政府对此提出了强烈抗议。⑤ 此后不久，苏联在日本附近配备了先进的逆火式轰炸机和明斯克航空母舰，这在很大程度上改变了远东地区的军事力量平衡，引起了日本的极大担忧。日本防卫局长山下利元警告称，这是非常严重的事件。⑥

---

① 刘金质：《冷战史（中）》，世界知识出版社，2003，第 1132 页。
② 刘金质：《冷战史（下）》，世界知识出版社，2003，第 1165 页。
③ 日本外务省战后外交史研究会编《日本外交 30 年（1952～1982）》，世界动向出版社，1982，第 116 页。
④ 薛巨：《苏联对日本"北方领土"的政策演变》，《苏联东欧问题》1983 年第 4 期，第 47 页。
⑤ Sung - Joo Han, ed, *Soviet Policy in Asia - Expansion or Accomodation?*, Pannun Book Company, 1980, p. 86.
⑥ 肖伟：《战后日本国家安全战略》，新华出版社，2000，第 158 页。

　　为了缓解入侵阿富汗之后承受的安全压力，苏联曾试图改善苏日安全关系，希望与日本签订作为苏日和约替代品的政治文件。1981 年 2 月，在苏共 26 大报告中，勃列日涅夫提出，希望在远东地区建立与欧洲类似的"信任机制"。① 1982 年 3 月，勃列日涅夫谈及苏日关系，指出苏联关于在远东信任措施的建议不一定需要该地区的所有国家都参加，可以先从苏日之间开始。② 不过，日本方面对此反应冷淡。日本首相铃木表示，勃列日涅夫的讲话对日本来说没有新东西。③ 1982 年 10 月起，苏联的逆火式轰炸机又开始在日本海活动。11 月 1 日，日本《产经新闻》报道说，苏联 11 架逆火式轰炸机最近在日本海进行了攻击航母的模拟演习。④

（二）　美国对日本离心倾向担心较为严重

　　这一时期，苏联对美采取对抗政策，美国对苏联的威胁认识明显上升，美国对日本离心倾向的担忧也随之强化，特别是与苏联仅对日本采取对抗政策的时期相比，美国的担心更加明显。为此，美国加大了干涉力度，鼓励日本对抗苏联。

　　1980 年 3 月 27 日，美日国防部长会谈期间，美国正式要求日本强化防空、反潜能力。一周之后，美国又明确提出日本应强化陆上自卫队力量，包括增加弹药储备，增强防空能力等。与此同时，美国驻日大使曼斯菲尔德公开发表演讲强调，日本很有必要为防御日本领土和周边海域分担更多的责任，希望日本可以承担关岛以西、菲律宾以北海域的防御。6 月 10 日，美国又要求日本修改《防卫计划大纲》，将 1000 海里的航线防空战斗续航能力提高到 2 个月以上。⑤

　　在督促日本强化军事能力的同时，美国还不断指责日本防卫支出占国民生产总值的比重过低，要求日本提高防卫开支。1980 年 11 月 4 日，美国国家安全事务助理布热津斯基表示，相比其经济实力，日本在防卫问题上

---

① 《苏共 26 大勃列日涅夫书记报告》，http: //www. ioc. u – tokyo. ac. jp/ ~ worldjpn/。
② 夏义善：《苏联外交六十五年纪事（勃列日涅夫时期）》，世界知识出版社，1987，第 823 页。
③ 夏义善：《苏联外交六十五年纪事（勃列日涅夫时期）》，世界知识出版社，1987，第 823 页。
④ 夏义善：《苏联外交六十五年纪事（勃列日涅夫时期）》，世界知识出版社，1987，第 842 页。
⑤ 高坂正尧等编著《战后日美关系年表》，PHP 研究所，1995，第 165 ~ 172 页。

所做的努力还是非常不够的，要求美国政府向日本政府交涉，至少将日本的防卫费用提高到国民生产总值的1%。1981年3月17日，美国众议院外交委员会的亚太委员会，讨论了题为《日本的防卫状况与政策》的报告。报告强调，目前局势下，仅以日本一国为对象的攻击是不可能的，有可能出现的是美苏全球战争中日本遭受攻击。因此，有必要提升日本的防卫力量，使其能够独自封锁周边海峡，同时取得周边海空控制权。① 尽管美国要求日本强化防卫能力与日本经济实力崛起关系密切，但是美苏缓和势头的终结和新冷战的回潮，使得美国对日本离心倾向的担心加重，也是不可忽视的重要因素。

（三）美日同盟压力上升

20世纪70年代末，面对苏联咄咄逼人的对抗态势，美国内部要求转变对苏软弱政策的呼声逐渐高涨。从1978年下半年起，美国开始逐渐调整政策，对苏推行对抗政策。② 1978年6月，在海军学院的演讲中，卡特指责苏联以咄咄逼人的方式争取政治优势。1979年初，伊朗巴列维王朝垮台后，美国丧失了在中东与苏联竞争的重要筹码，导致美国愈加担心苏联的对抗政策。为此，1979年3月苏联支持南也门入侵北也门后，美国破例使用了"紧急援助法案"。③

1979年12月苏联入侵阿富汗后，以美国为首的西方国家立即采取行动，强硬回击苏联，20世纪70年代以来的东西方缓和局面就此终结。为了应对苏联的扩张势头，美国总统卡特一改往日对苏的软弱形象，在国情咨文中提出了针对苏联扩张的"卡特主义"。卡特强调，任何企图控制波斯湾地区的外来势力都将被认为是对美国根本利益的侵犯，美国将采取任何必要手段，包括武装力量在内，反击这种企图。④ 美国还联合其他西方国家对苏联进行政治经济制裁，并抵制了1980年的莫斯科奥运会。此外，美国还通过国际舆论谴责苏联的入侵行动。整个20世纪80年代，苏联从阿富汗撤

---

① 高坂正尧等编著《战后日美关系年表》，PHP研究所，1995，第165~172页。
② 刘金质：《冷战史（中）》，世界知识出版社，2003，第775页。
③ 王绳祖主编《国际关系史》（第十卷），世界知识出版社，1996，第22页。
④ 《美国总统国情咨文选编》，梅孜编译，时事出版社，1994，第656页。

军问题就一直是联合国的一项重要议题，每年联合国都会针对这一问题做出决议。①

里根当选总统后，制定了所谓的"新遏制"战略，强化美苏意识形态对抗，并提出在短期内获得对苏联的军事优势，加强在全球范围与苏联的地缘战略争夺。1983 年 1 月 17 日，里根签署国家安全决议指令第 75 号文件，将美国政府的任务定位为不仅要遏制，而且还要及时阻止苏联的扩张主义，促进苏联内部变化。② 此后，里根提出"战略防御计划"，即著名的星球大战计划，试图建立一种多层次、多手段、大纵深、高拦截率的太空武器系统，作为与苏联争夺军事优势的重要手段。③ 里根政府加大军备竞赛强度，给苏联带来了沉重的战略和经济压力。

这一时期，日本与美国保持协调一致，共同应对苏联的对抗政策。1978 年春，苏联不顾国际惯例，公开了其单方面制定的《苏日和平友好条约》，希望绕过日本政府，争取日本国内反对派和国民的赞同。然而，这一举动不仅遭到日本政府的反对，而且促使日本国内更加团结，甚至亲苏的日本社会党也公开表示不满。④ 苏联的对抗政策还促使日本与中国重启缔结和约谈判，且仅用三周时间就达成了妥协，1978 年 8 月 12 日双方正式签署《中日和平友好条约》。⑤

更为重要的是，随着日苏和美苏关系同时恶化，日本开始增加军费，更多地分担美国远东地区的安全防卫负担。1978 年 11 月，美日同盟通过了《日美防卫合作指针》，密切两国在安全保障领域的合作。⑥ 日本政府还表示，要根据《日美防卫合作指针》，在双方地位协定框架内，更多承担驻日美军费用，增加自卫队与美军的共同训练，强化美日两国合作关系。⑦

---

① 《美国总统国情咨文选编》，梅孜编译，时事出版社，1994，第 1002 页。

② Jonathan Haslam, *Russia's Cold War*, Yale University Press, p. 328.

③ 郑保国：《美国霸权探析》，秀威资讯科技，2009，第 247 页。

④ Hiroshi Kimura, "Japan – Soviet Relations Framework, Developments, Prospects," *Asian Survey*, Vol. 20, No. 7, 1980, p. 716.

⑤ http://news.xinhuanet.com/ziliao/2002 – 03/26/content_ 331587. htm.

⑥ 美国驻日本大使馆：《美日安全保障关系重要文书》，http://www.ioc.u – tokyo.ac.jp/~worldjpn/documents/texts/docs/19781127. O1J.html。

⑦ 日本外务省：《日本外交 30 年——战后轨迹和展望》，外务省战后日本外交史研究会，1982，第 243 页。

苏联入侵阿富汗进一步促使日本更加重视美日同盟关系，并希望通过加强军事、政治联系的方式共同对抗苏联。1980 年 1 月 25 日，日本首相大平正芳在国会发表施政演说，强调以日美安保为基础的日美相互信赖关系是日本外交的基础，不可动摇。[①] 1982 年 5 月，日本首相铃木访美期间，特别强调日美同盟关系的重要性，明确表示日本的防卫范围为日本领土 1000 海里以内的区域，甚至在演说中首次明确使用了"同盟"一词，并称日本为美国"不沉没的航空母舰"。[②]

总体而言，20 世纪 70 年代末 80 年代初，苏联承受的美日同盟压力变化明显上升，不仅美国改变了对苏缓和政策，而且日本也密切配合，积极采取针对苏联的制裁措施，这是冷战开始以来从未出现过的局面。在这一过程中，日本对美国的安全依赖再次强化，承担的同盟义务逐步加强，这些无疑都增大了苏联在远东的安全压力。

七 结论

研究表明，苏联的政策组合能够对其弱化美日同盟压力产生影响，其中苏联的对美政策主要影响弱化美日同盟结果的性质（即成功或失败），而苏联对日政策主要影响弱化美日同盟的效果的稳定程度（即成功或失败是否容易逆转）。具体而言，当苏联采取对美国合作、对日本对抗的政策组合时，美日同盟弱化显著，成果也最为稳定；当苏联同时采取对美国和日本合作的政策组合时，美日同盟弱化效果显著，但成果不够稳定；当苏联采取对美国对抗、对日本合作的政策组合以及对美国和日本同时对抗的政策组合时，美日同盟弱化都会失败。

值得注意的是，对美对抗、对日合作政策组合不仅无法有效弱化日本的压力，反而会加剧美国对日本离心倾向的担心，进而向日本施加压力，促使日本与美国协调政策共同应对苏联。除了前文考察的案例外，苏联单方面争取日本失败的例子并不少见。例如，20 世纪 60 年代初期，U－2 侦

---

① 《第 91 次国会首相施政演说》，http：//www.ioc.u－tokyo.ac.jp/～worldjpn/。
② 细谷千博主编《日美关系通史》，东京大学出版，1995，第 261 页。

察机事件和第二次柏林危机导致美苏两国战略对抗加剧。为了缓解压力，苏联试图利用双边贸易、西伯利亚开发等领域的合作推进苏日关系，同时淡化领土问题对双边关系的影响。然而，这些争取日本的措施效果甚微。在古巴导弹危机中，日本第一时间表达了对于美国政府的支持立场，并宣布进入紧急状态。

通常认为，区别对待敌对盟国可以弱化敌对同盟，而上述发现与常识的判断恰好相反，而且这一现象在苏联应对美日同盟的实践中较为常见。究其原因，美日同盟的上述反应源于美苏控制日本能力的差异。美国担心日本离心倾向加剧，脱离美日同盟，且具备足够的资源能力成功干涉日本政策，相比而言苏联对日本的影响力则明显逊于美国。

另一个比较有趣的发现是，苏联对美日两国同时采取合作政策的效果要弱于对美合作对日对抗政策组合的效果。其原因在于，"冷战"期间，美日同盟合作的核心问题是美国担心日本的离心倾向加剧，尤其是苏联对日采取合作政策时，美国的担心会更加明显，并适时直接采取行动阻止苏日关系改善。此外，当苏日关系取得一定程度改善之后，日本往往出于平衡考虑转而主动加强美日关系，这更使得苏日缓和的局面容易产生逆转。相反，当苏联采取对美合作、对日对抗政策时，美国对于日本离心倾向的担心较小，其主动加强美日同盟的动力也较弱，苏联弱化美日同盟的效果因此较为稳定。20 世纪 70 年代中期，苏联正是坚持这种战略组合取得了较为理想的效果。

（孙学峰　王晓辉）

第三编
中国崛起的合法化战略

第六章　中国提升国际话语权的战略选择

"冷战"结束以来，随着全球化的发展，整个世界在相互依赖日益深化和全球一体化水平不断提高的同时，世界多样性和碎片化的水平也在呈现不可阻挡的强化趋势。① 受此影响，国际政治权力斗争不仅围绕军事实力、经济实力等传统硬实力资源展开，还会围绕价值观、社会制度、社会文化等软实力资源展开。② 无论是硬实力的竞争，还是软实力的竞争，在世界多样性和碎片化的过程中，有关各方越来越把角逐国际话语权和合法性摆到日益重要的地位，围绕话语权展开的竞争越来越成为当今国际政治中的一个重要现象。诸如恐怖主义的概念界定、国际人权准则和人道主义干预、气候变化和国际温室气体减排标准、汇率争端和国际金融改革方案，以及在利用核能与反扩散等问题上的争斗，几乎无不首先表现为国际话语权之争。无论是美国、欧盟、俄罗斯等处于国际政治舞台中心的庞然大国，还是朝鲜、挪威、新加坡等徘徊在边缘地带的蕞尔小国，甚至连原先不属于国际政治游戏场中的跨国公司、非政府组织、媒体，无不把谋求左右国际舆论导向的话语权作为角逐的主要目标，并积极谋求将自己的特定话语巩固为国际社会普遍接受的游戏规则。从某种程度上说，国际政治日益变成了"话语权政治"。

毫无疑问，国际话语权与一个国家的物质实力直接相关，但一个国家实力的增长却未必能够带来相应的话语权上升。比如历史上苏联在"二战"后的实力增长就没有带来国际话语权的上升，苏联的话语权不仅在资本主

---

① James N. Rosenau, "Fragmegrative Challenges to National Security," in Terry L. Heyns, ed, *Understanding U. S. Strategy*: A Reader, National Defense University Press, 1983, pp.65–82.

② Joseph S. Nye, Jr., *Bound to Lead*: *The Changing Nature of American Power*, Basic Books, 1991.

义世界没有吸引力，而且在社会主义阵营中也趋于下降。20 世纪 70 年代到 80 年代，日本经济实力的增长也没有带来国际话语权的上升，日本在国际舞台上长期保持着经济巨人、政治侏儒的尴尬形象。近年来，中国实力快速上升，2010 年已超过日本成为当今世界第二大经济体，中国在国际上受到的关注也在与日俱增，中国似乎也没有在话语权上获得实质性的提升，中国在气候变化、金融改革、国际反恐和地区安全等议题上的话语权十分有限。相反，国际舆论对中国的担忧和指责逐渐增加，比如"中国威胁论""中国傲慢论""中国新殖民主义"等论调流行于世。因此，为什么一个崛起国家实力的增长并不必然带来话语权的提升？话语权的实质和决定因素是什么？怎样才能实现一个国家国际话语权的提升？围绕这些问题，我们以中国崛起面临的话语权问题为例，通过考察中国实践面临的问题，探索提升中国话语权的战略，并对时下中国正在兴起的外交转型进行战略性评估。

一　有关中国国际话语权的争论

中国历来重视国际话语权问题。早在建国之前，毛泽东就提出："不如马克思，不是马克思主义者；等于马克思，也不是马克思主义者；只有超过马克思，才是马克思主义者"。[①] 正是基于追求话语权，中共中央通过遵义会议确立了独立自主的原则，与共产国际保持一定的话语自主权。经过延安整风，打消"山沟里能不能出马克思主义"的疑虑，确立了毛泽东思想在全党的指导地位，在话语权上与苏联分庭抗礼。新中国成立后，在 1959 年 12 月至 1960 年 2 月，毛泽东在《读苏联〈政治经济学教科书〉谈话（节选）》中更明确指出："任何国家的共产党，任何国家的思想界，都要创造新的理论，写出新的著作，产生自己的理论家"。[②] 为了捍卫中国的话语权，中国一度与苏联展开了著名的中苏大

---

① 参见王任重《实事求是的模范》，《毛泽东同志八十五诞辰纪念文选》，人民出版社，1979，第 35 页。

② 毛泽东：《读苏联〈政治经济学教科书〉谈话（节选）》，《毛泽东文集》第 8 卷，人民出版社，1999，第 109 页。

论战，围绕无产阶级专政、马克思主义、修正主义等话语展开了激烈辩论。

改革开放以来，中国共产党努力寻求话语权新的支点，经过"真理标准"问题的讨论，推翻了"两个凡是"，科学评价了毛泽东思想，确立了中国特色社会主义理论、"三个代表"重要思想、科学发展观、和谐社会与和谐世界等一整套话语体系，催生了马克思主义中国化的"话语权"。不过，与国内改革开放强调话语权的革故鼎新相比，自改革开放以来，中国吸取在"文革"期间的教训，在国际舞台上一直保持低调和守拙的姿态。尤其是自 20 世纪 90 年代以来，中国政府在邓小平"韬光养晦"战略方针指导下，奉行"不扛旗、不当头"和"求同存异""和平共处"的政策方针，在话语权问题上不争论，带有极强的理想主义色彩，极力表现出一副十分低调的外交姿态，① 努力为国内现代化建设营造客观友善的舆论环境。

然而，近年来，中国政府开始逐渐改变了对国际话语权的谨慎低调态度，日益强调提升中国国际话语权的重要性。2008 年 10 月 28 日，国务院总理温家宝在莫斯科举行的第三届中俄经济工商界高峰论坛开幕式上提出了提升新兴国家及发展中国家的知情权、话语权和规则制定权。② 2009 年 7 月，胡锦涛主席在第十一次驻外使节会议上明确提出了努力使我国在政治上更有影响力、经济上更有竞争力、形象上更有亲和力、道义上更有感召力，被视为强调国际话语权最具体的阐述。③ 2010 年 1 月 6 日，中共中央政治局常委李长春在全国宣传部长会议上强调，宣传思想文化战线要在提高国际传播能力、掌握话语权、赢得主动权上迈出新步伐。④ 除此之外，在 2010 年 1 月的全国对外宣传工作会议上，中国专门负责对外宣传工作的中央外宣办主任王晨在讲话中强调，做好 2010 年的外宣工作，要统筹国内国际两个大局，掌握话语权，赢得主导权，增强国际传播能力，努力形成与

---

① 张睿壮：《中国外交哲学的理想主义倾向》，《二十一世纪》2007 年 2 月号。
② 温家宝：《携手开创中俄经贸合作新局面》，《人民日报》2008 年 10 月 29 日。
③ 吴绮敏：《第 11 次驻外使节会议召开，胡锦涛要求提高外交能力》，《人民日报》2009 年 7 月 21 日。
④ 廖文根：《全国宣传部长会议在北京举行》，《人民日报》2010 年 1 月 5 日。

我国经济社会发展水平和国际地位相适应的对外舆论力量。① 不难看出，近年来，中国高层越来越密集地谈论话语权问题，提升中国的国际话语权已经成为中国对外战略的一个重要组成部分。

与中国政府对国际话语权的重视日益加强相比，中国对话语权问题仍然存在一些不正确的看法，在外交界、外宣界、外贸界还存在不少分歧，尤其是各部门之间的协调和磋商机制还不健全，由此引发了不少在话语权问题上的自相矛盾行为，令国际社会感到十分困惑。概括起来，中国当前对国际话语权的认识还存在以下五种片面观点。

一是将话语权当作"话语权利"，认为只要有权利讲话，就会有话语权。一些文章望文生义地认为，所谓话语权，就是指说话的权利，甚或认为"话语权"的英文对应说法是"have a voice to be heard"和"have a say"。② 此种意见在中国舆论界极为常见，并想当然地认为提升中国话语权，主要在于争取发表话语的权利，进而在道德上批判西方国家垄断话语权。此种看法显然是不准确的，对西方话语的道德批判也是不适当的，西方国家的话语权也绝非仅仅取决于垄断话语权的地位。话语权的核心是权力关系，话语权的本质不是"权利"（right），而是"权力"（power）。换言之，话语权不是指是否有说话的权利，而是指通过语言来运用和体现权力，只不过此种权力关系通过话语间的关系得以实现和展开。

二是将话语权当作"权力话语"，认为只要国家实力增强了，话语权就会随之增强。一些学者结合近代以来中国屈辱的国际政治经历，言之凿凿地坚持"落后就要挨打"，一个国家居于落后的弱小地位，是无法获得话语权的。③ 此种意见在中国民众中十分普遍，它不适当地把话语权概念偷换成了权力的话语，认为提升中国话语权的关键是提升中国国家实力，话语仅仅是权力的表达而已。以中国为例，尽管没有国际话语权的崛起也就谈不上中国是真正崛起，但以为中国实力上升就一定带来话语权上升也是错误

---

① 《全国对外宣传工作会议部署今年外宣工作》，新华社北京 2010 年 1 月 5 日电，http：//www. gov. cn/jrzg/2010 – 01/05/content_ 1503803. htm。

② 转引自张志洲《话语质量：提升国际话语权的关键》，《红旗文稿》2010 年第 14 期。

③ 张国祚：《关于话语权的几个问题》，《求是》2009 年第 9 期。

的。事实上，话语权与经济、军事实力之间并不存在必然的逻辑相关性，军事实力弱的一方也可能比实力强的一方更有话语权。比如梵蒂冈是一个意大利包围下的"国中之国"，但所有人都不会否认它比意大利在国际上更有话语权。① 因此，提升中国话语权决不能仅仅寄希望于国家实力上升，而更应该关注话语权产生的内在逻辑，尤其是将话语规则和国家实力结合起来，才能真正赢得国际话语权。

三是将话语权当作"媒体权"（power of media），认为谁只要掌握媒体权，就会掌握话语权。一大批从事新闻传播学研究的学者认为，话语权是掌握在媒体控制者的手里，掌握在媒体所隶属的特权阶层手中，谁控制媒体，谁就会在媒体上传播自己想说的话语。在这些学者看来，中国之所以国际话语权不足，最根本的原因在于没有掌控媒体权。② 要想提升中国话语权，需要开通向世界传播的媒体渠道，比如开播中国网络电视台、构建华文媒体联盟、创办外文媒体、推动 CCTV 和 CNC 的卫星信号在世界各地落地等。诚然，中国国际话语权不只有媒体技术因素的弱势影响，比如对外传播力度不够，语言障碍，在国际议题的设置上缺乏主动性等，但根本上并不取决于媒体。一个颇具说服力的例子是，尽管美国掌握着全世界最庞大的媒体机器，在 2001 年以来对中东－波斯湾地区明显加大了媒体传播的投入，但 2001 年以来中东地区的反美情绪却迅速上升，美国在该地区的话语权受到重大损伤。③

四是将话语权当作"软实力"，认为话语权取决于道德水准和文化实力，只要复兴一国的文化和道德水平，就会增强话语权。自从哈佛大学约瑟夫·奈教授提出"软实力"的概念以来，人们从关心领土、军备、武力、科技进步、经济发展、地域扩张、军事打击等有形的"硬实力"，

---

① Guido Knopp, *Vatikan: Die Macht der Paepste* (*Vatican: The Power of the Papacy*), Munich: C. Bertelsmann Publishers, 1997.

② 王庚年：《建设国际一流媒体，积极争取国际话语权》，《中国记者》2009 年第 8 期；刘笑盈：《再论一流媒体与中国的话语权时代》，《现代传播》2010 年第 2 期；梁凯音：《论国际话语权与中国拓展国际话语权的思路》，《当代世界与社会主义》2009 年第 3 期。

③ Pew Global Attitudes Project Report, *America's Image Slips, but Allies Share U. S. Concerns over Iran, Hamas: No Global Warming Alarm in the U. S. , China*, Washington D. C. : Pew Research Center, June 13, 2006.

转向关注文化、价值观、影响力、道德准则、文化感召力等无形的"软实力"。① 一些学者便想当然地将话语权与一个国家的软实力建设挂钩，认为一个国家的道德水平高了，自然就有国际话语权，文化强大了也会带来话语权的提升。② 毋庸讳言，一个国家的文化和道德水平是获得国际话语权的重要条件，但仅靠提高文化和道德水平不必然导致话语权增强，须知文化和历史的魅力是不会自动转化成国际话语权的。一个国家的文化软实力要想转化为话语权还需具备战略支点，要通过外交、外贸、外宣、国际民间交流等众多渠道，将各方面的跨文化、跨国界交流整合起来，统筹协调各方面的资源，才能将文化软实力优势转化为话语权优势。

五是将话语权当作"外交能力"，认为话语权取决于政治操作和理念贡献，只要提升外交能力，就会增强话语权。中国的一些国际关系和外交事务研究人士将话语权看作一个国家外交能力的重要指标，将话语权问题放在中国崛起的背景下观察，将话语权战略作为国家大战略不可缺少的组成部分。在此种观点看来，中国话语权问题的核心是政治实力问题，在崛起过程中，中国要准备承担更多的国际责任，采取更透明的对外政策，更注重与周边国家及欧洲国家的关系，注重提升国家的战略信誉，在战略信誉与经济利益发生冲突时，采取经济利益服从于战略信誉的原则。③ 中国只有两个选择：中国可以变成西方"王制"的一部分，但这意味着必须改变政治制度，成为民主国家。另一个选择是中国建立自己的系统，这是中国对外战略的方向。④ 还有学者明确提出，要敢于向西方"普世价值"叫板，大胆确立自己的一整套话语。⑤ 还有学者进一步认为，国际话语权体现的是一

① Joseph Nye, *The Powers to Lead*, NY Oxford University Press, 2008; Joseph S. Nye, Jr., *Soft Power*: *The Means to Success in World Politics*, *Colorado* (Perseus Books Group, 2004).

② 高占祥:《文化力》，北京大学出版社，2007；唐代兴:《文化软实力战略研究》，人民出版社，2008；吴建民:《文化是软实力核心　文化外交要润物细无声》，《人民日报》2007 年 8 月 17 日。

③ 阎学通:《软实力的核心是政治实力》，《环球时报》2007 年 5 月 22 日。

④ 阎学通、徐进等著《王霸天下思想及其启迪》，世界知识出版社，2009。

⑤ 潘维:《敢与西方展开政治观念斗争》，《环球时报》2008 年 1 月 28 日。

国的政治操作能力和理念贡献能力，政治操作能力主要体现为议题设定和规则制定能力，以及国际动员能力；理念贡献能力主要体现为提出并推广新思想和新观念的能力。要提升中国的国际话语权，就必须大力提高中国的政治操作能力和理念贡献能力。① 此种看法部分地抓住了话语权的关键，亦即话语权是一个政治问题，是不同话语体系之间的博弈，政治目标越清晰，体系越完备，信誉越强，国际话语权会越高。然而，话语权问题涵盖的范围比政治和外交事务的范围大得多，仅仅靠政治操作和理念贡献，短期可能会带来话语权的提升，长期则不能巩固话语权。中国不仅要在政治上敢于确立话语权，还需要在经济上、社会上和文化上配套进行，为话语权夯实物质基础和社会基础。

从对话语权的几种片面认识中不难看出，国际话语权问题不是某一个领域和某一两个层面的问题。只有在理论上澄清对话语权的片面认识，明确话语权的内涵和本质，遵循话语权的一般规律，制定正确的话语权战略并付诸实施，才能从根本上实现一个国家话语权的提升。

二　话语权及其实质

话语权政治在国际政治研究中是一个晚近的话题。话语研究是 20 世纪 80 年代以来国际政治学语言学转向的一个重要组成部分，主要源自于后殖民主义和后现代主义理论。② 后殖民主义理论强调话语体现了一种权力结构，从显性统治手段来分析话语权力，认为经济和政治利益的冲突往往通过文化和意识形态的冲突表现出来。③ 后现代主义认识到观念、知识和意识形态等话语不但意味着一种言说方式，而且意味着对言说者地位和权力的隐蔽性认同，话语的真理和权利的栖息之所以不在于谈论什么，而在于

①　徐进：《政治操作、理念贡献能力与国际话语权》，《绿叶》2009 年第 5 期。

②　大体上讲，国际关系作为一门学科先后经历了三次主要的学术转向。一是以（逻辑）实证主义哲学作为主要基础的科学转向，二是以批评哲学和社会理论作为基础的社会学转向，还有便是近年来出现的以语言学作为基础的语言学转向。

③　安东尼奥·葛兰西著《狱中札记》，社会科学文献出版社，1976；Frantz Fanon, *The Wretched of the Earth*（Grove Press, 1963）；Frantz Fanon, *A Dying Colonialism*, Monthly Review Press, 1965。

谁谈论它和它是怎样被谈论的。① 显然，关于国际政治话语权的争论重点不在于关注千差万别的话语，而是关注不同话语背后的权力关系，几乎所有国家和非国家行为体，尤其是处于崛起中的大国，都希望自己的话语能够获得认可，进而在国际权力关系网络中赢得有利的权力地位。

要理解话语权的概念，首先必须理解话语。话语（Discourse）一词源自语料库语言学，后来被广泛运用到社会学、女性主义研究、人类学、民族学、文化研究、文学理论和科学哲学研究等众多学科。在人文社会科学领域，话语通常指一种能够通过语言阐释事实的形式思维，一种关于界定特定主题边界的思维，以及如朱迪斯·布特勒（Judith Butler）所解释的那样，是可接受的讲话限制，或者可能的真理。② 话语被视为影响我们在几乎所有事情上的看法，规避话语是不可能的。例如，对于一些游击队运动，人们要么将其称之为"自由战士"，要么将其称之为"恐怖分子"，而选择哪一种话语直接决定于态度和立场。因此，选择了话语就意味着选择了沟通的方式，选择了对某种现实的界定，对于人们的态度和行为具有直接的影响。在哲学和社会科学领域，人们话语和权力的关注来自于法国的哲学家米歇尔·福柯（Michel Foucault）和一系列后现代主义思想家。现代主义思想家往往对话语采取一种功能主义立场，将话语看作是谈话的方式，存在着一种最能揭示事物真相的话语，它们脱离了权力、意识形态的控制，但也塑造了权利、平等、自由、正义等所谓"天然的话语"，但这些话语显然忽视了实质的不平等，也不能揭示各种话语差异。③ 后来，结构主义理论家费尔南德·索绪尔（Ferdinand de Saussure）和雅克·拉康（Jacques Lacan）等认为，所有的人类行动和社会构成都与语言相关，并可以被理解为相关语

---

① Michel Foucault, *The Archaeology of Knowledge*, trans. A. M. Sheridan Smith, Pantheon Books, 1972; Michel Foucault, *Power/Knowledge: Selected Interviews and Other Writings 1972 – 1977* (New York: Harvester Wheatsheaf, 1980; Hall, 1997); N. Phillips & C. Hardy, *Discourse Analysis: Investigating Processes of Social Construction* (Thousand Oaks, Sage Inc, 2002).

② Judith Butler.

③ J. Larrain, *Ideology and Cultural Identity: Modernity and the Third World Presence* (Cambridge: New York: Polity Press, 1994); S. Best & D. Kellner, *The Postmodern Turn* (The Guilford Press, 1997); S. Strega, *The View from the Poststructural Margins* Epistemology and Methodology Reconsidered, in L. Brown & S. Strega, eds, *Research as Resistance Toronto: Canadian Scholars' Press*, R, 2005.

言要素的体系，这意味着系统的每一个个体要素只有当被与作为整体的结构联系在一起时才具有特定的意义，体系的结构被理解为自我约束、自我管制与自我转型的实体。① 换言之，是结构自身决定着系统要素的重要性、含义和功能。在结构主义语言学看来，话语和社会系统决定着社会行为。结构主义语言学将语言和社会结构联系在一起，启发了后现代主义对话语权的研究。

话语权是后现代主义思想家推崇的概念。后现代主义理论家反对现代主义关于某一理论路径能够解释社会所有方面的论断，更关注个人和群体经验的多样性，强调共同经验的差异性而不是相似性，反对所谓普遍的社会规律观念，用回答真相是如何被生产和维持的取代现代主义关于探测真相是什么的问题。后现代主义者认为，真理和知识是由话语所生产的，是多元的、情境的和历史的，要想把握真理和知识，必须分析诸如文本、语言、政策和实践等话语。福柯在《知识考古学》中集中阐述了话语权思想。在福柯看来，话语是一种思想系统，包括一系列构建某一主题的观念、态度、行动过程、信仰、实践以及它们所谈论的世界。福柯将话语放在更广泛的社会合法性过程中认识，强调当下真理的构建，它们怎样得到维持，亦即它们反映的权力关系等。② 后来，福柯在《规训与惩罚》一书中进一步将话语界定为权力关系用以生产谈论话题的中介，认为权力和知识是相互联系的，所有人类关系是权力的角逐与妥协，权力无所不在且通常会生产和限制真理，话语与权力之间具有相互构成性的关系，话语往往由说什么、怎么说、谁在说的对象所控制，知识既是权力的创造者也为权力所创造。在权力关系的作用下，话语影响并创造着知识客体，它规定着什么是真理。③ 因此，在现实的社会里，符号的含义并非无休止地繁衍，而是在权力关系的作用下受到控制和操纵。权力规定着在一定的社会及文化环境下什

① D. Howarth, *Discourse*, Open University Press, 2000, p. 17；费尔迪南·索绪尔：《普通语言学》，高名凯译，芩麒祥、叶蜚声校，商务印书馆，1996；拉康：《拉康选集》，褚孝泉译，生活·读书·新知三联书店，2001。

② Michel Foucault, *The Archaeology of Knowledge*, trans. A. M. Sheridan Smith, Pantheon Books, 1972.

③ Michel Foucault, *Discipline and Punish*: The Birth of the Prison. trans. Alan Sheridan, Vintage, 1977, pp. 3 – 8.

么可以说，什么不可以说；规定着谁可以说，什么时候说以及在什么地方说。

福柯的话语权思想启发了一大批思想家对话语权的兴趣，丰富了对话语权的认识。在这些思想家看来，话语权是一种通过话语表达的权力关系，此种权力关系下的话语帮助建构和维持一定的社会秩序，而这种社会秩序通常被认为是最符合权力支配者利益的秩序。福柯在分析话语权时，区分了三个层面：主要的或现实的关系体系；次要的或反思的关系体系（存在于意识之中）；可称为对话性关系的体系，[①] 从而揭示了话语权的三个要素。

一是话语权的载体是话语事实。尽管在日常生活中每个人都在生产话语，但只有附着在物质权力单位和特定文化权力场所的话语才具有话语权。一定的话语总是依附于一定的事实载体。与福柯类似，法国思想家皮埃尔·布迪厄提出了"符号权力"的概念，认为话语的权力特征不能单从语言本身去理解，应该把它"放在行使权力者和那些接受权力者的特定关系"中加以理解。[②] 显然，只有那些能够维持或颠覆社会秩序的力量，才能获得话语权。而谁控制了话语，也就意味着谁控制了话语事实。

二是话语权的核心是话语规则。语言有自己的规则，符号只不过是话语的手段，目的是创造秩序。福柯在《临床医学的诞生》一书中特别指出，话语虽然具有语言形式的秩序结构，但它的逻辑并不遵从语言的语言学规则或能指的隐喻性和转喻性联想逻辑，以非语言的方式分析陈述、处理陈述发挥功能的方式，均是可能的。因此，福柯更重视联系话语结构和权力结构的网络，这一网络则是一种历史的先验性。[③] 福柯的这一认识与具有社会批评思想的法兰克福学派关于话语伦理的思想是一致的。亦即在缺乏分享价值或规范的情况下，参与沟通和对话的行为体仍然可以达成共识，条件是参与沟通和对话的各方应该彼此相互承认，所有的需求均通过语言形式加以表述和诠释；各方必须有平等接近话语的权利和机会；参与沟通和

① 菲利普·萨拉森：《福柯》，李红艳译，中国人民大学出版社，2010，第133页。

② Pierre Bourdieu, *Language and Symbolic Power*, John Thompson ed, trans：Gino Raymond, Matthew Adamson trans, Harvard University Press, 1991.

③ Michel Foucault, *The Birth of the Clinic*：An Archaeology of Medical Perception, trans. AM Sheridan Smith, Presses Universitaires de France, 1963.

对话的行为体必须具备能够改变自己的立场，能够从发言者的角色转变为倾听者或观察者的角色，能够倾听和接受不同的观点甚至对立者的观点等素质。① 所有这些规则都是话语规则，要获得话语权，核心是确立类似的话语规则，至于这一规则是否完全基于语言学的规则，则是不重要的。

三是话语权的支点是话语实践。在话语事实和话语规则之间，仍需一个中介环节，将两者统一起来，那就是话语实践。在语言哲学家路德维希·维特根斯坦和约翰·奥斯汀那里，话语被看作是语言实践的产物，一定的社会习俗和具体的语言实践使得话语的含义在一定的范围内获得相对的稳定性。长期以来，说话和实践被认为是两回事，认为实践是通过"做"去实现的，而不是通过"说话"可以完成的。奥斯汀对这种认识提出质疑，认为说话本身就是一种社会实践，只有在话语实践中反复强化和巩固话语规则与话语事实的联系，才能真正形成话语权。② 话语权的形成不能脱离话语实践，话语实践让话语权成为现实可能。

总之，话语权是一种基于话语事实基础上的特定话语规则和话语逻辑，它依靠话语实践实现话语规则与话语事实的联结，进而形成特定的权力关系。从国际政治来看，一国的话语首先取决于该国面临的特定话语事实，是否明确在国际权力关系中的位置。位置不清晰，话语事实的根基也就不牢固，自然无法获得国际话语权。同时，一国的话语权还受制于话语规则和话语实践。如果一国不能有效地确立体现本国权力关系地位的话语规则，不能在实践中反复强化话语体系与话语事实的关系，也会对该国的话语权形成损伤。只有将话语事实与话语规则在话语实践中有机统一起来，才能赢得更大的国际话语权。

三　制约中国国际话语权的结构性矛盾

在历史上，中国曾经是一个具有很强国际话语权的国家。五千年的文

---

① Jügen Habermas, *The Theory of Communicative Action*, Beacon Press, 1987.
② Ludwig Wittgenstein, *Philosophical Investigation*, 2nd edition, trans. G. E. M. Anscombetrans, Black-well Publishers Ltd, 1997, J. O. Urmson, ed, How to do Things with Words: *The William James Lectures Delivered at Harvard University in 1955*, Clarendon, 1962.

明历史沉淀了丰富的文化资源，中国的历史和文化具有无可辩驳的话语权，对中国周边乃至整个世界都产生了深远的影响。新中国成立之后，以毛泽东思想及一系列内政外交战略思想为依托，中国革命的国际话语权也一直受到国际社会的高度重视。中国遭遇国际话语权削弱的挑战是改革开放以来的事情。随着中国选择加入西方价值观主导的国际社会，受"冷战"结束和全球化发展的冲击，中国在话语权问题上陷入了众多结构性矛盾之中，加上中国长期奉行韬光养晦的战略方针，在一系列战略问题上多做少说或者只做不说，极大地限制了中国的国际话语权。

（一）资本主义 vs. 社会主义

改革开放以来，中国的国际话语权严重受制于世界范围内资本主义阵营与社会主义阵营的力量消长。第二次世界大战后，在新科技革命和经济全球化的强力推动下，资本主义出现了许多新变化。一方面，生产力得到迅速发展，从 20 世纪 50 年代中期到 70 年代中期，发达资本主义国家出现了一个"黄金时期"，GDP 年平均增长 5.5%。到 20 世纪 90 年代末，全世界国民生产总值约 30 万亿美元，其中西方发达国家占 75%，仅美国一国就占 26% 以上。① 西方发达国家相继进入"富裕社会"，以计算机技术、信息工程、生物工程、航天技术和新材料、新能源为标志的第三次技术革命日新月异，经济形态也从农业经济、工业经济向知识经济方向转型。另一方面，经济危机引发的破坏性也没有战前那么严重，生产关系和上层建筑做了某些自我调节，政府干预、福利体制和收入再分配调整，以及股权分散化和雇员持股改革，使资本主义内部的矛盾有所缓解。回顾"二战"后的世界历史，资本主义世界成功地实现了复苏，并先后克服了经济停滞、通货膨胀和周期性危机，巩固了自身对社会主义国家和发展中国家的优势地位。

与此形成鲜明对比的是，社会主义在"二战"后经过一段时间蓬勃发展之后，受苏联模式僵化体制的影响，多数社会主义国家遭遇了挫折。特别是苏联在体制机制上存在若干重大缺陷，强调单一公有制，排斥市场经济，片面强调重工业造成国民经济严重比例失调，政治上实行高度集权和

---

① 参见陈宝森《美国经济的走向及其对中国的影响》，《求是》2001 年第 5 期，第58~64页。

专制，缺乏政治民主化，自己不思改革，也不允许别人改革，结果一而再，再而三地错过大好机遇，使矛盾越来越尖锐。同时，对内故步自封，对外实行扩张主义政策，与美国争夺霸权，进行军备竞赛，使生机勃勃的社会主义制度严重扭曲变形，最终陷入停滞和僵化。① 东欧国家长期照搬苏联模式，自然摆脱不了与苏联相似的命运。随着 20 世纪 80 年代末东欧剧变，苏联解体，原来的超级大国一度沦为超级乞丐，乞求西方援助，经济、政治、文化受制于人；强权政治和解体剧变引发的地区冲突、民族冲突接连不断，变成局部战争的火药桶；党派斗争、黑社会势力恶性膨胀，贪污、腐败、吸毒、抢劫、凶杀，使得这个地区陷于严重的社会震荡；社会生产持续滑坡，两极分化迅速拉大，失业率高达两位数，通货膨胀恶性发展。尽管自普京执政以来，俄罗斯国力有所恢复，但社会主义在俄罗斯已经落寞。自 20 世纪 90 年代开始，西方资产阶级不断宣称"科学社会主义过时了""社会主义、马克思主义就要从世界上灭亡了""历史已经终结于资本主义体系和自由民主政体""资本主义之后没有社会主义"，诸如此类的论调甚嚣尘上。②

在世界社会主义曲折发展的国际环境下，中国坚持走中国特色社会主义道路。社会主义阵营的"失败"一度令中国在意识形态上受到空前的压力，尤其是来自美国话语权的压力。自 20 世纪 90 年代以来，西方话语攻势一浪超过一浪，从"大失败"到"中国崩溃"，从"中国威胁论"到"中国责任论""中国新殖民主义论"，一直到当前的"中国傲慢论"，中国特色社会主义的话语权始终受到强大的压力。③ 因此，中国国际话语权要想得到实质性的改善，跨越不了资本主义与社会主义的力量消长，回避不了对中国特色社会主义道路的精准阐释，更离不开对美国特色资本主义及其话语

---

① 参见李宗禹主编《国外学者论斯大林模式》，中央编译出版社，1995；李宗禹等：《斯大林模式研究》，中央编译出版社，1999；沈崇武：《斯大林模式的现代省思》，云南人民出版社，2004；陆南泉：《苏联经济体制改革史论》，人民出版社，2007；阿贝尔·阿甘别吉扬：《苏联改革内幕》，常玉田等译，中国对外经济贸易出版社，1990。

② 弗兰西斯·福山：《历史的终结及最后之人》，黄胜强、许铭原译，中国社会科学出版社，2003；兹比格纽·布热津斯基：《大失败——二十世纪共产主义的兴亡》，军事科学院外国军事研究部译，军事科学出版社，1989。

③ 张西立：《国外有关中国发展现状的舆论动向》，《学习时报》2010 年 10 月 5 日，第 2 版。

体系的剖析和批判。中国在话语体系上不仅要科学回答中国特色社会主义的优越性，更要直面自身的缺失和潜力，还要准确解释与资本主义及其全球化的关系，将理论冲击力和实践说服力有机结合起来，逐步确立起中国话语权的物质基础和理论基础。

（二）发达国家 vs. 发展中国家

20 世纪 80 年代以来，中国话语权面临的结构性矛盾还来自于发达国家与发展中国家力量消长的变化。"二战"后以来，战后亚非拉民族解放运动蓬勃发展，殖民体系土崩瓦解，上百个原殖民地和半殖民地国家获得独立，30 多亿人口挣脱了殖民主义枷锁。帝国主义"任意摆布人类命运、任意宰割亚非国家的时代，已经一去不复返了"。[①] 新兴的亚非拉民族独立国家逐步成为一股联合的独立政治力量登上世界舞台。从 1955 年万隆会议到 1961 年不结盟运动的诞生和"77 国集团"的成立，标志着第三世界的形成。特别是 20 世纪 70 年代，广大发展中国家拿起石油武器，在联合国内发起了改造国际政治经济秩序的斗争，推动了世界多极化的进程。

新中国成立以来，紧紧依靠广大发展中国家，坚定不移地支持发展中国家的政治独立和合法权益，明确提出"三个世界"的思想，[②] 高举反对霸权主义和强权政治的旗帜，加强与第三世界的团结合作，始终是中国外交坚定不移的基本原则。邓小平指出："中国永远属于第三世界。中国现在属于第三世界，将来发展富强起来，仍然属于第三世界。中国和所有第三世界国家的命运是共同的。中国永远不会称霸，永远不会欺负别人，永远站在第三世界一边。"[③] 在整个世界划分为发达国家和发展中国家的背景下，广大发展中国家的联合自强和中国外交的鲜明立场，使得中国在广大发展中国家乃至世界上获得了很大的话语权。

然而，自墨西哥坎昆会议之后，南北对话陷入僵局，南南合作发展迟

---

① 毛泽东：《在苏联最高苏维埃庆祝十月革命四十周年会议上的讲话》，《毛泽东文集》第七卷，人民出版社，1999，第 317 页。

② 谢益显：《中国外交史》（1949～1979），河南人民出版社，1988，第 443 页。

③ 《邓小平文选》第三卷，人民出版社，1993，第 56 页。

缓，大大损伤了发展中国家的话语权。20 世纪 80 年代被称为第三世界"失去的 10 年"，严重的债务危机，粮食饥荒，通货膨胀恶化，大量的失业和贫困。① 尤其是冷战结束后，第三世界发生了分化，原先强调团结合作、共同致力于改变国际政治经济旧秩序的第三世界趋于分化，有的成为新兴大国，有的成了"失败国家"，有的"被民主化"后仍在转型道路上颠簸。广大第三世界国家中原本被"冷战"高压结构抑制下的历史恩怨、民族矛盾、教派冲突、地区摩擦、跨国犯罪、毒品自由、大规模杀伤性武器扩散、恐怖主义等得以释放，陷入了动荡不已的"混乱区"，与发达国家之间的所谓"和平区"形成鲜明对比。② 同时，西方发达国家推行新霸权主义战略，大肆推销西方的社会制度和价值观念，鼓吹"人权高于主权""主权过时论""主权观陈腐论"，大搞提供发展援助与政治制度挂钩。20 世纪 90 年代西方同一百多个发展中国家签订的经贸合作协议中，普遍附加"人权条款"、"民主条款"，强调"尊重人权"和"实行西方民主政治"是合作的基础。第三世界作为一个整体的凝聚力和号召力大大下降，有的国家成为"失败国家"，有的国家成为"无赖国家"，有的国家正在经受着"冷战"后的混乱。在此种情况下，即便中国一直宣布中国和第三世界是"同一战壕里的战友"，中国要"永远站在第三世界一边"，互相支持，患难与共，并积极推动改革国际政治经济旧秩序，也无法有效动员起发展中国家的集体行动，影响了中国话语权的提升。

进入 21 世纪以来，中国综合国力持续发展，逐渐成长为一个备受世界关注的新兴经济大国。中国国际地位和影响力的急剧上升，在很多领域呈现出与发展中国家不同的外在特征，将中国定位为发展中国家已经难以获得国际社会的普遍认同，许多发展中国家也开始不再以发展中国家来看待中国。然而，尽管中国的经济总量初具大国形态，但中国超大社会的国情制约了 GDP 总量增长的意义，中国在社会发展水平上仍将长期具有发展中国家的基本特征，中国人均发展水平与发达国家相比依然还有很大的差距。

---

① 参阅卫建林《全球化与第三世界》，清华大学出版社，2009。中国现代国际关系研究所第三世界研究中心编《当代第三世界透视》，时事出版社，2001。

② Max Singer and Aaron Wildavsky, *The Real World Order. Zones of Peace/Zones of Turmoil*, Chatham House, 1993.

中国在外表上越来越具有大国特征和在实质上长期处于发展中国家水平的反差使得中国在向世界表达自我的时候遭遇了话语断裂的危机。在全球问题上，中国缺乏做发达国家的勇气，在很多问题上思量再三，举棋不定，也缺乏作为发展中国家的号召力，越来越多的发展中国家不把中国看作发展中国家。在地区问题上，中国不敢与周边国家建立战略关系，尽可能地在战略意图上遮遮掩掩，犹豫不决。在维护合理铁矿石原材料价格、突破国际贸易保护主义重围、反击各种形式的"中国威胁论"等功能性领域更是众说纷纭，意见不一。① 中国在世界上的战略模糊态度，不仅令世界对中国未来的走向报以猜忌和怀疑的目光，而且也令中国自身陷入自相矛盾的尴尬，大大削弱了中国在世界上的话语影响力和战略号召力。要想从根本上提升中国的国际话语权，必须妥善处理好中国同时作为发达国家和发展中国家双重身份的矛盾，努力精准定位，推进话语创新，牢牢锁定新兴经济大国的话语主导权。

（三）"普世价值" vs. 中国模式

按照英国当代哲学家迈克尔·奥克肖特的分类，西方所谓的"普世价值"观从根本上不过是个人主义的价值观，与中国的集体主义的价值观形成鲜明对比。② 西方"普世价值"和中国特殊模式之间的结构性矛盾，是制约中国话语权提升的一个无法回避的问题。

在全球化飞速发展的时代背景下，世界的主流话语是西方意识形态主导下的价值观。尤其是西方话语体系在全球化的推动下如水银泻地，依靠自己的发展阶段优势、技术和资金优势、自然科学和人文社会科学研究优势，以及公民社会优势，谋求掌控全球化时代的国际话语权。西方所孜孜以求的是将原本属于西方特殊模式的自由、民主、平等、人权等价值观念塑造成"普世价值"，通过各种途径推广到全世界。20 世纪 90 年代以来，面对全球化过程中以西方话语主导的意识形态和价值观，中国国际话语权

---

① 赵可金：《中国崛起与对外战略调整》，《社会科学》2010 年第 9 期，第 1～5 页。
② 迈克尔·奥克肖特：《哈佛演讲录：近代欧洲的道德与政治》，顾玫译，上海文艺出版社，2003。

承受着双重压力，迟迟没有找到与之相抗衡的话语体系。

从中国来说，长期家国一体的历史传统与集体主义的价值观念融合共生，在个体、集体和国家的关系问题上沉淀为集体主义至上的价值观念，在三者之间出现矛盾的时候，坚持国家至上和集体至上，要求个体利益和价值服从整体利益和价值，这一价值原则短期内是难以从根本上改变的。中国可以接受自由、民主、人权和法治的范畴，但绝对不会接受将其作为"普世价值"和"抽象权利"，尤其是难以接受西方赋予这些范畴的个体主义至上的内容。中国会坚持对这些范畴放在特定的历史、社会和文化条件下赋予其具体的内容，比如人权被赋予具体的人权和特定的人权内容，不会接受适用于一切人的抽象人权。① 然而，中国对于西方所谓"普世价值"的具体化理解是西方社会难以接受的。大多数西方国家恪守"普世价值"的个体主义至上信念，坚持无论西方国家还是东方国家，应该共享对"普世价值"的普遍化理解，不能接受对"普世价值"的具体化解释，将集体主义至上的价值观贬斥为"暴政""专制"和"独裁"，甚至从"宗教救赎"的"传教士情结"出发不惜代价地发难，主动围绕一些价值观议题展开批评和指责，给中国话语权造成矛盾和麻烦。②

必须承认，两种价值观念在中西社会领域中是根深蒂固的，在社会舆论中颇有市场，估计短期内不仅难以改变，而且很可能随着中西社会交往的深入而日益凸现出来。在经济领域，将会以知识产权、劳工标准、环保标准、健康标准等议题凸显出来；在政治领域，将会与选举问题、腐败问题、民族问题和人权问题交织在一起；在社会文化领域，将会以贫困问题、医疗问题、女权问题、住房问题、宗教问题、教育问题等纠结在一起。中西交往在所有这些问题上将龃龉不断，考验着外交界的智慧和能力。特别是中国外交界应加强政治操作，在这些议题上增强议题塑造能力和话语权，大大方方地表达自己的看法，摆脱被动防守的攻防态势，按照中国发展的节奏和步伐实现自己的利益，表达自己的声音。

---

① 参阅国务院新闻办《2009 年中国人权事业的进展》（白皮书），2009 年 9 月 26 日。

② George Schwab, *Ideology and Foreign Policy*, Cyrco Press, 1978；迈克尔·亨特：《意识形态与美国外交政策》，世界知识出版社，1999。

四　提升中国国际话语权的战略选择

提升话语权的核心是确立话语规则和逻辑。在中国崛起的背景下，结构性矛盾是制约中国话语权的基本事实，任何单方面的努力，都不可能改变这种结构性矛盾。中国只有确立起整体性的国际话语权战略，在话语体系上做出清晰的定位选择，分层次、分领域、分议题地构建一整套话语体系和独特的话语规则，才能有效提升国际话语权。①

（一）话语定位

提升中国的话语权必须牢固依托话语事实，特定的话语事实决定了一国话语权地位和可能的空间。在当今全球化时代，西方发达国家凭借物质实力、制度机制和意识形态的优势，几乎垄断了政治、经济、军事、科技、社会、文化和对外关系等各个领域中的话语权。长期以来，在西方主导的国际话语体系下，中国话语体系长期存在"被定位"的问题，形形色色误读中国的言论流行于世，整个世界对中国缺乏清晰而准确的定位。② 因此，要提升中国的国际话语权，首要的是立足于整个国际政治格局和国际话语结构，对中国话语体系进行精准定位，定位越准确，中国话语根基越牢固，话语权空间就越广阔。

事实上，中国并非没有对自身进行话语定位，中国的问题是定位不清晰，不准确。中国的改革开放并非是一个非此即彼的定位标识，在上述三重结构性矛盾中的定位体系中，始终承受着来自两面的压力。在"摸着石头过河"的策略方针指导下，"中国特色"的话语标识在变革的中国社会中显得缺乏相对稳定性，也引发了国内外对"中国特色"理解的混乱。关于中国在世界上的角色定位，邓小平、江泽民和胡锦涛等领导人先后多次进行了阐述，归结起来，主要包括三重角色定位。

---

① 张志洲：《话语质量：提升国际话语权的关键》，《红旗文稿》2010 年第 14 期，第 22～24 页。

② 参阅杨锐《谁在误读中国》，科学出版社，2010。

一是"稳住阵脚"。在 1989 年 9 月 4 日，邓小平与中央几位负责人谈话时指出："对于国际形势，概括起来就是三句话：第一句话，冷静观察；第二句话，稳住阵脚；第三句话，沉着应付。不要急，也急不得。要冷静、冷静、再冷静，埋头实干，做好一件事，我们自己的事。"① 邓小平特别强调了当形势发生对我不利的变化，当错误的思想像潮水一般袭来的时候，能够坚决顶住，毫不动摇，不急不乱，不左右摇摆，也不随波逐流。不管怎么说，中国始终是左右世界政治经济全局的一支重要力量，"稳定者"的形象特别是中国自身稳定对于整个世界具有更大意义。邓小平认为，中国压倒一切的是需要稳定，中国不稳定就是个国际问题，后果难以想象。"首先受影响的是现在世界上最有希望的亚太地区。这就会是世界性的灾难。所以中国不能把自己搞乱，这当然是对中国自己负责，同时也是对全世界全人类负责。"② 随着中国国力的稳步提升，中国在世界上的分量越来越重，"稳住阵脚"，做一个国际社会中的"稳定者"具有越来越重要的意义。

二是"决不当头"。针对苏联解体后一些发展中国家希望中国出来当头的问题，邓小平告诫全党："我们千万不要当头，这是一个根本国策。这个头我们当不起，自己力量也不够，当了绝无好处，许多主动都失掉了。"③"头头可不能当，头头一当就坏了。搞霸权主义的名誉很坏，当第三世界的头头名誉也不好。这不是客气话，这是一种真实的政治考虑。"④ 中国不寻求取代苏联原来在国际共产主义运动中的那种"中心"地位，不去扛大旗充当第三世界和国际共运的旗手。邓小平"不当头"的思想迄今为止仍然对中国的角色定位具有深刻影响。直到今天，尽管中国成为世界第二大经济体，中国依然坚持认为自己将长期保持发展中国家的基本特征，比如人均国民生产总值还很低，生活水平、科学技术与西方发达国家还有相当差距。⑤ 在较长一段时期内，中国仍将坚持埋头苦干，发展自己，既不为外部挑动刺激而锋芒毕露，也不为赞扬或捧场而飘飘然。

① 邓小平：《邓小平文选》第三卷，人民出版社，1993，第 321 页。
② 邓小平：《邓小平文选》第三卷，人民出版社，1993，第 361 页；
③ 邓小平：《邓小平文选》第三卷，人民出版社，1993，第 363 页。
④ 邓小平：《邓小平文选》第二卷，人民出版社，1993，第 416 页。
⑤ 温家宝：《认识一个真实的中国》，《人民日报》2010 年 9 月 23 日，第 2 版。

三是"劝谈促和"。中国是一个大国，而且是联合国安理会一个常任理事国，在国际上有广泛影响和举足轻重的作用。关于中国在国际事务中的表现，邓小平阐述了"主持公道""伸张正义"的思想。中国坚持主张不称霸，推行独立自主的和平外交政策，在世界上树立一个好的榜样，积极推动国际政治经济新秩序的建立，特别是推动世界格局多极化。邓小平指出："世界格局将来是三极也好，四极也好，五极也好，……所谓多极，中国算一极。中国不要贬低自己，怎么样也算一极。"① 中国主张在国际事务中伸张正义，主持公道，坚决反对霸权主义和强权政治，表现出极强的"道义外交"倾向。② 后来，江泽民提出了"和而不同"，胡锦涛提出了"和谐世界"，都在不同程度上发展了邓小平关于中国要在世界上作为"和谐者"的定位。近年来，在朝鲜半岛六方会谈、上海合作组织、伊拉克问题以及其他许多国际事务上，中国一直致力于劝谈促和，中国在世界上作为"和谐者"的形象越来越突出。

上述三重角色定位相对于中国面临的三重结构性矛盾显然是模糊的，但它们是符合中国改革开放的基本国情和发展实际的。在世界大变革和中国大变革交织发展的变革时代，中国如何精准定位仍将是一个事关话语权的决定性战略选择。相比西方国家在各个领域中的话语霸权，中国在话语体系中仍然是一个"外来者"，甚至是"后来者"。即便中国的经济实力超过了一切西方国家，在话语体系中要想突破重围，短时期内恐怕都绝非易事。在相当长的一段时期内，在此种西方话语体系主导世界的时代，中国要想提升话语权只有紧紧定位在中国崛起的事实上，不断总结中国实践经验，明确自身定位，推进话语创新，才能从根本上扭转在话语权上"被定位"的尴尬处境。

（二）话语创新

在牢牢把握话语事实定位的基础上，一国话语权的提升还取决于话语

---

① 邓小平：《邓小平文选》第三卷，人民出版社，1993，第 353 页。

② 刘水明、黄培昭、牟宗琮：《新中国外交：始终把国际道义贯穿国家外交实践中》，《人民日报》2010 年 9 月 30 日；刘兴华：《国际道义与中国外交》，《外交评论》2007 年第 3 期，第 44～49 页；任晓：《中国外交的道义维度》，《国际政治研究》2007 年第 3 期，第 15～18 页。

质量和话语创新。西方国家话语权长期执世界话语权之牛耳，无不与西方科学界和思想界日积月累的话语创新直接相关。自文艺复兴和启蒙运动以降，西方国家的主流话语不断推陈出新，新概念、新思想、新理论层出不穷，前现代主义的、现代主义的、后现代主义的交相辉映，甚至不入主流的极端主义话语也屡见不鲜，左中右各种倾向的话语应有尽有。姑且不论这些话语是否具有说服力和感召力，仅就话语创新而言，近代以来的西方国家的思想园地可谓繁花锦簇，瓜果飘香。仅仅冷战后 20 年时间内，源自美国的"历史终结论""文明冲突论""民主和平论""霸权稳定论""民主化第三波"等理论，以及"软权力""权力转移""无核武器世界"等概念，来自欧洲的"全球化""全球治理""第三条道路""人道主义干预""气候变暖"等话语，令人应接不暇。① 显然，要想提升话语权，没有话语创新，是无法想象的。

话语创新的前提是解放思想。邓小平于 1978 年 12 月在中央工作会议闭幕会上的讲话中提出，"一个党，一个国家，一个民族，如果一切从本本出发，思想僵化，迷信盛行，那它就不能前进，它的生机就停止了，就要亡党亡国"。思想解放是一切活力的源泉，也是话语创新的不竭动力。"思想一僵化，条条、框框就多起来了"②。思想解放就是要打破一切条条框框，敢于打破各种规矩，超越现有条条框框去想问题，去创新话语。当然，打破条条框框并不意味着采取强行打破的方法，而是要善于用论辩的方式，要靠话语规则本身的力量，而不是靠武断的权威力量，要靠话语逻辑和说服力而不是乱扣帽子式的大批判，要靠思想的吸引力和感召力而不是政治强迫和道德讨伐。总之，解放思想必须要遵循话语权的基本规律，不能借助其他外力推行话语创新，否则，非但不会带来话语创新，反而步入话语僵化，走入死胡同。

话语创新的轴心是话语质量。话语质量取决于话语自身的力量，取决于作为话语生产者的自然科学和人文社会科学研究者。从古至今，所有具

---

① 张志洲：《话语质量：提升国际话语权的关键》，《红旗文稿》2010 年第 14 期，第 22～24页。

② 邓小平：《解放思想，实事求是，团结一致向前看》，《邓小平文选》第二卷，人民出版社，1994，第 143、142 页。

有较高话语质量的思想和理论，都是自然科学和人文社会科学研究的产物，而且都是靠不断打破条条框框，突破前人陈规而取得的。中国目前国际话语权不高，与中国在自然科学和人文社会科学领域的贡献不足直接相关，与中国学术不敢突破陈规，大胆争论，突破禁区有关，说到底与思想不够解放有关。中国的话语质量并不取决于有多少著作和论文出版，也不取决于是否拥有规模庞大的研究队伍，更不取决于是否设立以及设立多少重大国家课题，而是取决于是否具有学术独立和思想自由，是否能够从中国的实践出发，不断推出具有世界影响力的研究成果。目前中国思想研究领域的一个严重问题是，要么脱离中国实际，机械地套用西方的概念、理论和方法等话语，言必称希腊的现象极为严重；要么完全狭隘地研究中国实践，不能站在世界和时代发展的潮头，缺少对中国实践做出客观公正的认知和判断。如果不能有效地平衡世界潮流和中国实践的关系，不能形成言行一致的理论话语，不能确立学术独立和思想自由的原则，中国的话语质量就无从谈起，中国的话语权提升也难以改善。

（三）话语体系

衡量中国话语权的根本标志是能否再造与既有话语体系不同的一整套受到世界认可的新话语体系。因为话语之所以能产生权力，最终落脚点是在某一国的特殊价值观和意识形态驱动下的特殊模式被接受为普遍价值。对于整个世界而言，表面上所接受的是一整套逻辑一致的话语体系，实际上认可的是以话语体系为载体的权力关系。将话语体系的逻辑一致与意识形态的价值一致统合起来构成的"中国模式"，是未来中国话语权的支柱。

近年来，"中国模式"问题正在引起整个世界的关注。关于"中国模式"的讨论，源自美国高盛公司高级顾问、清华大学兼职教授乔舒亚·库珀·拉默 2004 年 5 月 11 日在英国外交政策研究中心发表的一份题为《北京共识》的研究报告。这篇报告全面总结了中国 20 多年改革开放的经验，第一次在国际上提出了"北京共识"将取代"华盛顿共识"的观点，强调"中国模式"是一条适合中国国情和社会需求、寻求公正与高质量增长的发展道路，主张"使用影响力把想要踩踏自己脚趾的霸权大国挪开"，谋求维护有利于发展的良好国际环境。① 拉默的文章发表以后，在国际社会引起了强烈反响。尤其是国际金融危机爆发后，"中国模式"不仅成了国际社会学习的"好榜样"，而且成了第三世界国家青睐的对象。

其实，关于"中国模式"的讨论，国内早在20世纪80年代甚至更早时期就展开了，只不过中国学术界和政界没有使用"中国模式"，而是使用"中国特色""中国特点"之类的提法。② 拉默强调的"中国模式"还仅仅是经济领域，而"中国特色"则涵盖经济、政治、社会、文化、外交、国防、党建等各个领域，是全面的"中国特色"。早在1982年9月1日，邓小平在中共十二大开幕词中指出："我们的现代化建设，必须从中国的实际出发。无论是革命还是建设，都要注意学习和借鉴外国经验。但是，照抄照搬别国经验、别国模式，从来不能得到成功。这方面我们有过不少教训。把马克思主义的普遍真理同我国的具体实际结合起来，走自己的道路，建设有中国特色的社会主义，这就是我们总结长期历史经验得出的基本结论。"③ 这是中国领导人开始强调社会主义的"中国特色"问题，但至于特色表现在哪些方面，当时还没有多少概念。后来，随着关于中国特色社会主义的一系列重大发展的思想、"三个代表"重要思想、科学发展观、和谐社会和和谐世界等理念的提出，中国模式注入了大量新的内容。总结改革开放三十年来的经验，在实践中强调改革、发展、稳定的统一，强调国内大局和国际大局的统一，强调人与自然、社会和谐的统一，强调科学发展、和平发展与和谐发展的统一，日益成为中国特色的鲜明内涵。④ 中国模式正在从三十年发展活力的释放中变得更自觉、更自信和更具竞争力。

进入21世纪以来，"华盛顿共识"在拉美、东欧和南欧等世界各地

---

① Joshua Cooper Ramo，*The Beijing Consensus*，Foreign Policy Centre，Spring 2004.

② "中国特色"一词最早是由毛泽东在中国共产党的七大报告中提出的，"中国特色的社会主义"一词最早见于中共八大报告。

③ 邓小平：《中国共产党第十二次全国代表大会开幕词》，《邓小平文选》第三卷，人民出版社，1993，第2～3页。

④ 赵可金、倪世雄：《中国国际关系理论研究》，复旦大学出版社，2007。

遭遇重创，先后爆发了阿根廷经济危机等众多严重的危机，以前不可一世的美英自由主义模式日益暴露出弊端和缺陷。伊拉克战争和国际金融危机损伤了美国在世界上的信誉和形象，令美国的软实力大大削弱，降低了美国模式在世界上的话语权。国际金融危机令美国发展模式受到广泛质疑，被认为是"一场全球性的资本主义系统性危机"。[①] 它不仅是一场金融危机，也是一场深刻的发展模式和思想文化的危机。不管奥巴马新政对美国发展模式修补的结果如何，20 世纪 90 年代以来世界上对美式资本主义的狂热崇拜已经不复存在，美国垄断发展模式的道德话语权不复存在，全球思潮交流和模式交锋向着趋于平等竞争和平等对话的方向发展。

当今世界正处在大发展大变革大调整时期，从世界经济发展史看，一场大的危机过后，一般会有长达几十年的经济繁荣和增长期。我国已经发展成为第二经济大国，正处在仍将大有作为的重要战略机遇期，在新的历史起点上向前迈进。在这一历史关头，中国高层从战略的高度和长远的眼光出发，在继续推进改革开放的伟大实践中，面对来自其他模式及其行为体的竞争，大胆探索和提升"中国模式"在国际上的影响力和号召力。一方面，我们要积极参与全球思想文化和发展模式的相互交流，取长补短，塑造比较优势，加强与不同模式间的交流与合作，寻求各种模式的共同发展和双赢共赢。另一方面，"中国模式"决不能机械地模仿和借鉴其他模式，而是大胆进行自主创新，努力走出一条适合中国特定历史 - 文化 - 社会生态的发展道路，不断丰富"中国模式"的内涵和竞争力。中国不必过于在意西方国家现代化发展道路的普适性而陷入"西方中心论"，也不必过于刻意寻求发展道路上的中国特色而陷入所谓"中国中心论"。只要从中国实际出发，积极探索适合中国国情和发展需要的发展模式和发展道路，并以开放的姿态和包容的胸怀积极与世界各国的成功经验开展大胆竞争和平等交流，"中国模式"的未来就一定是光明的，中国话语权的未来也将是光明的。

---

① 乔尔·戈伊尔：《金融危机：一场全球性的资本主义系统性危机》，张寒摘译，《当代世界与社会主义》2009 年第 2 期。

五　外交转型与中国的话语权战略

提升一个国家的国际话语权的落脚点是把话语事实与话语体系在实践中结合起来，以提升其塑造并巩固国际游戏规则的外交能力。对中国来说，无论是在话语事实领域弥合制约中国话语权的结构性鸿沟，还是在话语体系领域弥合"中国模式"与"普世价值"的裂痕，都对中国外交能力提出了前所未有的严峻挑战。尤其是随着中国综合国力的提升，一些国家担心中国的发展会威胁到他们的利益，有些国家已经开始从不同方面寻求牵制中国的发展，散布"中国威胁论""中国责任论""中国傲慢论"和"中国新殖民主义"等论调。面对世界舆论对中国的种种期待和误解，如何引导国际社会对我国发展的正确认识和形成合理的预期，不断提升中国的话语权，仅靠政府外交是绝对不够的，必须大力开展公共外交，推动实现政府外交与公共外交两翼齐飞，稳步确立有特色、讲信誉、重人民的外交，将各方面的资源和优势整合起来，形成中国话语权的优势。

（一）　正确处理外交普世维度与特色维度的关系

无论是政府外交还是公共外交，都应该突出鲜明的中国特色，要表现得与众不同。特色越鲜明，话语体系与话语事实结合得越紧密，话语权就越大。新中国成立伊始，中国外交十分重视突出民族特色和语言风格，获得了较高的国际话语权。中国外交的最高领导人毛泽东、周恩来、邓小平等人既是饱读马列经典的马克思主义者，也是满腹经纶的传统中国文化阐释者和继承者，不仅中国外交政策的语言表述带有强烈的中国特色，比如"一边倒""一条线""三个世界""和平共处五项原则""中间地带"等；而且中国外交政策的执行过程和行动风格也带有鲜明的民族传统文化色彩，比如"退避三舍""韬光养晦""永不当头""不轻然诺""讲公道话，办公道事""不亢不卑"等。① 20 世纪 90 年代以来，中国领导人继续坚持这一特色外交方向，先后提出了"和而不同""和谐世界""多样化"等思想，

---

① 参阅谢益显《当代中国外交思想史》，河南大学出版社，1999。

都带有鲜明的中国特色。

然而，相比全球化时代西风东渐的话语浪潮冲击，中国在推行特色话语外交方面还很不够。事实上，中国传统文化中有丰富的外交哲学话语，周恩来总理曾总结过中国人办外交的一些哲学，例如"后发制人""礼尚往来""有备无患""细水长流""区别对待"。[①] 中国传统外交思想是一个丰富的宝库，学界应大力挖掘传统思想中有益的方面，并在此基础上发展和创造出外交的新话语，服务于我国外交实践的需要。同时，新中国外交实践中也为特色话语提供了丰富的原料，有待于中国外交认真总结经验，推进话语创新。尤其是通过广大民众参与的公共外交实践中，要注重充分发挥各方面的积极性、主动性和创造性，真正把中国社会蕴藏的话语优势释放出来，转化为中国的话语权优势。

（二）正确处理利益外交与信誉外交的关系

话语体系与话语事实的结合，关键在于信誉。墨子说："今若有能以义名立天下，以德求诸侯者，天下之服可立而待之"。荀子说："义立而王、信立而霸、权谋立而亡。"[②] 当今世界政治舞台上并不缺话语，缺乏的是话语的信誉，能否在外交实践中言行一致，言出必行，敢于担当，是决定中国话语权的关键。

中国是一个具有重情守信传统的国家。在中国的传统文化中，信是一个基本的价值观念，它要求人们守信用，言出必行。[③] 信，是做人的根本，是兴业之道、治世之道。守信用、讲信义是中华民族共认的价值标准和基本美德。新中国成立后，周恩来总理所领导的外交历来以信为本，做到言必信，行必果，光明磊落，不搞阴谋诡计，在国际社会中树立了中国政府说话算话的形象。周恩来本人经常以朝鲜战争为例，说明"中国人是说话算数的"。在中国出兵之前，中国政府一再通过各种渠道告诉美国，如果美

---

① 钱其琛：《学习和研究周恩来外交思想与实践》，周恩来生平和思想研讨会组织委员会编《周恩来百周年纪念文集》，中央文献出版社，1999。

② 阎学通、徐进等著《王霸天下思想及其启迪》，世界知识出版社，2009。

③ 战国时期，孟子提出"仁、义、礼、智"，董仲舒扩充为"仁、义、礼、智、信"，后称"五常"。这"五常"贯穿于中华伦理的发展中，成为中国价值体系中的最核心因素。

国越过三八线，中国一定会出兵援助朝鲜。美国方面却听不进去，结果当美国扩大战争后，中国毅然派出志愿军。① 另外，在参加亚非会议，访问柬埔寨，出访加纳等外交事务上，即使面临爆炸、破坏以及各种形式的阻挠，周总理都会如约访问，做到了言出必行。

改革开放以来，中国外交始终保持坚持原则，说话算数的外交传统。邓小平同志多次强调，外交要实事求是，求同存异，不怕鬼，不信邪，立场坚定，旗帜鲜明，决不拿原则做交易。"对于国际上的霸权主义和强权政治，对于大国沙文主义，他敢于批评，敢于伸张正义，主持公道。同大国打交道，他落落大方，不亢不卑；同小国打交道，他尊重对方，以理服人。对外表态时，他深思熟虑，分寸恰当，信守承诺，说话算数，在国际上为中国树立了良好的信誉。"② 中国外交在履行同别国达成的各项协议问题上，已经受到世界各国的称赞。随着中国在世界事务中的影响力日趋上升，对信誉外交提出了更高的要求。中国在国际和地区问题上重情守信，敢于担当，言出必行，话语权就会不断提升。

（三）正确处理官方外交与人民外交的关系

中国话语权不仅体现在世界各国政府对中国话语体系的尊重和认可上，更重要的是体现在世界各国民众的理解和认同上。这就要求尽可能将中国话语体系与更多的各国民众结合起来，尤其是和中国民众结合起来，大力开展公共外交和人民外交。

在美国的话语权战略中，非常重视吸纳公众参与外交。任何一个参加某一国际交流项目的学者都被吸纳为该项目的会员，定期发送电子邮件，寄送这一交流项目的近期活动和进展。每隔一段时间还会组织一些集体活动，由使领馆组织安排一些当地会员与来访美国官员或学者的对话活动，以增进理解，消除误解，影响会员的看法。所有这些被称为公共外交的活动都组织得井井有条，一丝不苟，几乎所有的跨国公众资源都用来配合美

---

① 中华人民共和国外交部、中共中央文献研究室编《周恩来外交文选》，中央文献出版社，1990，第25~27页。

② 编写组：《邓小平外交思想学习纲要》，世界知识出版社，2000，第205页。

国政府澄清外交政策，这也构成了美国话语权的一个支柱。

相比之下，中国开展公共外交具有独特的优势。我国有 13 亿人口，还有 5000 万海外华人和华侨，占世界人口的 1/4 强，赢得了如此庞大规模人口的认同和支持，中国的话语权就十分显赫。同时，中国具有五千年的历史和灿烂的文化，其特点是吸引力和融合力强。吸引力是指我国的名山大川、人文传统、社会习俗、文化艺术、哲学思想对外国人有着很强的吸引力。融合力是指我国人民热情好客和善于学习别人先进的技术、文化和思想。外国人来到中国很容易就融入我们这个社会，而海外华人很容易被其他民族所接受。中国文化的这一特点决定了我国开展人民外交容易取得成效。关键在于要掌握公众外交的规律和原理，坚持贴近实际、贴近生活、贴近群众，通过公众喜闻乐见的方式不拘一格地将公众参与公共外交的积极性动员起来，不能采取一刀切，更不能搞不切实际的一哄而起。唯有不断调动起公众参与外交的积极性，中国话语权才能得到稳步提升。

六　结论

提升话语权是一切国家外交的重要目标。尤其是对中国这样快速崛起的国家，对话语权的追求更加强烈。然而，尽管一个国家在世界政治权力关系中的地位对其话语权具有直接影响，但话语权并非随着国家实力的上升而增加，它需要在对话语事实进行精准定位的基础上，在国际话语实践中将话语体系与话语事实结合起来，需要一个国家在外交上确立话语权战略，并通过开展总体外交积极实施这一战略。一个国家在国际权力关系中的话语事实定位越准确，话语事实与话语体系结合越完善，话语实践与外交实践结合得越紧密，该国的国际话语权就越高。

对全面参与全球化的中国而言，要提升自己的话语权，首要的是澄清在话语权认识上的众多片面思维，制定正确的话语权战略。在话语事实定位上，中国不能回避话语权问题的"结构性劣势"，在发达国家/发展中国家、资本主义社会/社会主义社会、"普世价值"/"中国模式"问题上进行精准定位，大力推进话语创新，将话语体系的逻辑一致与意识形态的价值一致统合起来，完善以"中国模式"为核心的一整套话语体系，并通过推进外交转型，广泛深入地开展对话性话语实践，推动实现政府外交与公共外交两翼齐飞，稳步确立有特色、讲信誉、重人民的外交。尤其是以话语权为核心，深入推行公共外交，将各方面的资源和优势整合起来，不断积累中国话语权的优势。

（赵可金）

第七章　公共外交与中国国际合法性的塑造

近年来，中国政府对公共外交工作的重视程度不断提高。2011 年 2 月，中国外交部部长杨洁篪在《求是》杂志上发表题为《努力开拓中国特色公共外交新局面》的文章，全面阐释了公共外交开展的必要性、中国公共外交的特色以及今后拓展的方向与重点等方面的内容，强调"在外交工作主体、对象及手段日趋多元，领域日益拓展，内涵不断丰富的新形势下，公共外交责无旁贷地成为外交工作的重要开拓方向"，[①] 从官方层面对中国公共外交工作做了系统阐释。与此同时，学术界和政策分析界对公共外交问题的研究兴趣也日益高涨。学者们围绕公共外交的定义、功能、成效等议题，取得了一大批引人注目的理论和政策研究成果。[②] 不过，有关中国公共

---

① 杨洁篪：《努力开拓中国特色公共外交新局面》，《求是》2011 年第 4 期，第 43 页。

② 代表性成果参见韩召颖《输出美国：美国新闻署与美国公众外交》，天津人民出版社，2000；韩召颖：《公众外交：美国对外政策的重要工具》，《南开学报》2001 年第 6 期，第 89~96 页；唐小松、王义桅：《从"进攻"到"防御"——美国公共外交战略的角色变迁》，《美国研究》2003 年第 3 期，第 74~86 页；唐小松、王义桅：《公共外交对国际关系理论的冲击：一种分析框架》，《欧洲研究》2003 年第 4 期，第 62~71 页；唐小松、王义桅：《美国公共外交研究的兴起及其对美国对外政策的反思》，《世界经济与政治》2003 年第 4 期，第 22~27 页；唐小松、王义桅：《"三个代表"与中国的公共外交》，《现代国际关系》2003 年第 5 期，第 27~31 页；唐小松、王义桅：《美国公共外交与反恐战争悖论》，《美国问题研究》2004 年第 3 期，第 147~171 页；唐小松、王义桅：《公共外交：信息时代的国家战略工具》，《美国问题研究》2005 年第 12 期，第 308~331 页；唐小松、王义桅：《国外对公共外交的探索》，《国际问题研究》2005 年第 1 期，第 60~63 页；赵可金：《公共外交的理论与实践》，上海辞书出版社，2007；赵启正：《公共外交与跨文化交流》，中国人民大学出版社，2011；韩方明主编《公共外交概论》，北京大学出版社，2011；赵可金：《软战时代的中美公共外交》，时事出版社，2011；檀有志：《美国对华公共外交战略》，时事出版社，2011；欧亚、王朋进：《媒体应对：公共外交的传播理论与实务》，时事出版社，2011；赵启正等：《跨国对话：公共外交的智慧》，新世界出版社，2012；贾庆国主编《公共外交：理论与实践》，新华出版社，2012。

外交究竟应以什么为目标这一问题，学术界还存在分歧和争论。确立清晰而恰当的目标，是所有政策得以有效制定和实施的前提。对于中国当前正蓬勃开展的公共外交工作而言，厘清其努力的目标显得尤为重要和紧迫。为此，本章将从国家外交目标的阶段性这一角度，重新审视和研究这一问题。

　　本章分为四个部分。第一部分对学界关于中国公共外交目标的几种意见做出梳理和批评。第二部分通过对政府文献的分析，讨论新世纪以来中国的核心国家利益，并据此论证当前中国公共外交的核心目标应当是提升中国政府的合法性，以促进国际社会认可和接受中国的崛起。规范性研究不意味着不可以或者不应该使用实证主义研究方法，笔者将在论文的第三部分，通过两个案例论证公共外交对于提升中国政府合法性的有效性和必要性。最后部分得出结论。

一　中国当前公共外交的目标：现有争论

　　中国当前的公共外交应以什么为目标？学者们对这个问题的看法存在分歧和争论，归纳起来大致包括四种。

（一）国家形象论

　　持这种观点的学者认为，中国公共外交开展的核心目标应是通过多种方式，改善和塑造中国良好的国家形象。国家形象是国际社会对一国的基本印象与总体评价（包括政治、经济、文化等各个方面）。关于国家形象，早在古希腊时期就有讨论。在修昔底德看来，对国家形象（或说荣誉、声望）的追求同追求安全、私利一样都属于国家的本性。现实主义大师摩根索也认为，国家"以本国实际拥有的，或者自以为拥有的，或者希望别国相信它拥有的强权来给别国造成深刻的印象"[①]。

---

　　① 汉斯·摩根索：《国际政治纵横策论——争强权、求和平》，卢明华等译，上海译文出版社，1995，第 64 页。

支持国家形象论的官员和学者包括外交部副部长崔天凯①、对外友协会长陈昊苏②、中央党校教授刘建飞③等。崔天凯在谈到外交部的工作时指出，"近年来，外交部统筹协调各相关部门，全方位、宽领域、多层次地开展公共外交，努力把一个全面、客观、真实的中国展示给世界，树立我国和平、发展、合作、负责任的大国形象。我们高度重视首脑外交在塑造国家形象中的引领作用，紧密围绕党和国家领导人出访和出席重要国际会议，加强公共外交设计；我们通过各种渠道和平台加强与国内外公众交流，展示国家形象；我们积极借助新媒体、新技术，推广国家形象"。日本学者青山琉妙（Rumi Aoyama）也认为，"冷战"后中国公共外交的目标是建立良好的国家形象和向外部世界公开中国的看法，促进国内外的商业活动。④

总之，这些学者认为：一方面对崛起的中国而言，它需要通过优化自己的国家形象，争取国际公众对本国实力增长后的信任感和理解度；另一方面公共外交本身能够利用与公众互动的优势，弥补传统政府间外交的不足，通过软性的手段塑造国外公众对中国的认知，从而构建负责任大国的形象。

（二）国际话语权论

持这种观点的学者认为，公共外交开展的目标应是提升中国在国际社会上的话语权。"话语权"一词来源于 20 世纪著名的法国后现代主义哲学家米歇尔·福柯的经典名言："话语即权力"。在他的"话语观"中，话语不再只是语言学意义上的话语，而是渗透到社会生活各个方面。20 世纪 80 年代，"话语"概念正式进入国际关系研究领域。作为政治权力的重要表现方式，它事实上可以分解为概念的创新能力、议题的设置能力、对事实的说明能力、对规则的制定和把握能力、逻辑性和科学性上的说服能力、价

---

① 崔天凯：《公共外交与国家形象塑造》，《国际公关》2011 年第 4 期，第 30 ~ 31 页。
② 陈昊苏：《加强公共外交，提升国家形象》，《对外传播》2009 年第 12 期，第 15 页。
③ 刘建飞：《公共外交与国家形象的塑造》，《人民论坛》2011 年第 4 期，第 33 页。
④ Rumi Aoyama, "China's Public Diplomacy," p. 5, http://dspace. wul. waseda. ac. jp/dspace/bitstream/2065/12795/1/41_ 070321 - Aoyamae. pdf.

值观和意识形态的被认同度，以及基于上述这些能力之上的话语引导能力。① 话语权，简言之，就是主权国家在国际社会所拥有的通过语言影响或者支配他国的一种行为能力。

中共中央外事办公室副主任裴援平在谈到中国如何才有话语权时说，"中国要树立良好国际形象、营造宽松国际舆论环境，就需要国际社会听得到、听得懂'中国话'，让世界了解一个真实的中国和中国真实的内外政策。长远看中国还要有自己对世界的一整套主张，要有源自中国、打动世界的国际关系话语体系。……这就需要推动形成多渠道、多形式、多层次对外沟通交流的公共外交格局，在继续做好国内外媒体工作的同时，绕开一些难以逾越的障碍，更多发挥其他交流渠道的作用，采用外界喜闻乐见和具有较强渗透力的形式，不断探索积累对外有效交流的经验和方法"。② 北京外国语大学教授张志洲同样认为，"中国开展公共外交就是让世界了解一个真实的中国。中国开展公共外交不只是对外来挑战的被动回应，更是表明了一种积极主动地掌握外交话语权的进取态度"。③

（三）软实力论

持这种观点的学者认为，公共外交的目标应是服务于中国软实力的构建。④ 软实力是一国国际吸引力、国际动员力和政府国内动员力的总和。国际吸引力是指一国吸引别国自愿效仿和追随的魅力；国际动员力是指一国为了使别国接受本国的建议和要求而对别国运用非强制力所产生的影响力；国内动员力是指一国使用非强制手段所能动员起来的国内政治支持。⑤ 软实力包括政治实力和文化实力两种。国家形象和国际话语权都属于软实力的范畴。

---

① 张志洲：《和平崛起与中国的国际话语权战略》，《当代世界》2012 年第 7 期，第 15 页。
② 裴援平：《中国的和平发展与公共外交》，《国际问题研究》2010 年第 6 期，第 1~3 页。
③ 张志洲：《中国公共外交：让世界了解一个真实的中国》，《红旗文稿》2011 年第 14 期，第 10~13 页。
④ 有关中国学者对软实力与公共外交目标之间关系的讨论，还可参见 Maria Wey – Shen Siow, "Chinese Domestic Debates on Soft Power and Public Diplomacy," *Asia Pacific Bulletin*, No. 86, Dec. 7, 2010, p. 1。
⑤ 阎学通、徐进：《中美软实力比较》，《现代国际关系》2008 年第 1 期，第 26 页。

复旦大学教授蒋昌建认为，"公共外交是软实力的实现途径、公共外交是软实力提升的手段、公共外交依赖于软实力且受硬实力的影响"。[①] 上海国际问题研究院教授俞新天在《中国公共外交与软实力建设》的文章中进一步提出，"中国应当通过公共外交去提升软实力。具体做法是要向世界说明中国，让世界理解中国，这个过程必须是平等的双向的交流过程，即中国人也应当减少对其他国家和民族的误解，增加理解"。[②] 上海政法学院教授郭学堂也持类似的观点，认为"加强软实力建设要求我们重视公共外交的研究，特别是要密切关注公共外交的主体和受体所发生的巨大变化，发现软实力建设中的悖论问题，并与时俱进地寻找适合国家发展战略需要的理论与应对之道"。[③]

（四）国家利益论

持这种观点的学者认为，公共外交作为传统外交的补充和发展，应同传统外交一道，服务于国家利益。国家利益是满足民族国家全体人民合法的物质与精神需要的东西，[④] 包括政治利益、安全利益、经济利益和文化利益四个方面。以国家利益为机轴开展各种形式的外交活动是一国外交的最基本要义。很多中国学者都将中国公共外交开展的最终目标定位到国家利益上。例如，韩方明教授在其主编的《公共外交概论》一书中坚持国家利益论的观点，认为国家利益和国家形象的复合是一个国家对外行为的根本推动因素。[⑤] 中国外交部部长杨洁篪在 2011 年 2 月发表的题为《努力开拓中国特色公共外交新局面》的文章中也指出，公共外交应维护和促进国家的根本利益。[⑥]

上述四种看法，分别从不同的角度对当前中国公共外交的核心目标进行了探究，在不同程度上加深了我们对这一问题的认识。但这些看法存在

① 蒋昌建：《波动中的软实力与新公共外交》，《现代传播》2011 年第 8 期，第 55～60 页。
② 俞新天：《中国公共外交与软实力建设》，《国际展望》2009 年第 3 期，第 17～27 页。
③ 郭学堂：《中国软实力建设中的理论和对策新思考——兼论中国的公共外交》，《社会科学》2009 年第 2 期，第 20～26 页。
④ 阎学通：《国际政治与中国》，北京大学出版社，2005，第 16 页。
⑤ 韩方明主编《公共外交概论》。
⑥ 杨洁篪：《努力开拓中国特色公共外交新局面》，《求是》2011 年第 4 期，第 43 页。

着一个共同的不妥之处，就是它们都忽视了具体发展阶段国家利益的特殊性，因而缺乏明确的针对性，不利于公共外交目标的明晰化和可操作化。

从根本上说，公共外交是外交的一种实现形式，外交的根本任务或曰目标是实现本国的国家利益。但究竟应当服务于什么样的国家利益，不同国家在不同发展阶段是不同的。大国和小国有不同，强国和富国之间也有差异。就一国而言，不同时期的国家利益优先排序不同，外交开展的重点同样不尽相同。也就是说，随着具体的发展阶段的变化，必然会有更具针对性和紧迫性的外交目标需要去实现。上述的国家形象论、国际话语权论、软实力论和国家利益论，基本上都属于一般性质的目标。持这些看法的学者并没有从具体和微观的角度考虑不同阶段不同目标的重要程度的差异。

从方法论的角度看，太过统括的目标难以检验其效果，也不容易判断目标与实现效果之间的相关性。具体说来，国家形象的塑造贯穿一国发展历程的始终。从横向看，各国政府都积极作为以努力培育好的外部形象。作为一国长期追求的目标，国家形象很难被视为某国某阶段所迫切需要的东西。此外，国家形象本身是个综合性很强的概念，内涵太过广泛，它的改善与否和公共外交的关联度究竟有多大，难以实证测量。另一种可能的情况是，政治、经济等国家实力的变化直接导致了国家形象的变化。

同样，不管是大国还是小国，都希望通过各种方式获得国际话语权，因为"增强话语权可赢得主动权"。近现代中国的国际话语权长期被西方世界剥夺，在西方霸权话语的强势言说中"失语"，被迫成为"沉默的他者"。新中国成立后，积极通过对有限实力的有效运用，以获得更多的话语权。不管是20世纪50年代提出"和平共处五项原则"，还是60年代提出"三个世界"划分理论，甚或70年代恢复在联合国的常任理事国的席位重获议题设立权和规则制定权，都是中国不懈争取话语权的重要表现。① 由此，话语权对中国而言同样是一种长期性的目标追求。

软实力作为综合国力的重要组成部分之一，涉及政治、文化等多个层

---

① 江涌：《中国要说话，世界在倾听——关于提升中国国际话语权的思考》，《红旗文稿》2010年第5期，第6页。

面，不仅本身涵盖操作性实力和资源性实力两种类型，更重要的是它是中国连同硬实力一起所长期共同谋求的一般性目标，其本身不具有特殊的阶段性特点。自 1978 年中国确立以经济建设为中心以来的三十多年间，中国对政治利益和文化利益的谋求从未停止过。

最后，国家利益是一国对外政策制定的基本出发点，所有的外交行为都必须围绕国家利益进行。单强调国家利益，虽然明示出了外交的最终落脚点，但无法获知中国现阶段开展的公共外交主要服务的是哪类国家利益，我们也无法明确当前对于中国外交最为紧迫的需求是什么。说中国公共外交应以国家利益为目标，就如同说企业的公关工作应以企业盈利为目标一样，这样的主张永远正确，但没有实质意义。

二 当前中国核心利益与公共外交的功能

对一国而言，不同时期的核心国家利益不同，外交所服务的目标就不同。明确当前中国的核心国家利益，是确定当前中国公共外交核心目标的关键。在本节中，笔者以党代会、政府文件等官方资料为依据，厘清当前中国的核心国家利益，然后就当前中国公共外交的核心目标提出假设。

自 2003 年以来，"和平崛起"成为政策界和理论界讨论的热门话题。中国领导人在公开场合多次使用"和平崛起"的提法。胡锦涛在 2003 年 12 月纪念毛泽东诞辰 110 周年座谈会①以及 2004 年 2 月中共中央政治局第十次集体学习②时，两次指出中国要"坚持走和平崛起的发展道路"。温家宝 2003 年 12 月在美国哈佛大学发表演讲③时，也谈到中国要走"和平崛起发展道路"。西方观察家很快就敏锐地注意到，"崛起"已经进入中国战略思想的主流话语体系。在这一时期，因"中国崛起"而引发的震荡效应正逐

---

① 《胡锦涛在纪念毛泽东诞辰 110 周年座谈会的讲话》，http：//www. china. com. cn/chinese/PI－c/469797. htm。
② 《资料：中共中央政治局的十次集体学习》，http：//news. sohu. com/2004/02/24/15/news2199191507. shtml。
③ 《温家宝在哈佛大学演讲》，http：//www. china. com. cn/zhuanti2005/txt/2003－12/11/content_ 5458951. htm。

渐在国际社会演化成一种群体性的焦虑，恐华情绪不断抬升。

面对国际社会因中国崛起而对中国不断施加的压力，在 2004 年 8 月召开的第十次驻外使节会议上，胡锦涛强调，"维护我国发展的重要战略机遇期，争取和平稳定的国际环境、睦邻友好的周边环境、平等互利的合作环境和客观友善的舆论环境，为全面建设小康社会服务，是当前和今后一段时期我国外交工作的根本任务，也是基本目标"①。从中国政府文件和领导人讲话来看，在和平崛起的大环境下，争取国际社会对中国实力地位和国际影响力不断提升的接受和认可，已经明确成为新世纪中国政府的一项重要工作任务。而争取国际社会对权力的接受和认可，实质就是争取国际层面的政府合法性。

关于合法性这个概念，哈贝马斯曾说，"在欧洲，如果不是从梭伦开始，那么至少也是从亚里士多德开始，政治学理论就从事于合法性统治兴衰存亡的研究"。在马克斯·韦伯之前，亚里士多德对"正当政体"问题的论述、此后西方政治学中的君权神授学说、布丹的主权学说、洛克的契约论、卢梭的公意说等都是对合法性问题的探讨。不过，这些关于合法性的论述都与一定的价值规范相联系，即一种统治是否具有合法性须要看其是否符合某种价值判断，这种合法性概念具有规范主义特征。与前述学者不同，韦伯认为，合法性是人们对享有权威者的地位的确认和对其命令的服从，任何一种得到人们认同的成功而稳定的统治都是合法的。这样，是否得到人们的认同取代了价值规范，成为判断统治合法与否的标准，并为后来的学者所认可。换言之，合法性可以理解为心理认同。有了公众的认同，权力才能转化为权威，政党才会有凝聚力和号召力，政府的统治和治理才能顺利进行，国家的政治生活才能和谐运作。反之，如果一个政府不具有合法性，而只依靠国家机器实行暴力高压统治，那么该政府不仅执政的成本会非常巨大，而且其执政地位本身也会岌岌可危。

在 20 世纪 90 年代之前，一国政府的合法性还基本限于国内范畴，但随着全球化进程的不断深入，合法性基础的组成元素开始向外延展，越出了

---

① 《第十次驻外使节会议在京举行，胡锦涛温家宝讲话》，http://news.xinhuanet.com/news-center/2004 - 08/30/content_ 1920365.htm。

原有的一国范畴。对一国而言，它的政府若想获得合法性，将不仅仅依赖于本国国民的认同，还有赖于国际社会、他国公民的认可。对正在崛起的中国来说，获得国际上的认同则显得更为紧要和迫切。中国持续迅速崛起的势头，正在改变着"冷战"结束以来既有的国际格局。

一方面，中国的发展世界瞩目。2001 年中国加入 WTO，成为世界多边贸易体系的受益者，表明其已开始融入现有的国际制度体系。就其自身而言，作为为数不多的社会主义体制的国家，中国在接受西方游戏规则的同时，更需要通过多种手段让他国接受中国的政治制度、接受中国的发展模式。①

另一方面，从权力政治的角度来看，中国的崛起正在冲击以美国为核心的西方霸权体系。世界领导地位的排序是一种零和博弈，中国要想实现民族复兴成为国际社会的领导者，现有的美国单极领导地位就必须改动。只要中国崛起进程不中止，这种零和性的矛盾就无法从根本上避免。在这一过程中，中国同样需要包括美国在内的其他国家接受和认可中国不断扩大的国际影响力，获取尽可能多的国际合法性。需要指出的是，中国对国际合法性的这种迫切需求，直接源于这一阶段中国崛起进程的加快和国际影响力的扩大。在中国自身实力还很弱小的阶段，这种需求是不会成为其外交战略的首要考量因素的。换言之，当前阶段中国对国际合法性的需求，具有此前历史所不具备的战略意义。

崛起所造成的影响并不局限于国际领域，同样也正在影响着中国政府在国内的合法性基础。在新中国成立初期，中国政府的合法性主要源于中国共产党的革命功绩以及领袖的个人魅力。随后，由于国民经济和人民生活水平在很长一段时间内处于落后的状态，因此自改革开放之后的很长一段时期，中国政府在国内的合法性很大程度上依赖于人民物质生活的改善和国民经济的发展。正是改革开放之后三十多年经济的迅速发展造就了中国的崛起。在中国经济高速增长三十余年之后，单纯靠经济方面的绩效已经不足以满足国内民众对政府的期待，无论是历史功绩、领袖个人魅力还是经济增长，在中国综合实力迅速增长的今天，都已不足以支撑中国政府

---

① Ingrid d' Hooghe, "The Rise of China's Public Diplomacy," *Clingendael Diplomacy Papers*, No. 12, 2007, p. 18.

的国内合法性。政治学的常识告诉我们，当合法性来源被削弱时，合法性必然下降，由此就有可能导致政权的不稳定和国内社会的动荡。很显然，一个动荡的国内社会和一个虚弱的政权，是不可能实现一个国家成功崛起的。因此，只要中国崛起进程不中止，国内合法性问题就会持续存在，争取和维护国内合法性因之也就成为现阶段中国的另一项极为重要的国家利益。

综上，受和平崛起这个国家总体战略的影响，争取和保持政府的国际国内合法性成为当前中国国家利益的核心。同时需要明确，对于包括中国在内的任何国家而言，政府的合法性当然从来都是必不可少的一项国家利益。宽泛来讲，任何国家在任何时间阶段都不会放弃对政治合法性的追求和保持。但是在不同的发展阶段，合法性对于一个国家的重要程度不同。换言之，并不是在任何阶段，政府合法性都具有影响一个国家整体战略走向的影响力。分析表明，现阶段中国政府的国际国内合法性问题，已明确地跃升到核心国家利益的位置上来。

从外交工作实践出发，谋求政府国际国内合法性的实质是要承担起营造良好国际舆论环境与践行"以人为本、外交为民"理念这两方面的任务。随着中国的崛起，国际社会更加关注中国，一方面理性客观看待中国发展成就、看好中国未来前景的声音有所增加，但另一方面国际上对中国的偏见、误解和疑虑仍然存在，各种负面论调不断，涉华舆论的两面性突出。在国内，公众对国际和外交事务的关注度和参与度空前提升，维护国家利益的愿望更加强烈；同时部分公众对中国发展阶段和国际地位的认识与现实还存在一定差距，对中国对外政策表现出不理解甚至强烈反对。中国外交是人民的外交，决定了它应倾听人民呼声，考虑民众诉求，寻求大众支持。[1] 由此，围绕提高中国政府国际国内政治合法性这一任务，中国外交必须对内对外都要有所作为，服务于现阶段国家利益的实现。由此所带来的问题是：公共外交作为中国外交的重要组成部分，其是否具备提高政府合法性的功能呢？

要讨论这个问题，我们需要知道公共外交的含义。对公共外交的界定，

---

[1]　杨洁篪：《努力开拓中国特色公共外交新局面》，《求是》2011 年第 4 期，第 44 页。

目前中国学者还没有形成统一的认识。但随着研究的深入，在某些方面还是达成了某种程度的共识。一是公共外交的主体：政府起主导作用；二是客体：以民众为对象①；三是手段：以文化交流、媒体传播等为手段。将这些共识相综合，我们可以对公共外交的内涵做出如下界定：所谓公共外交，就是指以政府为主导，以民众为对象，通过文化交流、媒体宣传等手段介绍本国外交方针政策及相关举措的外交活动。

从上述定义来看，公共外交具备从"外交领域"提高政府合法性的功能。作为一项争取"民心"的工程，对内，一方面它可以通过将外事信息向国内社会输出的方式，增进国内公众对一国政府尤其是外交政策的了解，改变长期存在的"公众被隔离在外交事务之外"的局面，在整体外交工作透明度增加的大环境下，提升政府的美誉度，扩大政府的国内动员力。另一方面，通过建设与公众双向互动的平台，诸如网站、微博等，提高公众对国家事务的参与度，在顺畅沟通的基础上，寻求公众的认同，提升公众对外交的满意度，确立政府在国内的合法性。对外，一方面通过完善信息发布机制第一时间就热点敏感问题和突发事件向国外媒体发布权威信息，利用驻外使领馆的地域优势，以演讲、接受采访、发表文章等形式介绍本国政策，从而保持信息上的疏通，减少因虚假信息所造成的不必要的误解。另一方面，通过各种文化交流活动，在与国外公众的互动中，全面介绍本国的文化传统、发展情况，间接增进国际社会对本国发展道路、外交政策等的理解，赢得国际社会的支持与认可，由此提升政府的国际合法性。

我们从中国当前和平崛起这个根本利益和战略目标出发，分析提出这样一个假设：当前中国公共外交的核心目标，应当是争取和保持中国政府对内对外的合法性。因果机制如图7-1所示。

不过，这还只是理论上的分析。从实践的角度看，公共外交是否真的

---

① 公共外交的对象是否应当包括国内民众，学者们对此看法不一。认为只应包括国外民众的学者以韩方明和赵可金为代表，参见韩方明主编《公共外交概论》，北京大学出版社，2011。认为应当同时包括国外和国内民众的学者以赵启正为代表，可参见赵启正《公共外交与跨文化交流》，中国人民大学出版社，2011。笔者支持后一种观点，将国内国外民众都作为公共外交的客体和对象。

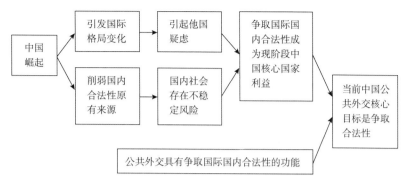

图 7 - 1　中国崛起与中国当前公共外交的核心目标

具有获取并提升政府合法性的作用呢？在下一节中，笔者将通过三个案例，对此进行实证检验。其中，国内合法性的衡量指标是国内公众对政府的支持度和对外交的满意度，国际合法性的指标是国际社会对中国政策和成果的接受度。

三　公共外交与国际合法性塑造：案例分析

就各国目前公共外交的开展来看，笔者认为可以从是否存在双方互动的角度，将公共外交分为单向的信息对外发布和双向的交流活动两类。① 单向的信息发布主要包括政府部门的新闻发布会和各种新闻记者招待会、无线电广播、电台、电视台、出版物以及演讲、发表文章等。双向的交流活动主要包括政府与民众间的交流互动（即政府公关）、各种学术交流和文化交流等。本节所选的案例包括世界和平论坛以及北京奥运会召开前夕的"3·14"与"5·12"事件。世界和平论坛是主要针对国外公众开展公共外交的案例，而 2008 年北京奥运会召开前夕的"3·14"西藏打砸抢烧事件和"5·12"汶川地震则是在面临国际合法性危机的情况下，观察政府和官

① 根据美国学者的传统看法，公共外交的活动主要包括两个方面：一是信息活动，一是教育文化交流活动。日本学者认为，公共外交应该包括作为政策宣传的信息发布、国家文化交流及国际广播。有中国学者提出，公共外交主要包括国际媒体传播、政府公关与教育文化交流活动。具体参见：赵可金：《公共外交的理论与实践》，上海辞书出版社，2000；金子将史、北野充主编《公共外交："舆论时代"的外交战略》，《公共外交》翻译组译，外语教学与研究出版社，2010。

方媒体"作为"与"不作为"效果差异的重要案例。

（一）世界和平论坛

世界和平论坛是由清华大学主办、外交学会协办的中国首个高级别、非官方的国际安全论坛，于2012年7月7日至8日在清华大学举行。2012年6月27日，世界和平论坛秘书处秘书长、清华大学当代国际关系研究院院长阎学通教授在介绍世界和平论坛发起的初衷时表示，"中国崛起的过程是经济实力先行，军事力量后上。这个实力增长的次序使中国的经济实力地位先于军事力量上升至世界强国水平。伴随着中国经济实力地位的上升，中国举办了众多的国际经济论坛，除了博鳌论坛，经济部门、地方政府、行业协会举办的各种国际经济论坛数不胜数。近年来随着中国综合实力地位的上升，各种文化论坛雨后春笋般建立起来。然而，在中国举行的国际安全论坛却不多，即使有一些多边的安全会议，也不对媒体开放。面对这一现实，清华大学和中国外交学会决定尝试国际安全方面的公共外交，承办世界和平论坛"①。

世界和平论坛为各方学者就国际安全问题开展深入的讨论提供了良好的平台。论坛邀请了秘鲁前总统加西亚、马来西亚前总理巴达维、巴基斯坦前总理阿齐兹、法国前总理德维尔潘、日本前首相鸠山由纪夫、俄罗斯前国家安全会议秘书伊万诺夫、欧盟理事会前秘书长兼共同外交与安全政策高级代表索拉纳等七位国家和国际组织前政要与会。时任国家副主席习近平出席了本次论坛的开幕式，并发表题为"携手合作、共同维护世界和平与安全"的讲话，向国内外与会人员系统阐述了中国"以发展求安全、以平等求安全、以互信求安全、以合作求安全、以创新求安全"的安全理念。② 论坛还邀请了中国外交部部长杨洁篪、中国军事科学院副院长任海泉、中国商务部部长助理李荣灿在会议期间就中国的外交政策、军事国防政策和对外经贸政策发表演讲，与各方进行互动和对话。

---

① Yan Xuetong, "World Peace Forum's Responsibilities for International Security," *Foreign Affairs Journal*, Issue 105, 2012, pp. 46–58.

② 习近平：《携手合作、共同维护世界和平与安全——在"世界和平论坛"开幕式上的致辞》，《人民日报》2012年7月8日，第2版。

可见，世界和平论坛是中国学术机构利用己方开发的公共外交平台，开展与他国政要、学者交流的一次重要实践。诚然，安全论坛作为各国向国际社会阐述自己安全政策的平台和工具，任何国家都可以加以利用，但不同国家从中获取的收益却存在很大差异。由德国人埃瓦尔德·冯克莱斯特于 1962 年创办的慕尼黑安全政策会议（原名世界防务会议），是欧洲讨论有关欧美关系最重要的会议之一。在 2010 年第 46 届慕尼黑安全会议上，伊朗核问题成为讨论的重点。伊朗外长穆塔基会上发言表示，"伊朗生产高浓缩铀绝非为了制造核武器，而是出于非军事化的民用目的"。这一说法没有获得国际社会的认可，西方国家对伊朗的意图普遍持怀疑态度，继续在核燃料交换的问题上向伊朗施加压力。① 这一定程度上表明在他国主导的论坛上，如果参与国本身实力不够强大，很难获得多少收益。相反，作为东道主，则可以从议题设置、人员邀请等方面做出有利于主办方的设置，化被动为主动。

在议题设置上，世界和平论坛保持了全球性和地区性问题的平衡。设三场大会，议题分别为"当前国际安全形势""国际安全合作方向""大国关系与国际安全"。设 18 个小组讨论会，主要议题包括"亚太地区的安全合作机制""中东地区冲突及和解出路""地区安全机制在地区冲突中的作用""中国发展道路与世界和平""防止核扩散的合作""网络安全的国际合作"等。② 从上述议题看，世界和平论坛较为巧妙地规避了对"中国威胁论"的涉及，把中国在全球和地区安全问题所做的贡献融入与他国"合作"的议题中。在各小组讨论的正式会议上，专家学者都一致认同中国在政治、安全、经济、宗教等领域所做的努力。一方面，将中国学者的

① 《慕尼黑安全政策会议闭幕，伊核问题引关注》，http://news.xinhuanet.com/world/2010 - 02/08/content_ 12952318_ 2. htm。

② 18 个小组的议题分别为："世界安全形势发展趋势""建立新型大国关系促进世界和平""国际经济危机中的国际安全合作""宗教与政治改革的国际安全影响""发达国家与新兴经济体的合作""减少意识形态分歧对国际安全的影响""亚太地区的安全合作机制""中东地区冲突及和解出路""地区安全机制在地区冲突中的作用""维护国际安全的责任""非传统安全的国际合作""国际安全危机的防范与管理""社会发展与国际安全""联合国在国际安全事务中的作用""中国发展道路与世界和平""防止核扩散的合作""能源安全""网络安全的国际合作"。

观点与他国学者进行交流本身就是在做以国外精英为受众的公共外交工作；另一方面，中国的"好"通过他国参会人员的报告"讲"出来和通过他们的"口"传播出去，从公共外交的实施效果上看，对他国民众更具说服力。

在人员邀请上，论坛同样注重涵盖全球性的参与。不仅邀请了发达国家如美国、日本、法国等国的代表，还邀请了欠发达国家老挝、埃塞俄比亚、津巴布韦、肯尼亚等国的代表。据统计，来自五大洲 41 个国家的近 150 名代表参加了此次论坛。代表的均衡性改变了以某类国家为主导、某种价值观占优的局面。由于不同类型国家的参与者有着不同的利益需求，因此此次论坛很好地稀释了对某些敏感问题的过分关注。

为期两天的世界和平论坛始终萦绕着"谈合作、不谈崛起，谈贡献、不谈威胁"的友好氛围。当前西方媒体及一部分人士由于难以适应中国的快速发展而导致心态失衡，或者由于社会制度、价值观念和意识形态的不同而产生偏见，因而极力炒作诸如"威胁论""责任论""傲慢论"和"崩溃论"等针对中国的各种负面论调。但这次世界和平论坛的外国与会者却普遍发出了与此完全不同的声音。根据会后的统计，除中国以外的 21 个国家的几十家媒体对论坛的举办和习近平在会上的讲话都无一例外地做了积极正面的报道。① 外媒聚焦并高度评价习近平出席论坛的重要性，视习近平的致辞为中国今后在世界和平安全问题上的立场和政策主张的重要参考，并对其提及的中国追求世界和平、承诺不称霸、维护地区稳定、树立新安全观等内容做了集中报道。主要报道内容如下。

---

① 这些媒体是美国的 New York Times、The Christian Science Monitor，英国的 BBC、Reuters、Sky News、The Daily Telegraph，俄罗斯的 RUS News，法国的 Agence France Presse、France24，德国的 German Press Agency，爱尔兰的 Radio and Television of Ireland，荷兰的 Radio Netherland Worldwide，日本的 Kyodo News Service，澳大利亚的 Australian Association Press、Business Spectator、Perth Now、Big Pond News、Adelaide Now、The Courier - Mail、The Australian、Herald Sun，新西兰的 MSN NZ News，新加坡的 Asia One、Channel News Asia、The Straits Times，印度的 Economic Times、ZEE News、Asian Age，孟加拉国的 New Age Bangladesh，马来西亚的 Sin Chew Daily、Bernama、Borneo Post、Free Malaysia Today，越南的 Tuoi Tre Newspaper，菲律宾的 Philstar、泰国的 Asia News、Bangkok Post，阿拉伯联合酋长国的 Gulf Today，阿曼的 Times of Oman、Oman Observer，卡塔尔的 Gulf Times，约旦的 The Star 等。

1. 关于中国的和平崛起。法国的 Agence France Presse（法新社）以
"下届领导人称无须害怕中国"为题，从中国绝对不会把自己的意志强加于
人、摒弃落后的观念和致力维护世界和平等三方面解读习近平的致辞。[①] 该
报道内容也被其他媒体高频度地转引。如荷兰的 Radio Netherland World-
wide，印度的 Economic Times，阿曼的 Times of Oman、Oman Observer，马来
西亚的 Free Malaysia Today，新加坡的 Asia One、Channel News Asia 等媒体，
包括题目在内全文转引。英国的 BBC，澳大利亚的 Australian Association
Press，印度的 Asian Age，卡特尔的 Gulf Times 等，分别以"习近平讲话，
承诺中国和平崛起""中国寻求和平，下届领导人称""无须害怕中国，习
近平""近平说无须害怕中国"等为题，做了全文转引。据统计，约有 30
家外国媒体采用了相同的报道内容。

2. 关于中国维护世界和平的理念、原则和承诺。泰国的 Asia News 全文
转引 China Daily 的报道，以"中国呼吁世界共同追求和平"为题称，"习近
平表示，为实现国际安全，必须恪守以发展求安全、以平等求安全、以合
作求安全、以创新求安全的五项原则"。"中国表示，将继续坚持走和平发
展道路、将继续坚持推动构建新型大国关系、将继续坚定维护亚太地区和
平稳定、将继续坚持承担应尽的国际责任和义务"[②]。马来西亚的 Sin Chew
Daily 也详细报道了习副主席提到的"为共同应对各种问题和挑战，携手营
造和谐稳定的国际和地区安全环境，应恪守的理念和原则"以及"中国的
四项承诺"[③]。

3. 关于中国的周边政策。马来西亚的 Sin Chew Daily 以《世界和平论
坛·习近平：坚持睦邻友好》为题做了报道，称"习近平强调，中国始终
坚持睦邻友好，坚持与邻为善、以邻为伴的方针，努力营造和平稳定、平
等互信、合作共赢的地区环境，将继续坚定维护亚太和平稳定"。"中国将

---

① Ng Han Guan, "Leader – in – waiting says no need to fear China," http：//za. news. yahoo. com/
leader – waiting – says – no – fear – china – 074901819. html.

② Qin Zhongwei, "China urges world to seek peace together," http：//www. asianewsnet. net/home/
news. php？ id = 33063&sec = 1.

③ 《世界和平论坛·习近平：坚持睦邻友好》，http：//www. sinchew. com. my/node/253400？
tid = 2。

继续妥善处理与有关国家的分歧、摩擦，在坚定捍卫国家主权、安全、领土完整的基础上，共同维护与周边国家关系和地区稳定大局"。① 印度的 ZEE News 以"中国将不强加意志给其他国家"为题，称"面对周边海洋小国在南中国海争议岛屿上的挑战，中国今天强调说，不会把自己的意志强加给他人，寻求共同努力解决有关地区安全与和平的问题"。②

可见，作为利用己方开发的公共外交平台、努力表达中国合理诉求、积极展示真实中国面貌和政策的清华国际安全论坛，通过自身的努力在一定程度上改观了目前国外媒体对中国的认知。外国媒体正面信息的报道由此带来对本国民众乃至国际社会的辐射效应则更为巨大，对以普通民众为受众的公共外交的开展有着极为重要的作用。与会的外国嘉宾也普遍高度肯定清华大学主办这个论坛的积极意义，认为中国举办这样的国际安全论坛意味着开始准备承担更多的国际安全责任。可以说，世界和平论坛的举办对影响国际社会对中国的认知起到了很好的桥梁作用，中国的成绩和制度在逐步被认可，中国政府的国际合法性相应得到了提升。

（二）2008 年北京奥运会前的两次危机

2008 年北京奥运会的成功举行让世界重新认识了中国。但自 2001 年北京申奥成功至 2008 年奥运会开幕，国际社会一直不乏对中国举办奥运会的反对和抵制，更有一些反华势力利用某些国际问题（如苏丹达尔富尔问题、缅甸社会动乱问题）和一些国内事件（如所谓的"新闻自由""北京空气质量问题""中国食品质量问题"等）制造多种事端，诋毁、抹黑中国。

例如在国际问题上，日本右翼分子石原慎太郎早在 2005 年 6 月在东京接受英国《泰晤士报》专访时就称，基于日本足球队在中国参加亚洲杯赛时曾遭到中国球迷攻击，他主张抵制北京奥运会。石原说，在国际政治上，北京奥运会具有与 1939 年德国柏林奥运会同样的重要性，在柏林奥运会上，希特勒意在向盟国炫耀武力，而北京亦打算做同样的事情。2007 年 3 月 28

---

① 《世界和平论坛·习近平：坚持睦邻友好》，http：//www.sinchew.com.my/node/253400?tid = 2。

② "Will not impose will on other countries：China," http：//zeenews.india.com/news/world/will - not - impose - will - on - other - countries - china_ 786093. html.

日，美国女演员、联合国儿童基金会亲善大使米亚·法罗在《华尔街日报》上撰文《种族灭绝的奥运会》，将 2008 年北京奥运会同苏丹达尔富尔问题联系起来，称 2008 年北京奥运会的口号是"同一个世界，同一个梦想"，而"现在有另一个口号在流传，不是'同一个世界，同一个梦想'，而是'种族灭绝奥运会'"。2008 年 2 月，国际知名导演斯皮尔伯格以"达尔富尔问题"为由辞去"北京奥组委"顾问职务。欧洲议会副主席麦志德则将缅甸问题抬出，称缅甸是中国的"傀儡"，建议如果中国不干预缅甸，欧盟各国应抵制北京奥运。

不仅如此，许多国家还在中国国内事件上多番发难。英国奥委会提出运动员在北京奥运会期间自带呼吸器；美国队宣称要自带食品；一些国家宣称，因为北京空气质量问题，运动员只能在日本、韩国开展适应性训练等。可以说，这是以北京主办奥运会为催化剂，国际社会对中国国际影响力快速上升的一种必然反应。北京奥运会被许多国家视为迫使中国"政治转型"的大好时机，围绕北京奥运会所发生的争论在奥运会前夕逐渐发展到空前泛"政治化"的程度。可见，对即将举办奥运会的中国而言，如何扭转西方媒体业已形成的"社会议题奥运化、奥运议题政治化"的报道框架，如何令国际社会正确看待中国所取得的成绩，使其充分认识到中国制度选择的必然性，成为奥运会前夕中国政府最重要的公关议题。在这个特殊的时间节点上，中国政府对国际合法性的需求愈加突显出来。

在 2008 年奥运会前夕，中国国内先后经历了"3·14"拉萨严重暴力事件和"5·12"汶川大地震两次大规模的公共危机。在这两次危机面前，中国的公共外交是如何作为的？国际社会的反应又有何差异呢？以美国《国际先驱论坛报》为例，在"5·12"地震后 2 周内发表了 51 篇报道，包括特稿、评论、消息和通讯社稿件。其中，正面报道 15 篇，负面报道 4 篇，中性报道 32 篇。对比在"3·14"西藏打砸抢烧事件后 2 周内同一媒体的反应，两者间具有巨大的差异。① 两次危机后的报道之所以有明显的反差，虽然一定程度上和两次危机的性质有所关联（一次是人为危机，一次是自

①　周庆安：《大规模公共危机中的国家形象塑造——以 5·12 汶川大地震中中国国家形象为例》，《对外传播》2008 年第 7 期，第 38 页。

然危机），但如前所述，在当时国际社会对中国举办奥运会已普遍形成一股强大的政治压力的大背景下，前后两次的反应，尤其是在汶川地震后的种种赞誉，很难仅用危机性质不同来解释。不妨对西藏和汶川两个案例做一具体对比。

2008 年 3 月 14 日，一群不法分子在中国西藏自治区首府拉萨市区的主要路段实施打砸抢烧，焚烧过往车辆，追打过路群众，冲击市场、电信营业网点和政府机关，给当地人民群众生命财产造成重大损失，使当地的社会秩序受到严重破坏，13 名无辜群众被烧死或砍死，造成直接财产损失超过 3 亿元。

事件发生后，虽然中国也采取了应对手段，例如央视播出了《揭穿"中国军人""假冒僧侣"谎言》等专题片斥责国外媒体的不实报道，中国日报（China Daily）等纸媒也采取了诸如用事实说话、驳斥不实报道等措施，努力澄清事实真相，平衡并引导国际舆论。① 但是在 3 月 14 日事件爆发后的最初几天里，拥有丰富信息源的中国国内媒体却一度集体性"失语"，对此事件的报道数量相当有限，仅提到西藏拉萨发生打砸抢烧事件，为事件定性，却没有充分报道事实来增强说服效果。中国媒体在西藏事件初期报道上的时间滞后性和报道片面性，不仅将危机初期的舆论阵地拱手相让，令中国政府和媒体在之后的很长一段时间内疲于进行辟谣、辩解和澄清工作，更重要的是让大批受众受到歪曲报道的先期误导，在先入为主的"首因效应"作用下，形成了对西藏"3·14"事件的"刻板"印象。② 受在这一危机中公共外交工作滞后的影响，这场分裂国家的暴乱行动在国外短时间内一度演化成一场声势较大的反华运动，西方一些媒体不仅无视这一严重践踏人权的暴力事件的破坏性，反以"违反人权"等话语诋毁中国，强化对中国的负面报道。

美国之音、BBC、CNN 等西方传媒不间断进行负面宣传报道。西方民调甚至一度显示：中国已取代伊朗和朝鲜，成为破坏世界稳定的头号敌人。

① 孙尚武、童猛：《注重客观报道平衡国际舆论——〈中国日报〉"3·14"事件报道分析》，《新闻战线》2008 年第 8 期，第 17～19 页。
② 杨秀国、张筱筠：《"3·14"事件报道：凸显国际话语权掌控任重道远》，《新闻战线》2008 年第 8 期，第 23～25 页。

4月9日，美国国会众参两院分别通过有关西藏的决议案。次日，在布鲁塞尔举行的欧洲议会也通过了所谓"西藏问题决议"。美欧议会的决议案肆意歪曲西藏的历史和现实，粗暴干涉中国内政，公然支持达赖集团分裂中国的主张。伦敦（4月6日）、巴黎（4月7日）、旧金山（4月9日）等地的火炬传递也先后受到"藏独"分子和西方反华势力的阻挠和干扰，甚至发生了暴力冲击奥运圣火、抢夺火炬的事件。根据学者对2008年4月8日至5月8日这一时间段中《纽约时报》有关中国报道的分析，在此期间报道集中处于负面状态，带有负面倾向性的报道占到了一半以上。① 以"3·14"事件为导火索，西方世界借题发挥，在国际上掀起了新一轮的排华、辱华浪潮，这无疑在相当大的程度上给西方社会反华以口实，加剧了西方社会对中国和中国政府的抵制程度，损害了中国的国际合法性。

对比"3·14"事件，"5·12"汶川地震后中国的公共外交活动开展得就要及时有效得多。2008年5月12日，四川汶川、北川地区发生8级强震，造成近7万人遇难，1.8万人失踪，直接经济损失达8452亿元人民币。14时45分，新华社打破常规，发出第一条英文快讯，第一时间根据中国地震局震情通报，向全世界发布了权威、准确的消息。该条快讯领先于所有外电，比法新社早6分钟，比美联社早8分钟。14时56分，新华社从成都发出第一张地震图片，时效领先全球各大媒体。人民日报社收到汶川地震信息后，当即决定派记者去前线，并成立"抗震救灾领导小组"。15时04分，中央人民广播电台中国之声插播地震消息。15时30分，该台成为第一家采访到中国地震局专家的媒体，决定从19时至次日凌晨1时30分推出特别节目《汶川紧急救援》。中央电视台多个频道也随即在滚动新闻中及时报道了地震情况。新闻频道在地震发生后32分钟首发新闻，52分钟后推出直播特别节目《关注汶川地震》。

在地震发生数十分钟后，中国各主要媒体第一时间发布了各地的震感信息，帮助海内外公众了解真相，避免谣言的散布和恐慌的发生。据统计，从12日地震发生后至16日，仅新华社就已播发有关汶川大地震和抗震救灾

---

① 李艳：《2008年上半年中国国家形象危机——基于〈纽约时报〉涉华报道（2008年4月8日~5月8日）的分析》，华东师范大学硕士学位论文，2009年4月。

的中英文文字和图片稿件 7000 多条；其中，对内中文稿 1300 多条，对外中文稿 1200 条，英文稿 880 条；对内中文图片 1400 张，对外中文图片 1300 张，英文图片 750 张。播发音频、视频节目总计 310 条，730 分钟。① 国外权威媒体大多援引新华社的消息并选用新华社的图片。

此次中国媒体报道的及时性、准确性、公开性和透明性不仅得到了国内社会公众的肯定，还赢得了国际社会的赞誉。西方社会和媒体大多对中国政府和媒体的表现给予正面的评论。美国《华尔街日报》报道称，中国官方媒体新华社此次对四川地震的报道之迅速、之全面，大出人们的预料。英国《泰晤士报》报道称，中国政府对四川地震的快速反应令人钦佩。日本共同社对中国媒体的快速反应感到惊讶，对《人民日报》抗震救灾报道工作部署安排十分赞赏，多次致电要求采访。②

不仅如此，美国《国际先驱论坛报》记者安德鲁·雅各布斯在《中国对地震的回应异常公开》一文中更是盛赞道："尽管世界很多地区有大量这样的灾难场景，但对于一个有着隐瞒自然灾害历史的国家而言，电视上不断播放的救灾工作是了不起的。"③《国际日报》发表评论文章说，由于中国政府在灾害发生后的迅速行动和媒体信息的迅速公布，使得西方媒体对汶川地震的报道几乎都成了正面性的报道。④

5 月 20 日新加坡《联合早报》载文说："刚刚过去不久的西藏事件使中国蒙冤不少。自这次地震发生以来，中国媒体向世界呈现了其不同的面貌，中国完全变成了透明的。从前，很多人尤其是海外华人要从西方媒体获取最新信息。但这次，人们则可以从中国的媒体中获取消息了。西方主要媒体尽管也有他们自己的媒体人在现场，但主要新闻来源则是通过中国媒体。西方媒体惊叹中国媒体的开放性……前不久，西方媒体还连篇累牍报道西藏事件、奥运火炬抗议活动等等，似乎要把中国妖魔化。但这次来了一个

---

① 刘振生：《四川汶川大地震中央媒体报道纪实》，http：//media. people. com. cn/BIG5/22114/51455/124046/7337542. html。
② 李红秀：《从汶川地震看中国媒体的策略》，《新闻爱好者》2008 年第 24 期，第 51 页。
③ 《西方赞中国式救灾：领导力强，军队神速，媒体透明》，http：//news. xinhuanet. com/mil/2008 - 05/16/content_ 8183794. htm。
④ 《西媒对汶川地震报道成正面性》，http：//news. enorth. com. cn/system/2008/05/16/003282353. shtml。

大转弯，大量正面报道四川地震和中国政府赈灾进展。"①

在相隔时间不长的两次危机中，中国政府尤其是官方媒体的反应存在很大差异：前者反应滞后、透明度低，公共外交的努力较弱；后者反应积极、透明度高，开展了全方位的公共外交努力。与此相对应，前者在国际社会造成了较恶劣的影响，并由此导致了西方社会呼吁"抵制北京奥运"。后者则产生了积极影响，得到了国际社会的普遍认可。这显示出，积极有效的公共外交对化解北京奥运会时中国的国际压力、提升国际合法性有重要的意义。在国际社会对中国所取得的成就普遍质疑的大背景下，如果开展公共外交，那么中国的合法性就会得以维护和提升；如果公共外交缺位，那么中国的合法性就很可能受到损害。

四　结论

当前中国公共外交应以何为目标，学术界现有的回答大都失之于笼统，普遍忽视了外交目标所应具备的阶段性和时代性。任何外交政策和外交行为，都应服务于一国的国家利益。不同的国家利益在一国发展进程的不同阶段的优先排序是不同的，这决定了包括公共外交在内的所有外交工作在不同阶段所追求的首要目标是不同的。从经验上看，新中国成立以来的六十多年间，中国公共外交在不同的历史阶段也的确呈现出不同的特点，其追求的目标与当时中国的核心国家利益密切相关。理论和经验两方面的分析都表明，进入 21 世纪以来的中国公共外交，其目标理应取决于——并且应当能够充分反映——这一时期中国的核心国家利益。

对于进入 21 世纪以来的中国而言，随着其崛起势头的加快以及国家实力地位和国际影响力的不断扩大，提高政府的合法性，是保持中国持续快速发展、规避和化解国际压力的关键。因此，保持和提升政府合法性，应当作为当前中国公共外交的首要目标。那么，公共外交是否具备提升合法性的功能？公共外交的开展与否对中国政府的国际国内合法性是否存在显

---

① 郑永年：《四川地震与中国民族精神的再现》，http://www.zaobao.com/special/forum/pages6/forum_zp080520b.shtml.

著的影响？本章第四节通过实证回答了这一问题。案例分析显示，公共外交具有提高对内和对外合法性的功能。当中国随着自身实力的崛起而出现提高合法性的需要时，如果公共外交做得不够或不作为，那么政府的合法性将有可能被削弱；反之，积极的公共外交活动有助于维护和提升政府的国际国内合法性。

既然当前中国外交工作的核心任务是提升政府合法性，从而帮助中国更加顺利地实现和平崛起，而公共外交对于提升合法性的功能和重要性又十分显著，那么对于当前的中国而言，公共外交的战略目标就应当设定为追求政府在国内外的合法性。在现阶段，公共外交与中国政府合法性两者之间是手段与目的的关系，前者是后者实现的必要条件。明确当前中国公共外交应当追求的主要目标，对于更有效地开展公共外交工作、促进中国核心国家利益的实现，有着重要的政策意义。

（曹玮　赵可金）

第八章　中国东亚政策的战略
效应（1997～2012）

20世纪90年代中期以来，中国实力的逐步上升导致东亚国家①对中国的战略担心逐步加深。为了营造相对良好的周边安全环境，尽可能缓解所面临的崛起困境，20世纪90年代中期以来，中国一直努力尝试弱化周边国家的疑虑与不安，并于2003年10月正式提出了"睦邻、安邻、富邻"的政策主张，积极推进与东亚国家的互利合作。② 正如温家宝总理所言，"在合作中谋发展，在合作中谋安全，是新时期中国对外政策的重要组成部分"③。

但是，中国的合作政策往往难以坚持，成效也难以持久。④ 例如，2009年之后，中国与菲律宾、越南等国的南海争端又逐步趋于紧张，并在2009～2011年期间连续出现中国－越南以及中国－菲律宾之间的双边争端。⑤ 又

---

① 东亚国家包括地区内的中、日、韩、朝鲜、东盟十国和地区外的美国。

② 中国政策主张的提出，参见温家宝《中国的发展和亚洲的振兴——在东盟商业与投资峰会上的演讲》，http://www.fmprc.gov.cn/chn/pds/gjhdq/gjhdqzz/lhg_14/zyjh/t27173.htm；中国的"睦邻、安邻、富邻"政策与国际关系理论中的安抚政策实际上是相通的。理论上讲，安抚政策是指一国力图缓解其他国家对其意图（能力）担心的原则和实践。参见 Tang Shiping, *A Thoery of Security Strategy for Our Times: Defensive Realism*, Palgrave Macmillan: 2010, p. 132。

③ 《温家宝总理在第八次东盟与中日韩领导人会议上的讲话》，2004年11月29日，http://www.fmprc.gov.cn/chn/zxxx/t172444.htm。

④ 中国东亚安抚政策的核心目标是弱化周边国家对中国实力地位上升的担心，尽可能缓解中国的安全压力，维持相对有利的周边安全环境。因此，本文考察中国安抚政策效果的方法是考察中国的安全压力是否上升。具体包括：相关国家是否采取行动强化主权领土诉求；是否采取行动做出针对中国的战略调整和安排。

⑤ 《中国与东盟签署〈南海各方行为宣言〉》，2002年11月5日，http://news.xinhuanet.com/newscenter/2002-11/05/content_618162.htm；《菲律宾总统不顾中国反对签署侵占黄岩岛法案》，2009年3月12日，http://news.qq.com/a/20090312/000913.htm；《菲律宾议员赴南沙登岛升旗中方抗议》，2011年7月20日，http://news.163.com/11/0720/20/（转下页注）

如，2010 年 9 月，日本海上保安厅在钓鱼岛附近海域以涉嫌妨碍公务逮捕了中国渔船的船长，并试图按"国内法"将其移交冲绳县那霸检方"处理"，导致两国关系迅速恶化。[①] 2012 年 9 月 11 日，日本政府与钓鱼岛所谓"拥有者"栗原家族正式签署钓鱼岛"购买"合同，引发中国政府强烈的反制措施和国内民众的大规模抗议，[②] 两国关系陷入建交以来的最低谷。

面对这些国家在与中国领海主权纠纷中的挑衅行动，中国也尝试采取了一定的反制措施，力图维护自身的合法权益，并取得了较为积极的战略效果。例如，2012 年 4 月，在黄岩岛争端中，菲律宾最终撤出舰队，并承认黄岩岛处于中国的有效控制。[③] 2012 年 9 月 10 日，日本政府采取所谓的"购买"钓鱼岛行动之后，中国公务船只开始对钓鱼岛及其附属岛屿开展常态化监视监测和执法巡航，包括进入钓鱼岛 12 海里海域续航，并多次驱离在钓鱼岛海域内非法作业的日本渔船，很大程度上动摇了日本对钓鱼岛的实际控制。[④]

如何理解中国东亚政策战略效果的差异和起伏变化？这是本章要关注的核心问题。我们将从中国东亚政策的分类和评估标准入手，通过细致的案例比较分析，评估中国不同类型东亚政策战略效果及影响其成败的主要原因和核心机制，最后提出中国东亚政策转型的思路和建议。

一　政策分类与评估

对外政策是一国对外行为的行动准则和行动计划，其目标是维护本国的

（接上页注⑤）79ECJBNJ00014JB6. html；《我赴西沙护渔渔政船 23 日在北部湾海域巡航》，http：//news. xinhuanet. com/politics/2009 – 05/23/content_ 11424548. htm；《中国最大最先进海巡船将开赴中越边界宣示主权》，http：//mil. news. sohu. com/20110801/n315064180. shtml。

① 《姜瑜：日方对钓鱼岛海域中国渔船适用日本法是荒唐的》，http：news. xinhuanet. com/2010 – 09/09/c_ 12536845. htm。

② "More Protests in China Over Japan and Islands", *New York Times*, September 18, 2012, http：//www. nytimes. com/2012/09/19/world/asia/china – warns – japan – over – island – dispute. html。

③ 《外交部发言人刘为民就当前黄岩岛局势答记者问》，2012 年 6 月 5 日，http：//www. fmprc. gov. cn/mfa_ chn/wjdt_ 611265/fyrbt_ 611275/t938270. shtml。

④ 《日媒：日本对钓鱼岛的有效控制已动摇》，2013 年 9 月 12 日，http：//news. xinhuanet. com/world/2013 – 09/12/c_ 125373115. htm。

国家利益。为了有效维护国家利益，对外政策必须能够影响其他行为体的行动。因为国际体系中所有利益都无法真正平等地分配，每个国家都需要其他国家的支持和配合，才能更好地实现利益目标。[①] 施加影响的能力必须依靠实力资源，并选择使用这些资源的方式。实力资源可以分为两类：一是安全资源，如军事实力、盟友、国际政治组织或安全组织的表决权等；二是经济资源，如整体经济实力、市场规模、市场准入权力等。使用方式上，霍尔斯蒂（K. J. Holsti）列举了六种：使用武力、以暴力方式施加惩罚、以惩罚相威胁（大棒政策）、给予奖赏（胡萝卜政策）、悬赏和劝说。[②] 但上述六种方式可以简化为两个类型：积极诱导和消极惩罚。

根据上述两个标准，可以划分出中国对东亚国家政策的四个基本类型：

	安全资源主导	经济资源主导
积极引导	战略安抚	经济安抚
消极惩罚	战略强制	经济制裁

表 8 - 1　中国对东亚政策基本类型

（1）战略安抚。利用中国掌握的安全资源，采取东亚国家更为接受的政策主张和措施，缓和与东亚国家在领土争议等战略安全问题上的争议，推动东亚国家放弃损害中国核心利益的政策和行为，或者采取支持中国维护核心利益的政策行动。

（2）战略强制。利用中国掌握的安全资源，阻止东亚国家在领土争议等战略安全问题上实现其利益主张，包括使用或威胁使用武力，以迫使其放弃损害中国核心利益的政策和行为，或者采取支持中国维护核心利益的政策行动。

（3）经济安抚。利用中国掌握的经济资源，如市场规模、市场准入等，满足东亚国家的经济需求，借此实现利益交换，推动东亚国家取消或逐步

---

① 布鲁斯·拉西特、哈维·斯塔尔：《世界政治》，王玉珍等译，华夏出版社，2001，第158~159页。

② 布鲁斯·拉西特、哈维·斯塔尔：《世界政治》，王玉珍等译，华夏出版社，2001，第115页。

取消损害中国核心利益的政策和行为，或者采取支持中国维护核心利益的政策行动。

（4）经济强制。利用中国掌握的经济资源，阻挠东亚国家在战略问题上实现其利益主张，如贸易禁运、设置贸易壁垒等，迫使东亚国家放弃损害中国核心利益的政策和行为，或者采取支持中国维护核心利益的政策行动。

需要说明的是，由于任何国家实际执行的政策都是多种策略的组合，因此上述分类无法与中国实际奉行的战略完全吻合，但可以较为客观地描述中国针对某一事件、某一问题的主导策略。所以，依据上述分类对中国对美政策的实际效果进行评估，能够实现研究目标。

就政策成败的评估标准，肯尼斯·沃尔兹（Kenneth Waltz）认为，检验政策的最终标准是成功与否。而成功的定义是：国家生存得以维持；国家实力得以增强。[①] 不过值得注意的是，在崛起阶段国家实力的增强会损害崛起大国的安全。[②] 也就是说，崛起国家会遭遇崛起困境的挑战。崛起困境是指，在崛起进程中，崛起大国既要维持国家实力上升和影响力扩展、同时又要尽可能降低体系安全压力的两难局面。[③] 因此，衡量崛起国政策成败的关键在于，能否降低体系安全压力，缓解崛起困境。

对于中国而言，"冷战"结束后在东亚地区面临的安全压力主要来自两个方面。一是主权争端引发的压力。主要表现在"台独"趋势和中国与日本、越南、菲律宾、马来西亚等国的领海主权争端。二是主导权转移引发的压力。主要表现在东亚国家将中国扩展地区影响力视为战略威胁，并采取措施阻挠中国在东亚地区扩展影响力。为了避免分类重叠，此类压力只涉及与中国没有直接主权争端国家施加的安全压力。比如，澳大利亚接受

---

① 罗伯特·基欧汉编《新现实主义及其批判者》，郭树勇译、秦亚青校，北京大学出版社，2002，第105页。不过，沃尔兹对国家生存并未作出明确界定。Burak Kadercan, "Making Sense of Survival: Refining the Treatment of State Preferences in Neorealist Theory," *Review of International Studies*, 2013, p. 4.

② Davide Fiammenghi, "The Security Curveand the Structure ofInternational Politics: A Neorealist Synthesis," *International Security*, Vol. 35, No. 4, 2011, pp. 131–136.

③ 孙学峰：《中国崛起困境》（第二版），社会科学文献出版社，2013。

美国在达尔文港驻军，强化与美国安全合作；美国介入中国与东亚国家的主权领土争端，向中国施加安全压力等。

根据以上思路，本文将中国的东亚政策效应分为两个等级，具体标准如下。

（1）成功：中国与周边国家的主权领土争端出现有利于中国的变化或达成双方能够认可的共同开发协议；东亚国家采取行动接受或不公开反对中国地区影响力扩大，如支持中国的战略安全倡议和政府白皮书并不将中国视为威胁等。

（2）失败：中国与东亚国家的领土争端出现不利于中国的变化，东亚国家主动挑起与中国的主权争端；东亚国家公开反对、阻挠中国扩展地区影响力，如呼吁超级大国制衡中国、强化同盟关系制衡中国、拒绝中国的战略安全倡议等。

为了保证对政策实际效果测量的有效性和可信性，本章采取了如下方法。（1）选择"冷战"后东亚国家向中国施加压力最为明显的阶段、双方矛盾最为尖锐的问题领域作为研究案例。原因是在这些阶段和问题上，双方的政策措施较为具体，如明确宣布执行或采取强制措施，因而易于描述双方初始政策及其变化，有助于较为准确地判断政策效果。（2）重点考察中国政策执行 1~2 年后，中国承受体系压力的变化，尽可能排除其他因素的影响。（3）尽可能利用能直接证明政策效果的经验证据，如决策者的行为和言语。对于难以发现的类似的经验材料，尽可能使用共识程度较高的经验材料，作为分析性推论的基础。

二　经济安抚

经济安抚战略能够有效缓解对华经济利益优先国家的战略压力，典型例子是泰国和马来西亚。例如，1997 年的金融危机之后，随着中国经济安抚政策的落实，中泰关系出现了巨大的转折，泰国对华的政治安全政策趋于温和友好，其主要原因在于在中国崛起背景下泰国特别重视对华经济合作，以有助于落实国内经济优先的战略部署。不过，对于对华战略利益优先的国家，经济安抚战略虽有强化效果，但无法单独发挥作用，其前提条件是不能存在主权领土争端或地区主导权分歧。本节我们以泰国为核心案例，说明中国经济安抚政策发挥作用的条件与机制。[①]

（一）中国对泰国的经济安抚

"冷战"结束后，泰国对华政策的基础逐步从重安全转变为重经济。[②] 1997 年金融危机使泰国经济遭到重创。在泰国振兴经济、落实经济优先战略的过程中，中国日益成为不可或缺的战略伙伴。亚洲金融危机爆发后，中国通过国际货币基金组织以及双边渠道，向泰国等国提供了总额超过 40 亿美元的援助。同时，从维护本地区稳定和发展的大局出发，中国决定人民币不贬值，此举对亚洲金融和经济的稳定发挥了重要作用。[③] 而东亚经济和金融趋于稳定十分有助于泰国经济的恢复。

金融危机同时使泰国意识到，出口集中于少数贸易伙伴，导致其经济复苏缺乏稳定性，如 2001 年泰国经济就因美国市场不景气的影响而出现衰退。[④] 此外，过多地依赖于单一市场也会使泰国在对外交往中处于受制于人的不利位置。中泰两国在资源、市场、产品结构方面虽然有竞争的一面，但总体而言互补性大于竞争性。[⑤] 研究发现：中国的出口与印度尼西亚、韩国、泰国、新加坡、马来西亚、菲律宾和中国的台湾地区的进出口之间互补性较小，而进口与中国的台湾地区、韩国、印度尼西亚、马来西亚和泰国的进出口之间具有较强的互补性。[⑥] 换而言之，中泰双方在基于资源禀赋的传统贸易上的互补性非常明显。[⑦] 此外，中国的新技术可以弥补泰国相关领域的不足，

---

① 以下案例改写自孙学峰、徐勇《泰国温和应对中国崛起的动因与启示》，《当代亚太》2012 年第 5 期，第 87～95 页。

② Chulacheeb Chinwanno, "Thai – China Chinese Relationship: Security and Strategic Partnership," *Working Paper*, No. 155, S. Rajaratnam School of International Studies, March 2008, p. 18.

③ 《面对亚洲金融危机，中国采取积极政策》，http://www.fmprc.gov.cn/chn/pds/ziliao/wjs/t8973.htm。

④ 周方冶：《泰国对华友好合作政策的动力与前景》，《当代亚太》2004 年第 11 期，第 21 页。

⑤ 余定邦、陈树森：《中泰关系史》，中华书局，2009，第 393 页。

⑥ 于津平：《中国与东亚主要国家和地区间的比较优势与贸易互补性》，《世界经济》2003 年第 5 期，第 34 页。

⑦ 黄金贞、卢光盛：《泰中贸易的现状、问题及前景分析——泰国的视角》，《东南亚纵横》2011 年 9 月，第 78 页。

中泰两国产业结构的变化也使两国贸易形式趋于多样化，直接易货贸易、补偿贸易、合资发展出口工业等方式都有助于增强双方经贸关系的互补性。[①]

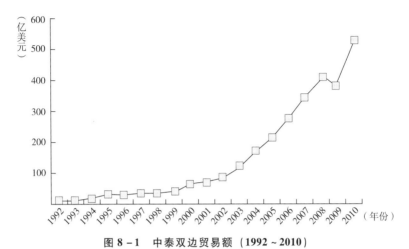

图 8 - 1　中泰双边贸易额（1992~2010）

资料来源：《中泰贸易历年数据》，http://wenku.baidu.com/view/769633c59ec3d5bbfd0a7492.html。

因此，泰国积极支持中国加入世贸组织，期望扩大对华贸易，将中国经济崛起视为难得的发展机会。[②] 他信执政伊始就把中国作为泰国最重要的新兴市场。2003 年上半年，泰国对华出口增幅高达 65.2%。[③] 这一成果的取得在很大程度上得益于泰国政府的积极推动。2003 年 10 月 1 日，两国签订了《中泰蔬菜水果零关税协议》，对双方的蔬菜、水果贸易实行零关税。这一措施直接带动了中泰贸易的大幅上升，双边贸易额达到 127 亿美元，中国随之成为泰国的第四大贸易市场。[④] 2005 年，除对中国出口增速由 24.5% 升为 28.5% 外，泰国对其他主要贸易伙伴的出口增速普遍下降，对日本出口由 2004 年的 18.1% 下降至 11.5%，对美国出口的增速则由 2004 年的 13.2% 下降至 9.6%。[⑤] 据统计，1996~2006 年间，泰国与中国贸易量

[①]　陈乔之等：《冷战后东盟国家对华政策研究》，中国社会科学出版社，2001，第 185 页。

[②]　Evelyn Goh, *Meeting the China Challenge*, p. 18.

[③]　《中国进出口商品主要国别（地区）统计》（2003 年 1~6 月），《国际贸易》2003 年第 8 期。

[④]　甘宜沅、黄晓、阮振华：《中泰贸易分析》，《东南亚纵横》2005 年第 11 期，第 56 页。

[⑤]　商务部投资事务促进局：《投资泰国》2006 年 9 月，第 29 页。http://hzs.mofcom.gov.cn/accessory/200701/taiguo.pdf。

的增长超出其与美国、日本贸易量增长的十余倍。① 2008 年，中国成为泰国
的第三大出口市场，份额增至 9.1%。② 泰国研究机构的分析认为，由于对
发达国家的出口呈缓慢增长趋势，泰国对中国的出口已成为推动泰国整体
出口增长的重要因素。中国经济持续稳定的增长已经对泰国贸易乃至泰国
整体经济的增长产生了极大影响。③

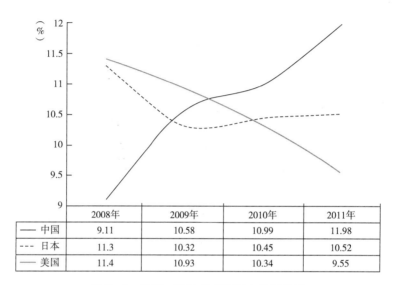

	2008年	2009年	2010年	2011年
—— 中国	9.11	10.58	10.99	11.98
--- 日本	11.3	10.32	10.45	10.52
—— 美国	11.4	10.93	10.34	9.55

图 8 - 2 2008～2011 年泰国三大出口市场

资料来源：中国驻泰国大使馆经济商务参赞处 http：//th. mofcom. gov. cn/aarticle/d/201201/
20120107942869. html。

2009 年中泰贸易受到金融危机影响有所下降，不过到 2010 年两国贸易
就恢复了增长。特别值得关注的是，2009 年泰国出口的主要市场是美国，
但在 2010 年前 8 个月内中国已成为其最大的出口市场。④ 2010 年全年中泰
双边贸易额为 529. 5 亿美元，同比增长 38. 6%，其中中国进口 332 亿美元，

---

① Evan S. Medeiros, ed, *Pacific Currents：The Responses of U. S. Allies and Security Partners in East
Asia to China's Rise*, RAND Corporation, 2008, p. 132.

② 《2011 年泰国主要出口市场》, http：//th. mofcom. gov. cn/aarticle/d/201201/20120107942869. html。

③ 《中泰经贸关系越来越密切合作前景十分广阔》，中国国际投资促进平台，2010 年 1 月 7
日，http：//www. ciipp. com/zh/index/view - 105016. html。

④ 博鳌亚洲论坛：《亚洲经济一体化进程 2011 年度报告》，对外经济贸易大学出版社，第 9
页。

同比增长 33.3%，中国成为泰国第一大贸易伙伴。① 2011 年，中国继续稳居泰国最大的出口市场，泰国出口至中国的贸易额占泰国出口总量的比例增至 11.98%。② 2011 年 12 月，中泰两国在曼谷签署货币互换机制协议，总额为 70 亿元人民币。这一货币互换机制的启动，意味着中泰两国的贸易和投资活动，可以直接使用本国货币计价和结算。泰国金融专业人士认为，在欧美经济前景不确定的情况下，泰国与中国签订货币互换协议有助于提高泰铢的稳定性，进而提高其宏观经济的稳定性。③ 2012 年 4 月 17 日，泰国总理英拉访华期间，两国商务部签署了经贸合作五年发展规划，涉及 14 个重点领域合作计划，包括贸易投资便利化、金融、农业、加工制造业、电子信息、通信、能源等。④

（二）总体效果

1997 年亚洲金融危机发生之后，中国奉行负责任的经济安抚政策使泰国认识到中国可以成为并且正在成为泰国的朋友。为此，1999 年泰国与中国签署了《中泰关于二十一世纪合作计划的联合声明》，决定继续保持两国外交部之间的年度高官磋商制度，并同意通过建立信任措施，加强安全合作，具体措施包括：促进战略与安全研究机构之间的合作，军方和外交官员就安全事务加强磋商，进行军事科技交流以及交换各种信息等。⑤ 泰国是东南亚第一个与中国签署类似条约的国家，泰国领导人相信经济快速增长的中国势必会在未来的地区和全球政治中扮演重要角色，中国的经济崛起对于泰国走出金融危机具有重要意义。⑥

　　"9·11"事件后，美国借反恐名义加快重返东南亚的脚步，不断深化

---

① 中国驻泰国大使馆：《中国与泰国关系概况》，2011 年 6 月 21 日，http：//www.chinaembassy.or.th/chn/ztgx/gxgk/t86119.htm。

② 《2011 年泰国主要出口市场》，http：//th.mofcom.gov.cn/aarticle/d/201201/20120107942869.html。

③ 暨佩娟、丁刚：《中泰将建立 70 亿元货币互换机制》，《人民日报》2011 年 12 月 22 日。

④ 《中国和泰国签署 7 项合作文件涉及 14 个重点领域合作计划》，http：//news.xinhuanet.com/politics/2012-04/17/c_111796195.htm。

⑤ 《中泰关于二十一世纪合作计划的联合声明》，http：//news.xinhuanet.com/ziliao/2002-08/28/content_541433.htm。

⑥ Chulacheeb Chinwanno, "Thai - China Chinese Relationship: Security and Strategic Partnership," p. 20.

与泰国等传统盟友的军事合作。① 与此同时，泰国也不愿疏远与中国的关系，认为与中国保持并开展良好的政治安全合作有利于泰国借助中国经济实现国内发展需求。2001年他信执政后，在造访美国之前，对中国进行了正式友好访问。② 2002年，经泰国提议，两军正式建立高层对话机制，中国还应泰国邀请成为美泰联合军事演习的观察员。③

2003年2月，他信总理访华，打破常规亲自向以胡锦涛同志为总书记的中国新一代领导集体道贺，意在进一步加深双方领导层的互信与友谊，以便顺利推进两国经贸合作的深入发展，从而巩固其中国－东盟间协调人的地位。④ 在泰国的倡导和推动下，中国于2003年10月加入《东南亚友好合作条约》，成为东南亚地区外第一个加入该条约的大国。⑤ 2005年12月，泰国接受中方提议，举行了首次海军联合搜救演习。⑥

他信被迫下台后，泰国历任政府依然坚持对华相对友好的态度，其原因在于泰国政府依然强调经济优先的发展战略，尤其是在泰国政坛、社会持续动荡的背景下更加需要经济上的恢复与发展。2007年2月，政变领导人颂提将军访华，《中泰战略性合作共同行动计划》的谈判得以恢复；与此同时，中方向泰方提供4900万美元的军事贷款。而此前，美国公开批评泰国军方推翻民选政府，并暂停了2400万美元的军事援助。⑦ 2007年5月28日，搁置已久的《中泰战略性合作共同行动计划》在北京正式签署，中泰之间的战略合作得到进一步加强。⑧ 在与温家宝总理会谈时，泰国总理素拉育表示泰国王室、政府和人民对中国政府和人民满怀友好感情，中泰两国亲密无间。⑨

---

① 潘远洋：《泰国军情探索》，军事谊文出版社，2010，第132页。

② Chulacheeb Chinwanno, "Thai－China Chinese Relationship：Security and Strategic Partnership," p. 20.

③ Chulacheeb Chinwanno, "Thai－China Chinese Relationship：Security and Strategic Partnership," p. 22.

④ 周方治：《泰国政府积极推动对华经贸关系的原因分析》，《当代亚太》2003年第10期，第41页。

⑤ 潘远洋：《泰国军情探索》，军事谊文出版社，2010，第133页。

⑥ Chulacheeb Chinwanno, "Thai－China Chinese Relationship：Security and Strategic Partnership," pp. 22－23.

⑦ 潘远洋：《泰国军情探索》，军事谊文出版社，2010，第143页。

⑧ Chulacheeb Chinwanno, "Thai－China Chinese Relationship：Security and Strategic Partnership," p. 21.

⑨ 《中泰签署战略性合作共同行动计划》，http：//news. sina. com. cn/c/2007－05－29/083911914769s. shtml。

2008 年全球金融危机爆发，泰国更加重视与中国的全面合作。2009 年美国国务卿希拉里·克林顿访泰前夕，泰国总理阿披实率团访问中国，其代表人数达到 120 人，是中泰建交以来人数最多的访华代表团。泰国当时担任东盟主席国，阿披实在中国－东盟自由贸易区实施前夕访华，不仅推动了两国伙伴关系向前发展，也促进了东盟与中国关系的进一步深化。[①] 为庆祝中泰建交 35 周年，2010 年两国开展了多项庆祝活动。同年，诗琳通公主入选"中国缘·十大国际友人"，总理阿披实为此在总理府举行了隆重的庆祝典礼。阿披实总理为出席上海世博会泰国馆日庆典和亚运会开幕式两度访华，并与中国多位国家领导人亲切会面。[②] 此外，中泰两军务实合作关系也得到进一步推动。[③]

2011 年 12 月，中国国家副主席习近平访泰期间，泰国副总理兼内政部长荣育接受媒体采访时明确表示，"三方（泰中美）关系是'远亲不如近邻'，中泰两国不仅是亲戚，更是关系要好的邻居，而美国在地理上较远，所以发展中泰关系，较美泰关系更为重要"。[④] 2012 年 4 月，泰国总理英拉访华，中国是其当选总理后出访的首个非东盟国家。在与温家宝总理会谈时，英拉感谢中方对泰抗洪救灾和灾后重建的帮助与支持，并表示愿与中方加强战略沟通，尽快完成湄公河中国船员遇害案的司法程序，依法严惩犯罪分子，切实维护湄公河航运安全。[⑤]

（三）具体案例

1. 达赖问题

20 世纪 80 年代末，达赖在国际舞台上逐步活跃，多次出访不同国家，仅 1991 年就访问了 17 个国家。[⑥] 1984 年、1987 年和 1990 年泰国政府先后三次拒绝达赖喇嘛入境，但 1993 年 2 月决定邀请达赖喇嘛访问曼谷。在接受泰国曼谷电视台采访时，达赖表示其出访泰国的主要目的是希望能够解救被

---

①　陈红升：《泰国：2009 年回顾与 2010 年展望》，《东南亚纵横》2010 年 5 月，第 24 页。

②　陈红升：《泰国：2010 年回顾与 2011 年展望》，《东南亚纵横》2011 年 3 月，第 45 页。

③　陈红升：《泰国：2010 年回顾与 2011 年展望》，《东南亚纵横》2011 年 3 月，第 45 页。

④　《泰国副总理荣育说，"远亲不如近邻"》，香港中通社，2011 年 12 月 23 日电。

⑤　《温家宝与泰国总理英拉举行会谈》，《人民日报》2012 年 4 月 18 日。

⑥　李因才：《达赖海外窜访路线图》，2009 年 10 月 28 日，http://news.qq.com/a/20091028/000531.htm。

软禁在仰光的缅甸最大反对党领导人昂山素姬。泰国政府发言人表示："达赖喇嘛来泰一事表明，泰国政治在亚太国家当中处于领先地位，说明泰国民主政治已有了很大改变，基于这些立场，我们无法拒绝达赖一行人入泰。相反地，这样做会使全世界更了解泰国，会提高泰国的地位。"①

泰国政府三次拒绝达赖来访，均发生在越南入侵柬埔寨事件期间，其主要考虑是借助中国更好地制衡越南，维护自身的安全利益。1989 年越南从柬埔寨撤军，泰国不再需要中国的安全保护，泰中关系的重心开始走向经济领域。泰国国防部发表的《1994 年泰国国防》白皮书认为："随着'冷战'的结束，不同意识形态的超级大国之间的对抗也随之结束，取而代之的是经济竞争。未来的冲突将集中在经济问题上，而不是意识形态争端。"②

泰国政府邀请达赖喇嘛期间，泰国经济发展较为顺利，与东盟国家联系紧密，而中国对其经济发展的意义较为有限。时值"冷战"结束之初，中泰在国际市场上竞争较为激烈，中国对泰投资相较泰国对华投资增长更为缓慢，中泰贸易不平衡且长期得不到有效解决。例如，1990～1992 年泰国的对华贸易逆差都超过了 4 亿元。与此同时，与东盟的经济合作似乎更符合泰国的经济利益，政治安全合作的重心也放在了东南亚国家。与中国的双边军事、安全合作虽然仍在进行，但泰国的注意力大部分已回复到东盟上。例如，1996 年 3 月，泰、马举行空军联合演习。③

金融危机发生之后，泰国逐渐重视与中国的经济合作，不愿在政治问题上与中国出现摩擦，因而没有再利用达赖问题损害中国利益。1999 年至 2001 年是达赖出访的新一波高潮，共计访问了 46 国次，但并未访问泰国。此后，尽管西方国家在"藏独"问题上大造声势，达赖多次出访美国和一些欧洲国家，但是泰国再也没有邀请或是接受达赖。④

2. 南海问题

"冷战"结束后，南海问题一直是制约中国 – 东盟关系发展的主要因素

---

① 《邻国动态》1993 年 2 月，第 105 期。

② 《参考资料》1994 年 12 月 27 日。

③ 陈乔之等：《冷战后东盟国家对华政策研究》，中国社会科学出版社，2001，第 173 页。

④ 李因才：《达赖海外窜访路线图》，2009 年 10 月 28 日，http://news.qq.com/a/20091028/000531.htm。

之一。但由于泰国在南海不存在直接利益，因此南海问题一直以来对中泰关系的影响不大。作为非争端方，自 20 世纪 80 年代以来泰国在南海问题上主要关心渔业资源，因为当时泰国的渔船经常遭到越南、马来西亚两国的扣押。自 1990 年起，泰国在参与处理南海潜在冲突研讨会上均表示其最关心的议题即南海渔业资源合作。①

泰国一般不会在南海问题上站在中国的对立面，因为这样既无法实现相关利益又会损害本国的利益。但是，1995 年的美济礁事件之后，泰国和东盟其他国家团结共同表示，严重关切南海形势的发展。1995 年 9 月，泰国副总理阿姆努维·韦拉潘曾建议成立南海次区域经济合作区，该合作区"由泰国东海岸经过柬埔寨、越南、中国大陆东南方至菲律宾的苏比克湾"，由此可以使相关国家从中获利。②

1997 年的金融危机后，泰国与中国在南海问题上的合作态度趋向积极。泰国开始抛开其他东盟成员国，在南海问题上持中立态度，并一直试图在东盟与中国之间扮演"居间调解人"。③ 泰国态度的转变一定程度上使得南海问题成为推动中泰两国安全关系发展的积极因素。2009 年以来，中国与菲律宾、越南在南海问题上的争端日趋加剧，菲越两国均力图争取其他国家参与多边谈判，使南海争端"国际化"，借此与中国抗衡。2010 年 7 月，美国国务卿希拉里在越南出席东盟论坛时表示，美国愿意为通过多边会谈解决南海问题提供帮助。希拉里的这一声明，被视为越南的重人胜利。④ 在这一过程中，作为美国盟国的泰国坚持不懈地协调、弥合中国与东盟相关国家的分歧，尽可能缓和南海争端给中国带来的安全压力，⑤ 与此同时继续深化与中国的安全合作，双方多次举行联合演习。

2010 年 10 月，中泰海军陆战队在泰国梭桃邑海军陆战队训练基地开

---

① 刘中民：《冷战后东南亚国家南海政策的发展动向与中国的对策思考》，《南洋问题研究》2008 年第 2 期。

② 刘中民：《冷战后东南亚国家南海政策的发展动向与中国的对策思考》，第 28 页。

③ Aileen S. P. Baviera, "China's Relations with Southeast Asia: Political Security and Economic Interests," PASCN Discussion Paper, No. 99 – 17, p. 27.

④ "Offering to Aid Talks, U. S. Challenges China on DisputedIslands," http://www.nytimes.com/2010/07/24/world/asia/24diplo.html.

⑤ 对中国现代国际关系研究院泰国问题专家的访谈，2012 年 7 月 6 日。

展了为期 20 天的"蓝色突击 - 2010"中泰海军陆战队联合训练。这是中国海军陆战队首次走出国门与外军进行联合训练。① 2012 年 4 月，泰国国防部部长素坤蓬·素旺那达访华，这是泰国各军种高级将领 15 年来首次访问中国。两国国防部部长在会谈中主要讨论了南海以及柏威夏寺所有权争端两大议题，并表示将坚定地支持对方的立场。② 2012 年 4 月，泰国总理英拉访华时也表示，泰国愿为推动东盟—中国合作，维护南海和平稳定发挥积极作用。③ 2012 年 5 月，代号为"蓝色突击 - 2012"的联合训练在广东湛江和汕尾举行，这是 2010 年后中泰两国海军陆战队再度举行的联合训练。④

可见，在地区政治和安全问题上，1997 年金融危机之后泰国一直保持着对华温和友好的态度，特别是在中国周边安全形势因南海问题日趋严峻的大背景下，中泰之间的积极合作更显得难能可贵，而泰国对华温和政策的主要动力是更好地落实对华政策经济优先的战略思路。

泰国的经验表明，与中国没有战略矛盾并不足以保证周边国家采取温和政策积极应对中国实力的不断崛起。同时，更应注意到，泰国因重视经济合作进而温和应对中国崛起的实践在东亚地区较为特殊，中短期内（5~15 年）并不具有普遍意义。主要原因包括以下两个方面。

一是泰国与中国并没有突出的安全问题，使其可以坚持经济优先的对华政策，而部分东亚国家与中国仍然存在领土主权和消极历史记忆等问题。对于这些国家而言，主导其对华政策的核心因素是主权领土争端，即使其经济愈加依赖中国市场，也难以使其放弃对华采取竞争性的安全政策；更加值得注意的是，对中国经济依赖的加深反而会增大这些国家对中国的战略疑虑，担心中国利用不对称的经济依赖迫使其在安全问题上做出让步。

---

① 《蓝色突击——2010 中泰联训为期 20 天 4 阶段进行》，《海军报》2010 年 10 月 29 日。
② 《泰国在南海问题上走钢丝》，2012 年 5 月 8 日，http：//news. xinhuanet. com/cankao/2012 - 05/08/c_ 131575519. htm。
③ 《温家宝与泰国总理英拉举行会谈》，《人民日报》2012 年 4 月 18 日。
④ 《中泰海军陆战队今起在广东联训》，2012 年 5 月 9 日，http：//www. dfdaily. com/html/21/ 2012/5/9/788853. shtml。

二是"二战"以来美国在东亚地区形成的安全主导地位，使得与中国具有安全矛盾的东亚地区国家可以直接利用或借重美国的地区安全影响力，防范中国可能给其带来的安全利益损害，[①] 从而弱化中国市场吸引力的战略效应，强化了这些国家对中国崛起的担心与防范。

三　战略安抚

战略安抚是中国东亚政策的重要组成部分，且能够在一定时期内发挥较为明显的效果。但是，我们发现，战略安抚的效果往往难以持久，并直接导致安抚政策的执行缺乏连续性。安抚政策难以持久的原因体现在两个层面：一是中国的安抚力度不够；二是东亚无政府体系局部等级化的限制，而中国安抚政策的力度也受到了东亚局部等级化特征的影响。

在东亚局部等级化体系中，东亚部分国家接受或变相接受美国的驻军，承认美国在战略安全领域的领导权威，而美国则向这些国家提供可靠的安全保障，利用这些国家的安全依赖确立并巩固其领导地位和权威。安全依赖关系的形成使得这些东亚国家相信，其面临的安全威胁会转化为美国必须回应的安全问题。这一转移机制的存在使得这些东亚国家不愿善意回应中国的战略安抚政策，反而敢于采取行动恶化与中国的安全矛盾，其原因在于美国的安全保障会帮助其化解来自中国的安全压力。

美国东亚安全等级体系的存在导致中国难以安抚美国等级体系外的东亚国家。对于将美国等级体系视为首要威胁的国家，通常会选择寻求增强自身实力，以维护核心安全利益，因为其难以寻求外部支持有效化解自身战略威胁。一方面，美国等级体系内的安全依赖，使得弱化和瓦解等级体系内东亚国家与美国的联盟非常困难；另一方面，美国等级体系的战略优势也使得这些国家难以借助外部支持缓解战略威胁。结果，这些国家寻求自身安全的努力，不但增大了中国周边安全环境的不确定性，而且弱化了

---

① 参见孙学峰《东亚准无政府体系与中国的东亚安全政策》，《外交评论》2011 年第 6 期，第 32~48 页。

中国与美国等级体系之间的战略互信。① 对于将中国视为首要战略威胁的国家，通常会模仿美国等级体系内国家的安全依赖，借重美国的影响力及其保护国对中国的挑战，谋求自身安全利益。这种搭车战略使得中国左右为难：不采取措施应对，自身安全利益会受损；采取措施应对，可能强化这些国家与美国等级体系的战略合作。本节以1997年以来中国在南海问题的战略安抚实践为主要案例，分析战略安抚政策的战略效果及其难以持久的作用机制。②

（一）中国在南海的战略安抚

有关南海诸岛主权归属的分歧是我国第一次面临真正意义上的多边领土争端。1992年2月，第七届全国人民代表大会通过的《中华人民共和国领海及毗连区法》，加剧了菲律宾对中国战略意图的疑虑，担心中国利用美苏退出东南亚的机会损害其南海利益，③ 于是开始采取相应行动，导致南海争端开始恶化。④ 1995年2月的美济礁事件则将紧张局势推向了高潮。⑤ 事件发生之后，菲律宾政府要求将这一事件提交联合国安理会和国际法院进行处理。越南也发表声明，称中国的行动是一次十分严重的行为，使南沙群岛的局势更加复杂化。1995年3月18日，东盟发表《南海最近发展的声明》，表达了东盟对这一事件的关注，并呼吁相关各方不要采取任何破坏地区稳定的行动。⑥

中国与东盟部分国家南海争端的浮现使得"中国威胁论"在东盟国家中更为流行，中国的周边安全环境趋于恶化。为了缓解东盟国家的安全压力，中国逐步调整了东亚地区政策，以安抚周边国家，稳定南海争端。

---

① 中国对朝鲜的战略安抚政策实践就是典型的例证，具体可参见 Sun Xuefeng, "The Efficiency of China's Multilateral Policies in East Asia (1997–2007)", *International Relations of Asia Pacific*, Vol. 10, No. 3, 2010, pp. 528–531。

② 以下案例研究改写自孙学峰《东亚准无政府体系与中国的东亚安全政策》，《外交评论》2011年第6期，第42~47页。

③ 马燕冰：《东盟冷战后的安全战略》，阎学通主编《中国与亚太安全》，时事出版社，1999，第170~171页。

④ 参见李国强《南中国海研究：历史与现状》，黑龙江教育出版社，2003，第263页。

⑤ 参见李国强《南中国海研究：历史与现状》，黑龙江教育出版社，2003，第266~267页。

⑥ 参见李国强《南中国海研究：历史与现状》，黑龙江教育出版社，2003，第266页。

在推进与东盟国家经济合作的同时，中国采取积极措施，促进南海争端的缓和，借以改变自己在东盟国家中的形象，东盟国家对此也做出了较为积极的回应。① 1999 年 3 月，中国与菲律宾建立了"中菲南海建立信任措施工作会议"，为双方就南海争端进行磋商开辟了重要渠道。② 2000 年 12 月，中国和越南签署《中越北部湾划界协定》以及《中越北部湾渔业合作协定》。此外，中越双方还就南海问题进行了多轮海上问题专家小组会谈。③

与此相配合，中国采取切实措施提高与东盟国家的政治信任水平。2002 年 11 月，中国与东盟签署了《南海各方行为宣言》。④ 宣言强调，有关各方承诺根据公认的国际法原则，以和平方式解决领土和管辖权争议，而不诉诸武力或以武力相威胁。⑤ 东盟秘书长塞韦里诺曾表示，《宣言》标志着相关各方形成了新的行为规范，有助于防止南海争议转化为冲突。⑥ 2003 年 10 月，中国加入《东南亚友好合作条约》，使中国成为东南亚地区以外第一个加入该条约的大国。同时，双方还签署了《中国—东盟战略伙伴关系联合宣言》，宣布建立面向和平与繁荣的战略伙伴关系。⑦

（二）安抚效果的逆转

需要指出的是，这一时期的全面缓和并未从根本上消减争端各方的根本关切。随着争端的持续缓和以及中国实力地位的上升，部分南海声索国对中国崛起的担心又出现了微妙的变化，开始依赖或借重美国的支持谋求在南海争端中的主动权。例如，2004 年 1 月，美菲首次在南海海域举行联合军演，并首次将演习目的定位为防御外来入侵。菲律宾总统阿罗约公开

---

① Leszek Buszynski, "ASEAN, the Declaration on Conduct, and the South China Sea," *Contemporary Southeast Asia*, Vol. 25, No. 3, 2003, p. 354; Ho Khai Leong, "Rituals, Risks and Rivalries: China and ASEAN in the Coming Decades," p. 686.

② 王光厚：《冷战后中国东盟战略关系研究》，吉林大学出版社，2008，第 171 页。

③ 王光厚：《冷战后中国东盟战略关系研究》，吉林大学出版社，2008，第 170 页。

④ 王光厚：《冷战后中国东盟战略关系研究》，吉林大学出版社，2008，第 170 页。

⑤ 《南海各方行为宣言》，http://www.fmprc.gov.cn/chn/ziliao/wzzt/zgcydyhz/dlcdmzrh/t25549.htm。

⑥ "Landmark Pact on Spratly up for Signing", *The Manila Times*, November 4, 2002, 转引自吴士存《纵论南沙争端》，海南出版社，2005，第 265 页。

⑦ 《中国加入〈东南亚友好合作条约〉与东盟互信加深》，http://www.china.com.cn/economic/zhuanti/dm/2007-10/26/content_9128905.htm。

承认，美国军方正在对菲律宾士兵进行抵御中国的训练。① 与此同时，越南也借势强化其在南海的主权存在。2004 年 4 月 19 日，越南组织 60 名游客和 40 名"特邀"官员赴南沙群岛旅游，以显示其对南沙"有效行使主权"。② 这些行动为南海争端再次升级创造了条件。③

2008 年 7 月中国外交部部长杨洁篪在参加中国—东盟外长会议时提到，要推动落实《南海各方行为宣言》后续行动，在南海各方之间开展对话，推进南海务实合作与共同开发。④ 但是，根据《联合国海洋法公约》以及缔约国会议有关决议规定，2009 年 5 月 13 日是有关沿海国向联合国大陆架界限委员会提交 200 海里外大陆架外部界限划界案或初步信息的限期。为此，从 2009 年年初开始，菲律宾、越南、马来西亚纷纷以制定领海基线法等方式宣示主权，担心如不主动采取行动会在日后同中国解决南海划界问题时处于劣势。

2009 年 3 月 5 日，马来西亚总理巴达维访问燕子岛，宣示马来西亚对该座岛礁拥有主权。⑤ 3 月 10 日，菲律宾总统正式签署《领海基线法》，将中国南沙的部分岛礁和黄岩岛划入菲领土。⑥ 同时，菲律宾官方表示，六个国家（包括地区）声明在南沙群岛拥有主权，因此菲律宾必须告诉其他国家，菲律宾要维护自己的主权。⑦ 4 月 25 日，越南则任命了监管西沙群岛政府机构的主席，以宣示自己的主权。⑧

对此，中国果断采取外交行动进行了坚决的回击。2009 年 3 月 11 日，中国驻菲大使馆发表声明称，中国大使馆对阿罗约签署《领海基线法》表示强

---

① 美联社马尼拉 2004 年 4 月 3 日电，转引自郑泽民：《南海问题中的大国因素》，世界知识出版社，2010，第 85 页。

② 吴士存：《纵论南沙争端》，海南出版社，2005，第 121 页。

③ 孙学峰：《中国崛起困境》（第二版），社会科学文献出版社，2013，第 162 页。

④ 《杨洁篪出席中国－东盟外长会议》，http://news.xinhuanet.com/newscenter/2008－07/23/content_8754291.htm。

⑤ 《马来西亚总理今赴南沙弹丸礁宣示"主权"》，http://news.ifeng.com/world/200903/0305_16_1046750.shtml。

⑥ http://www.senate.gov.ph/republic_acts/ra%209522.pdf.

⑦ 《总统签署菲领海基线法 中国驻菲使馆发表声明表示强烈反对和严正抗议》，http://ph.china－embassy.org/chn/flbxw/t541835.htm。

⑧ 李然、常黎明：《越南任命西沙群岛"主席"以宣示"主权"》，http://world.people.com.cn/GB/9200831.html。

烈反对和严正抗议，并再次重申黄岩岛和南沙群岛历来是中国领土的一部分，中华人民共和国对这些岛屿及其附近海域拥有无可争辩的主权。① 5 月 12 日，在回答关于向联合国提交专属经济区及大陆架划界信息时，外交部发言人马朝旭表示，中国提交的文件涉及中国东海部分海域 200 海里以外大陆架外部界限。中国对南海诸岛及其附近海域拥有无可争辩的主权、主权权利和管辖权。中方保留今后在其他海域提交 200 海里以外大陆架外部界限信息资料的权利。② 十天之后，中国派遣由四艘渔政船组成的渔政编队在北部湾地区进行巡航，对南海休渔季的情况进行监控，宣示中国在南海的主权地位。③

在此期间，中美还先后在南海和黄海就美国监测船是否非法进入中国海域发生摩擦，但由于中国与东盟国家的南海争端仍停留在外交层面，中美之间的摩擦同此前发生的南海撞击事件和中美合作应对金融危机相比"微不足道"。④ 因此，美国针对南海问题表现得较为温和，并未采取行动介入南海争端。2009 年 3 月 18 日，美国总统奥巴马在会见中国外交部部长杨洁篪时表示，中美双方提升军事对话非常重要，以避免未来发生意外事件。美国国务卿希拉里也表示，希望中美加强军事联系，以确保意外事件不会造成不可预见的后果。⑤ 6 月 4 日，美国国防部部长盖茨访问菲律宾时，公开宣称美国不会介入南海岛屿的主权争端。⑥

美国的温和表态使得南海争端逐渐趋于平息。但是，一年之后，美国突然高调介入南海问题，导致争端再次浮现。2010 年 7 月 24 日，美国国务卿希拉里在越南出席东盟论坛时表示，美国愿意为通过多边会谈解决南海问题提供帮助。希拉里的这一声明，被视为南海争端"国际化"的重要体

---

① 《菲总统签署菲领海基线法　中国驻菲使馆发表声明表示强烈反对和严正抗议》，http://ph. china‑embassy. org/chn/flbxw/t541835. htm。

② 《2009 年 5 月 12 日外交部发言人马朝旭举行例行记者会》，http://www. fmprc. gov. cn/chn/gxh/tyb/fyrbt/jzhsl/t561871. htm。

③ 《我赴西沙护渔渔政船 23 日在北部湾海域巡航》，http://bt. xinhuanet. com/2009‑05/24/content_ 16613667. htm。

④ 《教授称中美船舰对峙事件与撞机相比微不足道》，http://mil. news. sina. com. cn/2009‑03‑13/1145545342. html。

⑤ 《法媒：无瑕号事件中弄巧成拙　反促中美关系发展》，http://mil. eastday. com/m/20090318/u1a4250101. html。

⑥ 蔡鹏鸿：《美国南海政策剖析》，《现代国际关系》2009 年第 9 期，第 2 页。

现，也是越南南海政策的重大胜利。① 9 月 24 日，第二届东盟与美国领导人峰会发表联合声明，称"要确保区域和平与稳定，保证海洋安全与航行自由"。② 2010 年 10 月 4 日，美国驻菲律宾大使哈里·托马斯公开表示，为了解决东盟成员国与中国在南海的领土纠纷，美国愿意协助在此地区制定一个有法律约束力的"行为准则"。③ 此前，美国"乔治·华盛顿"号航空母舰参加韩美联合军事演习之后前往越南岘港进行访问，两国还在南海举行了为期 1 周的联合军事演习。④ 美国态度的转变主要源于担心中国利用金融危机削弱美国的东亚主导权。

首先，中国的海空军实力发展速度加快。⑤ 对此美国参谋长联席会议主席马伦（Mike Mullen）就曾表示，中国的军事重心正从陆地转变为海空，而太平洋地区是至关重要的经济区和贸易区，因此，他对中国的发展方向已经从好奇变为担忧。⑥

其次，"南海核心利益说"的干扰。2010 年 3 月，日本媒体报道，美国白宫国家安全委员会亚洲事务高级主任贝德与副国务卿斯坦伯格访华期间，中国官员向其表示南海是中国的核心利益，将其与台湾、西藏、新疆等问题相并列。对此，中国官方既没有出台政策明确承认，也没有否认。⑦ 不管"南海是核心利益"的提法是否存在，这一事件确实强化了美国对中国东亚安全政策的疑虑，担心美国在南海海域的航行自由受到挑战。2010 年 7 月

---

① "Offering to Aid Talks, U. S. Challenges China on Disputed Islands," http：//www. nytimes. com/2010/07/24/world/asia/24diplo. html.

② "Joint Statement of the 2ND U. S. – ASEAN Leaders Meeting," http：//www. whitehouse. gov/the – press – office/2010/09/24/joint – statement – 2nd – us – asean – leaders – meeting.

③ 《南海问题：美国从中立到高调介入》，http：//news. xinhuanet. com/world/2010 – 12/15/c_12882125_ 2. htm。

④ "US and Vietnam Stage Joint Naval Activities," http：//www. bbc. co. uk/news/world – asia – pacific – 10925061.

⑤ 美国一直十分担心中国海外投放能力的增长，参见 Michael Swaine, *America's Challenge：Engaging a Rising China in the Twenty – First Century*, Carnegie Endowment for International Peace, 2011, p. 6。

⑥ 孙学峰《中国崛起困境》（第二版），社会科学文献出版社，2013，第 178 页。

⑦ Edward Wong and Li Bibo, "MEMO FROM BEIJING；China Hedges Over Whether South China Sea is a 'Core Interest' Worth War," *New York Times*, March 31, http：//query. nytimes. com/gst/full-page. html? res = 9D0CEFDE1230F932A05750C0A9679D8B63&&scp = 2&sq = China% 20% 20national% 20interest% 20% 20 south% 20China% 20sea&st = cse.

24 日，希拉里在越南出席东盟地区论坛时公开表示，美国会在南海岛屿争端问题上表示中立，但保持南海自由航行关乎美国利益。① 有分析认为，希拉里的言论反映了美国的担忧，即如果不加遏制，中国可能改变该地区的政治格局。②

美国的强势介入使得中国意识到在南海问题所面临的严峻形势，2011年 5 月下旬，中国与越南、菲律宾有关南海的争端再次趋于紧张。③ 7 月28 ~ 30 日，中国最大最先进的海巡船进行了为期三天的巡航活动，香港媒体称此举意在宣示主权。④ 而在此之前的一个多月时间里，越南在其中部外海投入不同种类的火炮和军备进行了总计 9 小时的实弹演习。⑤ 菲律宾外交部部长罗萨里奥则在与东盟国家外长会面时，公开呼吁各国在主权争议上持共同立场以抗衡中国。⑥

菲律宾的行动得到了美国及其东亚盟国的有力支持。6 月 23 日，美国国务卿希拉里公开表示，美国有决心并承诺支持菲律宾的国防，同时会履行与菲律宾签署的防御协定和长期战略联盟。根据两国的《共同防御协定》，菲律宾若在太平洋地区受到攻击，美国将协助菲律宾进行防卫，其中的"太平洋"则包括南海。⑦ 7 月 9 日，美国、日本和澳大利亚在南中国海的文莱海域举行联合军事演习，而 2007 ~ 2010 年的三国海上联合演习均安排在日本九州西侧与冲绳海域，因此演习针对中国的意图较为明显。⑧

---

① "Offering to Aid Talks, U. S. Challenges China on DisputedIslands," http：//www. nytimes. com/2010/07/24/world/asia/24diplo. html.

② 《美国"涉足"南海领土争议》，http：//www. ftchinese. com/story/001033925。

③ 《南海主权争议越南抗议中国骚扰探勘船》，http：//www. zaobao. com/wencui/2011/05/taiwan110528a. shtml。

④ 《中国最大最先进海巡船将开赴中越边界宣示主权》，2011 年 8 月 1 日，http：//mil. news. sohu. com/20110801/n315064180. shtml。

⑤ 《越南 6 月 13 日在其中部外海举行实弹演习》，2011 年 6 月 14 日，http：//news. ifeng. com/mainland/special/nanhaizhengduan/content – 3/detail_ 2011_ 06/14/6992436_ 0. shtml。

⑥ 《菲武装部队总参谋长：将部署战舰到南中国海　菲战舰不会逾越国际水域》，http：//www. zaobao. com/special/china/southchinasea/pages/southchinasea110620a. shtml。

⑦ 《美国承诺支持菲律宾国防　将提供军备助菲军队现代化》，http：//www. zaobao. com/special/china/southchinasea/pages/southchinasea110625. shtml。

⑧ 《日本今天与美澳首次在南中国海联合军演》，http：//www. zaobao. com/special/china/southchinasea/pages/southchinasea110709. shtml。

与此同时，美国也积极回应越南借重其力量，谋求在南海争端中有利局面的诉求。6月17日，美国与越南在华盛顿进行了外交、安全、军事对话。在会后发表的联合声明中，美国强调，近几个月（南海）发生的事故无助于区域的和平与稳定。美国对海上安全，尤其是航海自由权，表示担忧。① 7月15日，尽管遭到中国强烈反对，美国的三艘军舰还是到达越南岘港，并参加了美越海上军事演习。②

为了方便支持东亚地区国家，美国还逐步调整了其对南海主权争端持中立立场的政策。2011年7月，在东盟地区论坛上，美国国务卿希拉里公开呼吁，各方要用符合国际法的表述方式来明确其对南海提出的主张，并强调应完全针对地形地貌对南海海域提出合法诉求。③ 希拉里的主张明显与中国主张的原则相反，而与其他声索国的立场非常接近，这意味着美国已开始背离其对南海主权分歧持中立立场的原则。

美国的介入行动促使其安全等级体系内国家深化了在南海领域的合作。2011年9月28日，日本和菲律宾发表联合声明，确认将加强军事和安全合作，牵制中国的海洋活动；同时双方表示，作为美国的同盟国将在11月的印度尼西亚东亚峰会上密切合作，④ 借此应对中国"威胁"的意图十分明显。而美国安全等级体系之外的越南，则适度缓和了与中国的对抗姿态，担心因无法获得美国的支持导致其核心安全利益遭遇重大损失。2011年10月，中越两国签署《关于指导解决中越海上问题基本原则协议》，表示双方将加大海上问题的谈判力度，寻求双方均能接受的基本和长久的解决办法，并积极探讨不影响各自立场和主张的过渡性、临时性解决办法，包括积极研究和商谈共同开发问题。⑤

---

① 《越美同吁各国维护南中国海航运自由》，http://www.zaobao.com/special/china/southchinasea/pages/southchinasea110619.shtml。
② 《尽管中国强烈反对　美国三军舰到越南岘港军演》，http://www.zaobao.com/special/china/southchinasea/pages/southchinasea110716.shtml。
③ 《希拉里妄图以国际法制衡中国　称南海问题应依地形地貌》，http://world.people.com.cn/GB/15230111.html。
④ 《日本与菲律宾加强南海合作》，http://www.dfdaily.com/html/51/2011/9/28/672373.shtml。
⑤ 《中越联合声明》，http://world.people.com.cn/GB/15906324.html。

四 战略强制

中国对战略强制政策的运用非常谨慎，只有在东亚邻国主动挑战中国领土主权利益时，中国才会考虑使用战略强制手段，迫使对方终止损害中国核心利益的行动。① 根据"冷战"后中国战略强制的实践效果，我们发现，依照中国当前的实力水平，中国的强制政策若要取得成效需满足两个条件。一是东亚邻国挑战中国核心利益的行动缺乏国际合法性，从而有助于增强中国采取强制手段的正当性，弱化相关国家对抗中国的决心，进而为中国的战略强制取得成效创造条件。二是中国的强制行动要有效控制来自美国的安全压力。具体手段包括：尽量不触及美国的东亚主导权，明确中国强制政策对于美国的战略意义，寻求中美共同利益基础等。本节中我们将以 2012 年的中菲黄岩岛争端和 2010~2012 年的中日钓鱼岛争端为案例，分析说明中国战略强制的政策效果及作用机制。

（一）黄岩岛争端（2012）

黄岩岛海域是我国渔民的传统捕鱼场所。2012 年 4 月 10 日，菲律宾海军企图抓扣在黄岩岛泻湖作业的中国渔民，中国海监 84 船和中国海监 75 船赶到后加以阻止，双方对峙由此开始。② 4 月 12 日，菲律宾方面又向该海域派出海岸警卫队船只，试图进行所谓的"主权巡视"。③ 4 月 16 日，菲律宾总统阿基诺三世称："菲方不会因中菲舰船在黄岩岛的对峙事件而同中国交战。为了解决双方的争端，菲方将继续同中方展开对话。"④ 然而，就在当

---

① 在本文涉及的时间范围内，中国没有长时间、独立采取经济制裁的战略实践。经济强制往往作为配合手段，与战略强制政策相辅相成。例如，中国限制对日本出口稀土以及限制菲律宾香蕉进口等。因此，我们把经济强制措施纳入了战略强制的案例研究。

② 《马钟成：中菲黄岩岛对峙的实质与中国外交新时代》，2012 年 6 月 19 日，http：//finance. ifeng. com/news/hqcj/20120619/6627859. shtml。

③ 《菲律宾军舰撤出黄岩岛海域改派海岸警卫船只》，2012 年 4 月 12 日，http：//news. ifeng. com/mainland/special/nanhaizhengduan/content－3/detail_ 2012_ 04/12/13843397_ 0. shtml。

④ 《菲律宾称中国是朋友 仍未撤回黄岩岛海域警卫船》，2012 年 4 月 20 日，http：//world. huanqiu. com/roll/2012－04/2641853. html。

天菲律宾与美国在黄岩岛对面海域举行了"肩并肩"联合军事演习，试图给中国制造安全压力。① 与此同时，菲律宾极力推动黄岩岛争端国际化。4月24日，菲律宾正式将黄岩岛争端提交国际海洋法法院。三天后，菲律宾对15块油田的开采权进行国际招标。菲律宾能源部部长公然向投资者保证，招标的15个区域均属于菲律宾的领土。②

针对菲律宾的挑衅，中国政府通过一系列举措彰显了维护主权的坚定决心。面对菲律宾扣押中国渔船的行为，中方立即增派公务船和飞机前往黄岩岛海域，并随后派出航速最快、性能最先进的中国"渔政310船"赴黄岩岛海域进行巡航执法管理。③ 针对菲律宾增派舰只的行动，中国国防部部长梁光烈表示，"军方行动会根据国家外交需要进行"。④

同时，中国外交部对菲律宾一系列侵犯主权的行为提出严正抗议，并坚决反对菲方将黄岩岛争端提交国际仲裁。2012年5月7日，中国外交部副部长傅莹在第三次约见菲律宾驻华使馆临时代办时严正强调，"菲方显然没有认识到正在犯严重的错误，反而变本加厉地不断扩大事态，不但继续派公务船在黄岩岛泻湖内活动，而且不断发表错误言论，误导国内和国际公众，煽动民众情绪，严重损害双边关系气氛"⑤。外交部发言人洪磊在例行记者会中表示，"将一个主权国家的领土提交国际仲裁，这岂不是国际事务中的怪事？这个世界会乱成什么样子"。⑥ 随后，《人民日报》和《解放军报》同时刊文，严厉谴责菲律宾的挑衅行径，其中《人民日报》署名文

---

① 《菲律宾与美国"肩并肩"联合军演开幕》，2012年4月16日，http：//www.chinanews.com/gj/2012/04－16/3823581.shtml。

② 《专家称菲提出拥有黄岩岛三个依据属自欺欺人》，2012年5月10日，http：//news.xinhuanet.com/mil/2012－05/10/c_123103973_2.htm。

③ 《中国渔政310船和一艘海监船离开黄岩岛海域》，2012年4月24日，http：//mil.news.sina.com.cn/2012－04－24/0709688580.html。

④ 《黄岩岛事件一月回顾：菲不断扩大事态》，2012年5月11日，http：//military.people.com.cn/GB/17863281.html。

⑤ 《外交部副部长傅莹就黄岩岛事件再次约见菲律宾驻华使馆临时代办》，http：//www.fmprc.gov.cn/mfa_chn/zyxw_602251/t929746.shtml。

⑥ 《2012年5月8日外交部发言人洪磊举行例行记者会》，2012年5月8日，http：//www.fmprc.gov.cn/mfa_chn/fyrbt_602243/jzhsl_602247/t929912.shtml。

章《"势不可使尽，事不可做绝"菲律宾当有自知之明》中称："中国坚持通过外交协商解决当前事态的立场，但是，中国也做好了应对菲律宾扩大事态的各种准备。"①

此外，中国还充分利用经济手段向菲律宾施加压力，迫使其放弃挑衅行动。2012 年 5 月 13 日，中国国家质检总局发布通知称，将加强菲律宾出口水果检疫，如发现问题及时向质检总局报告，并对进口菲律宾水果检验检疫风险做进一步评估。② 香蕉是菲律宾第二大出口作物，每年出口约 7500 万箱，其中多半运往中国。菲律宾香蕉种植商和出口商协会负责人表示，如果菲律宾失去了中国香蕉市场，将会引发香蕉业的衰退。③ 自从香蕉被限制出口中国后，菲律宾已经损失约 10 亿比索，而寻找替代市场则困难重重。作为菲律宾最重要的进出口市场之一，中国的限制措施不仅严重影响其国内种植业发展和进出口总额，还将进一步影响菲国内相关人员的就业市场。此外，由于两国关系恶化，中国大批旅行团取消了赴菲行程。④

面对来自中国的战略压力，菲律宾明显"底气不足"，最终撤出舰队，并承认黄岩岛处于中国的有效控制。2012 年 6 月 5 日，中国外交部发言人宣布"黄岩岛潟湖内已没有菲方公务船只，中方渔船在潟湖内的作业状况正常，没有再受到干扰"。⑤ 随后菲律宾政府以"天气原因"为由下令将所有菲船只撤出对峙海域。⑥ 至此，这场持续数月的争端以菲律宾方面主动撤船而画上句号。2013 年 1 月 21 日，菲律宾方面承认，中国已"实质上控

---

① 《国家质检总局：加强菲律宾水果检疫》，2012 年 5 月 10 日，http：//health. chinadaily. com. cn/jian-kang/2012 – 05 – 10/content_ 5873178. html。
② 《专家：中国反制菲律宾能打多少"牌"》，2012 年 5 月 14 日，http：//www. chinadaily. com. cn/hqgj/sdbd/2012 – 05 – 14/content_ 5907638. html。
③ 《菲律宾出口商称香蕉出口中国受阻 菲当局允帮忙》，2012 年 5 月 4 日，http：//www. chinanews. com/gj/2012/05 – 04/3866664. shtml。
④ 《菲律宾香蕉商：3 月以来已在中国损失约 10 亿比索》，2012 年 5 月 14 日，http：//news. ifeng. com/mainland/special/nanhaizhengduan/content – 3/detail_ 2012_ 05/14/14502214_ 0. shtml。
⑤ 《外交部发言人刘为民就当前黄岩岛局势答记者问》，2012 年 6 月 5 日，http：//www. fmprc. gov. cn/mfa_ chn/wjdt_ 611265/fyrbt_ 611275/t938270. shtml。
⑥ 《菲律宾强调撤船不会弱化菲对黄岩岛主权声索》，2012 年 6 月 18 日，http：//world. huanqiu. com/exclusive/2012 – 06/2830071. html。

制"黄岩岛,菲船只不能进驻。①

总体而言,中国通过战略强制应对菲律宾在黄岩岛争端中的挑衅行动取得了实质性成果。这对中国如何成功实施战略强制措施解决与周边国家的领海争端具有一定的参考价值。

首先,要充分把握机会,针对相关争端方缺乏合法性的行动,顺势采取强制措施,从而弱化强制措施带来的反弹压力,提高强制措施的政策效果。在2012年中菲黄岩岛争端中,菲律宾出动海军和军舰企图抓获我渔民的行为,不但违反相关国际法律规定,而且不符合基本的国际道义规范。菲律宾海军行动的合法性明显不足,为中国成功实施战略强制措施创造了相对有利的客观条件。

其次,战略强制措施要有效控制美国的安全压力,而控制美国压力的核心思路是合理安排强制措施的针对对象和强制水平,使美国陷入介入与否的两难选择,从而使中国变被动为主动,提升战略强制措施的政策效果。以2012年黄岩岛争端为例,菲律宾国力与中国差距悬殊,因此,在黄岩岛争端伊始,菲律宾一直希望借助《菲美共同防御条约》形成的军事同盟关系获得美国的外交和军事支持。2012年4月30日,美国国务卿和国防部部长与菲律宾外交部部长和国防部部长举行了两国首次"2+2"磋商,② 不过,菲律宾并未争取到美国的实质性支持。美国明确表示,中美关系是21世纪非常重要的国与国之间的关系,并重申其在南海中立的立场,希望以和平方式解决问题。③ 换句话说,美国不愿意因黄岩岛争端这一较为次要的利益与中国形成战略对抗。由于无法获得美国的实质性支持,菲律宾最终选择了缓和黄岩岛的对峙局面,避免争端升级为军事冲突。

(二) 钓鱼岛争端 (2010~2012)

钓鱼岛及其附属岛屿自古以来就是中国的固有领土。"二战"后,附属

---

① 《菲官员:中国控制黄岩岛致菲"领海"减少38%》,2013年1月21日,http://world. huanqiu.com/exclusive/2013-01/3564273.html。

② 《美菲外长和防长将举行会谈》,2012年4月28日,http://news.xinhuanet.com/2012-04/28/c_123050419.htm。

③ 《专家:美国不会为了菲律宾放弃对黄岩岛问题保持中立》,2012年5月3日,http://world. people.com.cn/GB/17800735.html。

于台湾岛的钓鱼岛等岛屿一度由美军占领，1970 年，美国私自宣布向日本移交钓鱼岛的"行政管辖权"，使得钓鱼岛主权争议复杂化。1972 年中日建交及 1978 年两国签署和平友好条约时，中日双方领导人从大局着眼，主张暂时搁置争议，待条件成熟时谈判解决。然而，此后日方在钓鱼岛上修建直升机场和灯塔等设施，不断挑起争端。

2010 年 9 月 7 日，日本海上保安厅巡逻船在钓鱼岛附近海域冲撞一艘正在捕鱼作业的中国渔船后，依据日本国内《渔业法》登上中国渔船"展开调查"，随后以"涉嫌妨碍公务"逮捕中国船长詹其雄，并宣称要依照国内法律处置"中国渔民违法进入日本钓鱼岛海域"。撞船事件发生后，中国立即就日方的非法扣押行为向其提出了严正交涉和强烈抗议，要求日方无条件放回包括船长在内的全体中国渔民和渔船，强调"中国政府捍卫钓鱼岛主权和本国公民权益的决心是坚定不移的"。[①] 9 月 13 日，日本海上保安厅释放了非法抓扣的 14 名中国船员，但强硬拒绝释放中国船长，导致中日关系出现严重危机。

针对日方对中方屡次抗议置若罔闻的挑衅行径，中国推迟了原定于 9 月中旬举行的第二次东海问题原则共识政府间谈判，暂停了双方省部级以上交往，还一度终止了对日出口稀土。9 月 21 日，国务院总理温家宝在纽约会见当地华人代表和中资机构人员时，发表了措辞强烈的讲话。称："如果日方一意孤行，中方将进一步采取行动，由此产生的一切严重后果，日方要承担全部责任。"[②] 与此同时，中国河北省石家庄市国家安全机关依法扣押了擅自进入河北省某军事管理区并对军事目标进行非法录像的高桥定等 4 名日本人，并依法展开审查。[③]

这些有针对性的战略反制措施，一方面表明了中国政府和人民在钓鱼岛问题上的坚定立场，另一方面也超出了日本政府的预期，给日本带来了

---

① 《外交部部长杨洁篪就日方在钓鱼岛海域抓扣中国渔船提出严正交涉》，2010 年 9 月 10 日，http：//www.fmprc.gov.cn/mfa_ chn/wjdt_ 611265/wjbxw_ 611271/t739161.shtml。
② 《温家宝总理在纽约强烈敦促日方立即无条件放人》，2010 年 9 月 22 日，http：//www.gov.cn/ldhd/2010 - 09/22/content_ 1707863.htm。
③ 《河北省国家安全机关依法审查擅闯我军事管理区 4 名日本人》，2010 年 9 月 24 日，http：//news.hebei.com.cn/sybjzx/syxwpd/xwpdztk/2010hbxwpd/nxshb/201012/t20101219_ 2650793.shtml。

巨大压力，特别是中国国家安全机关依法扣押进入中国军事管理区从事非法活动的日本公民，为中国战略强制措施发挥积极作用创造了有利条件。特别值得注意的是，在中日处理撞船事件过程中，美国虽然保证钓鱼岛适用《日美安保条约》，但同时暗示日本释放中国船长，这表明美国并不想被日本拖入中日冲突之中。① 最终日本不得不在第二次拘留未到期限前就释放了遭其非法扣押的中国渔船船长，其将国内法适用于中国渔民进入日本钓鱼岛海域的企图也随之失败。

2010 年撞船事件后，中日两国围绕钓鱼岛争端的对峙并未结束，反而因日本不断挑起事端而持续升级。2012 年 4 月，时任日本东京都知事石原慎太郎提出了荒唐的"购买"钓鱼岛计划，意在通过实行"国有化"强化对钓鱼岛的"实际管辖权"。7 月 9 日，美国首次就日本"购岛"之事表态，称《日美安保条约》适用于钓鱼岛，客观上强化了日本政府对钓鱼岛实现所谓"国有化"的决心。7 月 24 日，日本首相野田在参议院接受质询时称，政府已着手筹措预算，正式启动钓鱼岛"国有化"程序。9 月 3 日，日本中央政府与钓鱼岛所谓"岛主"展开正式"购岛"谈判，日本政府准备出价 20.5 亿日元。9 月 10 日，日本政府不顾中方一再严正交涉，公然宣布"购买"钓鱼岛及其附属的南小岛和北小岛，实施所谓"国有化"，并于 9 月 11 日上午正式签订所谓的"购岛"合同。

日本的"购岛"行径导致中日围绕钓鱼岛的争端全面激化，对此中国提出了严正交涉和强烈抗议。9 月 10 日，日本政府宣布"购岛"当天，中国外交部部长杨洁篪紧急召见日本驻华大使丹羽宇一郎，就日本政府非法"购买"钓鱼岛提出严正交涉和强烈抗议。国务院总理温家宝发表讲话，坚定表示，"钓鱼岛是中国固有领土，在主权和领土问题上，中国政府和人民绝不会退让半步"。中国外交部在措辞强烈的声明中称，"日本政府的所谓'购岛'完全是非法的、无效的，丝毫改变不了日本侵占中国领土的历史事实，丝毫改变不了中国对钓鱼岛及其附属岛屿的领土主权。中国政府不会坐视领土主权受到侵犯"。9 月 19 日，时任中国国家副主席的习近平在会见美国国防部部长时敦促日本，"应该悬崖勒马，停止一切损害中国主权和领

---

① 廉德瑰：《简析美国钓鱼岛政策的模糊性》，《现代国际关系》2012 年第 10 期。

土完整的错误言行"。①

　　为了纠正日本损害中国主权和领土完整的错误言行，中国的战略反制措施随即陆续出台。2013 年 9 月 14 日，中国政府向联合国交存钓鱼岛及其附属岛屿的领海基点基线坐标表和海图。② 与此同时，中国明确表示，有关部门将对钓鱼岛及其附属岛屿开展常态化监视监测。随后，中国渔政船只在钓鱼岛海域进行常态化执法巡航，中国海监船只也在该海域开展维权巡航，行使对钓鱼岛及其附近海域的管辖。③ 中国海监船还打破以往的做法，巡航时开始进入钓鱼岛 12 海里海域。据统计，在日本宣布"购岛"后的一年内，中国政府公务执法船舶已组织钓鱼岛领海内巡航 59 次，最近距钓鱼岛 0.28 海里，成功实现了在钓鱼岛海域的常态巡航。④ 2012 年 12 月 13 日，中国国家海洋局还成功组织中国海监船舶、飞机开展了首次海空联合巡航，实现中国政府公务飞机首次飞抵钓鱼岛上空宣示主权。⑤

　　除了钓鱼岛海域常态巡航之外，中国公务船只还多次成功驱离日方进入钓鱼岛海域的船只。2012 年 10 月 30 日，中国海监编队在钓鱼岛领海内对非法活动的日方船只进行监视取证，并对日船首次实施了"驱离措施"。⑥2013 年 2 月 4 日，中国海监编队在钓鱼岛领海内发现并成功驱离日方渔船。4 月 23 日，中国海监组织 10 船编队成功驱离了在钓鱼岛领海内进行非法活动的日方 10 艘渔船。⑦ 此外，中国军方也在钓鱼岛问题上展现出强硬姿态。2012 年 9 月 19 日，日本海上保安厅巡逻船确认，中国海军 2 艘军舰进入钓

①　《习近平副主席会见美国国防部长帕内塔》，2012 年 9 月 19 日，http：//news. xinhuanet.com/politics/2012 -09/19/c_ 113137558. htm。

②　《中国向联合国交存钓鱼岛领海基线声明及海图》，http：//www. chinanews.com/gn/2012/09 - 14/4183189. shtml。

③　《人民日报：中国钓鱼岛岂容他人肆意"买卖"》，2012 年 9 月 11 日，http：//www.21ccom. net/articles/qqsw/zlwj/article_ 2012091167348. html。

④　《我公务船一年来巡航钓鱼岛领海 59 次　多次遇日方挑衅》，http：//news. xinhuanet.com/world/2013 -09/10/c_ 117308199. htm。

⑤　《我公务船一年来巡航钓鱼岛领海 59 次　多次遇日方挑衅》，http：//news. xinhuanet.com/world/2013 -09/10/c_ 117308199. htm。

⑥　《中国"驱离"日船是阶段性胜利》，2012 年 10 月 31 日，http：//news. sina.com.cn/pl/2012 - 10 -31/072525477046. shtml。

⑦　《我公务船一年来巡航钓鱼岛领海 59 次　多次遇日方挑衅》，http：//news. xinhuanet.com/world/2013 -09/10/c_ 117308199. htm。

鱼岛西北偏北 80 海里处海域进行巡航，这是日方首次确认中国海军军舰在钓鱼岛附近海域巡航。2013 年 7 月 24 日，日本防卫相小野寺五典向记者表示，中国军方的一架预警机当天飞经冲绳主岛和宫古岛之间的公海上空。据悉，这是中国军方飞机首次飞经该空域。①

简而言之，中方的一系列强制措施一方面表明此前的钓鱼岛局势已彻底打破。正如中国官方评论所言，"日方非法购岛的行径已彻底葬送了双方达成的共识，改变了钓鱼岛问题的现状，钓鱼岛局势不可能再回到过去了"。② 另一方面，这些强制措施也有力地破除了日本关于钓鱼岛"不存在争议"的论断，很大程度上动摇了日本对钓鱼岛的实际控制，③ 巩固了中国对钓鱼岛领土主权地位的合法主张，中国对钓鱼岛及其周边海域的控制能力也得到明显强化，为中国进一步改善东亚安全环境创造了更为有利的条件。

在针对日本实施战略强制措施的同时，中国十分注重向美国说明日本的"购岛"行动同时挑战了美国主导的国际规范，尽最大可能弱化美国的安全压力。2013 年 9 月 19 日，习近平在会见美国国防部部长时强调，"日本演出的'购岛'闹剧公然质疑《开罗宣言》和《波茨坦公告》，缺乏国际法效力，激化了同邻国的领土争端。国际社会绝不能容许日方企图否定世界反法西斯战争胜利成果，挑战战后国际秩序的行径"。因此，"美方应从地区和平稳定大局出发，谨言慎行，不要介入钓鱼岛主权争议，不要做任何可能激化矛盾和令局势更加复杂的事情"。④ 美国国防部部长则表示，"美方对近期东海局势表示关切。美方对有关领土争端不持立场，呼吁有关方避免采取挑衅行动，通过和平方式解决争端"。⑤

---

① 《日媒：中国海警船首入钓鱼岛海域巡航》，http：//newspaper. jfdaily. com/isdb/html/2013 – 07/25/content_ 1065338. htm。

② 《钟声：日本必须承担背信弃义的严重后果——五论钓鱼岛问题真相》，2012 年 10 月 22 日，http：//www. fmprc. gov. cn/mfa_ chn/ziliao_ 611306/zt_ 611380/dnzt_ 611382/diaoyud-ao_ 611400/t981176. shtml。

③ 《日媒：日本对钓鱼岛的有效控制已动摇》，2013 年 9 月 12 日，http：//news. xinhuanet. com/world/2013 – 09/12/c_ 125373115. htm。

④ 《习近平副主席会见美国国防部长帕内塔》，2012 年 9 月 19 日，http：//news. xinhuanet. com/politics/2012 – 09/19/c_ 113137558. htm。

⑤ 《习近平副主席会见美国国防部长帕内塔》，2012 年 9 月 19 日，http：//news. xinhuanet. com/politics/2012 – 09/19/c_ 113137558. htm。

尽管 2013 年 4 月底，美国新任国防部部长哈格尔表示，承认钓鱼岛处于日本的“管辖”之下，而且适用于《美日安保条约》；但同时强调，美国对钓鱼岛的主权归属不持立场，希望钓鱼岛争议各方以和平合作的方式处理分歧。[①] 也就是说，在中国既有的强制措施下，美国并不情愿因钓鱼岛而卷入与中国的武装冲突，这与美国一贯的立场完全一致。2011 年 11 月 14 日，时任驻日美军司令菲尔德（Burton Field）明确表示，钓鱼岛是《美日安保条约》的适用对象，但是最妥善的方法是和平解决，一定能够找到解决途径，这是比武力解决更好的方法。[②]

五　结论

本章考察了 1997 年以来中国东亚政策的战略效果。研究发现，经济安抚战略能够有效缓解对华经济利益优先国家的战略压力，典型例子是泰国和马来西亚。不过，对于对华战略利益优先的国家，经济安抚战略虽能够强化战略安抚的效果，但无法单独发挥作用，其前提条件是不能存在明显的主权领土争端或地区主导权分歧。

战略安抚是中国东亚政策的重要组成部分，且能够在一定时期内发挥较为明显的效果。但是，研究发现，战略安抚的效果往往难以持久，且直接导致安抚政策的执行缺乏连续性。安抚政策难以持久的原因体现在两个层面：一是中国的安抚力度不够；二是东亚无政府体系局部等级化的限制，而中国安抚政策的力度也受到了东亚局部等级化特征的影响。

中国对战略强制政策的运用非常谨慎，只有在东亚邻国主动挑战中国领土主权利益时，才会考虑使用战略强制手段，迫使对方终止损害中国核心利益的行动。依照中国当前的实力水平，中国的强制政策若要取得成效需满足两个条件。一是东亚邻国挑战中国核心利益的行动缺乏国际合法性，从而有助于增强中国强制手段的正当性，弱化相关国家对抗中国的决心。

---

① 《崔天凯大使：美国不要搬日本这块石头砸自己的脚》，2013 年 5 月 2 日，http：//news. xinhuanet. com/yzyd/local/20130502/c_ 115610289. htm。

② 廉德瑰：《简析美国钓鱼岛政策的模糊性》，《现代国际关系》2012 年第 10 期。

二是中国的强制行动要有效控制来自美国的安全压力。

总体而言，过去的十五年间，中国与东亚国家经历了合作与共赢，也遭遇了互疑与危机。回味其中中国战略选择的经验与教训，我们感到，随着中国综合实力的提升，要深化中国与东亚邻国的互信合作，缓解崛起困境，中国的东亚战略需要寻求三个再平衡。①

一是安全－经济再平衡。十五年的经验表明，中国与东盟国家深化战略合作有赖于东亚合作与南海合作双管齐下。2002 年，中国启动中国－东盟建立自由贸易区建设并签署《南海各方行为宣言》，承诺解决领土和管辖权争议不诉诸武力或不以武力相威胁。中国安全－经济政策的均衡协调很大程度上弱化了当时东盟国家中的"中国威胁论"，成为中国向东盟国家发起"魅力攻势"的核心所在。

不过，此后在中国－东盟国家经济合作逐步加深的同时，中国与东盟国家就南海行为准则的协商却起色不大，中国安全－经济合作政策的失衡也使得过去几年里中国与东盟国家的战略伙伴关系经历了更多的困难与波折。令人高兴的是，中国安全－经济合作政策的失衡正在逐步改变。2013年 9 月，中方同意，在落实《南海各方行为宣言》框架下，就制定"南海行为准则"举行磋商。② 10 月，李克强总理在第 16 次中国－东盟 10＋1 会议领导会议上，提出"2＋7 合作框架"，其核心就是重新寻求中国对东盟安全与经济合作的再平衡。③

二是多边－双边再平衡。20 世纪 90 年代中期，中国开始融入东亚地区多边合作框架，当时不但较为有效地缓和了东亚地区的"中国威胁论"，而且有力促进了东亚地区合作的进展，中国－东盟 10＋1 框架，中日韩－东盟 10＋3 框架等地区多边合作机制正是在这一时期相继启动。此后，多边合作逐渐成为中国安抚东亚邻国、弱化崛起困境的主要政策手段。不过，中国

---

① 以下内容改写自孙学峰《寻求中国东亚政策的再平衡》，《东方早报》2014 年 1 月 14 日。

② 《落实〈南海各方行为宣言〉第六次高官会和第九次联合工作组会议在苏州举行》，ht-tp：//www. fmprc. gov. cn/mfa＿ chn/wjb＿ 602314/zygy＿ 602330/liuzhenmin＿ 644526/xgxw＿ 644528/t1076887. shtml。

③ 《李克强在第 16 次中国－东盟（10＋1）领导人会议上的讲话》，http：//www. fmprc. gov. cn/mfa＿ chn/ziliao＿ 611306/zyjh＿ 611308/t1086491. shtml。

推进多边合作大都集中在经济领域，这客观上不利于中国寻求东亚安全－经济合作政策的平衡。更为关键的是，缺乏双边基础的多边安全合作，往往会流于形式，难以取得实际效果。"冷战"后东亚多个地区多边安全框架都难以摆脱高开低走最终流于清谈甚至解体的命运。因此，美国反复强调，参与东亚多边合作的基础是其经历了"冷战"考验的东亚双边同盟体系。

为此，中国有必要重新平衡东亚政策中的多边和双边手段，坚持多边的同时强化双边，确保两翼齐飞。对于中国而言，综合实力的提升可以使我们通过双边合作更为精准地回应东亚国家的需求，进而做出差异化的政策安排，最大限度地将中国与东亚国家的合作基础夯实并有效管控分歧。2013年10月，中国领导人访问印度尼西亚等东盟国家的讲话和行动，反映出这一思路的调整。习近平主席在印度尼西亚国会的演讲中，特别强调中方高度重视印度尼西亚在东盟的地位和影响，以帮助印度尼西亚巩固其在东盟国家的领导地位，夯实两国战略合作的基础。① 李克强总理访问泰国时表示，中国每年都将从泰国进口大米，并同意以泰国农产品抵偿中国参与泰国建设的部分项目费用。这些措施可以帮助泰国弥补因稻米无法出口而积压造成的损失。②

三是美国－邻国再平衡。"二战"以来，部分东亚国家与美国建立军事同盟，接受美国驻军并与美国实现了军事系统一体化，以换取美国的安全保护，结果使得东亚安全体系局部呈现出等级体系的特征。即美国通过提供安全保护获得主导地位，其东亚盟国则通过自愿接受其领导而换取安全保护，美国由此成为东亚安全秩序中举足轻重的核心角色。为此，在推进与东亚邻国合作的同时，中国的东亚政策必须考虑美国的地区利益关切，在中－美－邻三边关系中寻求利益汇合点，进而维护东亚稳定，缓和自身的安全压力。

2003~2005年，中国协调六方会谈，最大限度地兼顾了东亚国家、美国和自身的利益需求，较为有效地缓和了朝鲜半岛的安全矛盾，成为中国

----

① 《习近平在印度尼西亚国会的演讲》，http：//www. gov. cn/ldhd/2013－10/03/content_ 2500 118. htm。

② 《李克强带去大单》，http：//finance. sina. com. cn/chanjing/gsnews/20131016/022317002811. shtml。

寻求美国－邻国政策平衡的典型成功案例。与之相对照的是，2009 年 11 月美国总统奥巴马成功访华后，中美关系拉近使得一些东亚邻国担心美国会弱化其对东亚地区的安全承诺，结果促使这些国家通过多种渠道推动美国强化在东亚的存在以更好地应对中国崛起。这也成为 2010 年美国"重返亚太"政策的重要背景之一。由此可见，平衡美国－邻国的利益需求是中国东亚政策不可回避的核心任务，偏废于任何一方都会给中国维护东亚地区稳定带来挑战。对此，中国的对外政策决策者有了日益清晰的认知。2013年 9 月，新任外长王毅在布鲁金斯学会的演讲中就特别强调，构建中美新型大国关系先从亚太地区做起，双方要真正尊重和照顾对方的利益关切，争取在地区热点问题的合作上取得实质性成果。①

不过，在中国东亚政策的三个再平衡中，寻求美国－邻国的平衡最为关键也最为困难。其一，美国的部分东亚盟国（如日本、菲律宾）利用美国的安全保护，主动恶化与中国的争议，挑战中国的核心利益。其二，美国及其等级体系国家拒绝与部分东亚国家建立正常外交关系，忽视甚至否定这些国家的合理利益关切，使得中国寻求政策平衡的空间非常有限。尽管政策空间有限，但并不意味着中国注定无所作为。对于第一类国家，中国要不间断地说服美国，如果放任个别盟友奉行不必要的挑衅政策，不但破坏东亚地区稳定，而且无助于美国维持其等级安全体系。在此基础上，强调与美国共同管控这些国家，防止其与中国的安全矛盾失控。可资借鉴的经验是中美联合遏制"台独"势力。对于第二类国家，中国有必要回应这些东亚邻国的合理利益关切，同时利用有利环境增大与美国的合作空间。

尽管面临着困难与挑战，但中国东亚政策的再平衡很可能成为中国东亚政策转型的主要方向。其原因在于三个再平衡既是中国综合实力持续崛起的必然要求，也符合东亚地区安全秩序的内在逻辑，将为中国有效管控地区安全压力，创造中国与东亚邻国合作关系的"钻石十年"奠定坚实基础。

（孙学峰　刀洛西　徐勇）

---

① 《如何构建中美新型大国关系—王毅外长在布鲁金斯学会的演讲》，http：//world. people. com. cn/n/2013/0922/c1002－22984402. html。

第九章　中国与发展中国家全球合作基础的变化：以中国－77 国集团气候变化合作机制为例

20 世纪 90 年代初，气候变化谈判启动初期，中国与 77 国集团成员国等 131 个发展中国家团结起来，建立了"中国与 77 国集团"的合作机制（以下简称中国－G77 合作机制）。尽管各成员国在经济发展水平、获得能源资源的能力以及面对气候变化的脆弱性等方面存在很大差异，但中国－G77 合作机制实现了"多样性中谋求统一"的创举。① 在此后十余年的气候变化谈判进程中，这一合作机制始终保持了较强的凝聚力，推动国际气候变化谈判达成了诸多有利于发展中国家的协议。其中 1997 年有关《京都议定书》的谈判，则是中国－G77 合作机制紧密团结的高峰。

但是，自 2007 年巴厘会议以来，中国－G77 合作机制不断遭到弱化，其分歧在 2009 年的哥本哈根气候变化峰会上达到了顶点。首先，哥本哈根会议前夕，中国等新兴经济国家组成了"基础四国"，并在会议期间与美国进行秘密谈判，但最终达成的协议并未获得其他发展中国家的认可。② 其次，在全球气候政治的历史上，77 国集团中的小国、穷国首次独立发出了自己的声音，指责大国所进行的"奢侈"排放，并要求所有国家，包括排放量较高的发展中国家（特别是中国），都要制定明确的减排目标。其中，最不发达国家大声疾呼，要求中国承诺采取相应行动。由此产生的困惑是：在气候变化问题上，中国为何会在哥本哈根会议上成为部分发展中国家关

---

① http：//www. fao. org/g77/g77 – home/historical – background/en/，2012 – 08 – 31.

② Radoslav S. Dimitrov，"Inside Copenhagen：the State of Climate Governance，" *Global Environmental Politics*，Vol. 10，No. 2，2010，p. 20.

注的焦点？

有学者认为，中国－G77 合作机制内部成员之间原本就存在较大的分歧。[①] 例如，主要石油生产国同受气候变化影响较为明显的小岛国家之间的利益分歧由来已久。有些国家甚至开始与美国合作。[②] 而通过参与《联合国气候变化框架公约》以外的气候双边协议和其他制度，较大的发展中国家可能会获得一定的好处，以致其不再坚持中国－G77 合作机制的整体立场。[③] 也有学者强调，外部力量的介入是制约中国－G77 合作机制的潜在因素。最为突出的是，为了打破发展中国家形成的联盟，发达国家故意寻求与第三世界中的部分国家合作，而不是与"中国与 77 国集团"合作机制的整体进行对话。[④]

不过，上述解释难以说明的是，这些利益分歧因素一直存在，为什么到 2008 年之后中国－G77 合作机制才出现明显弱化。尽管有学者提出，中国和印度经济的崛起导致合作机制即将瓦解。[⑤] 但问题在于，自气候变化谈判开始以来，中国经济崛起的进程一直在持续，为什么在 2008 年前后合作机制出现了明显的变化？也就是说，我们要寻找是什么因素促使中国－G77 合作机制由紧密合作走向了分裂解体。这也正是本章关注的核心问题所在。

一　中国实力地位变化与中国－G77 合作机制的兴衰

历史制度主义方法强调，个体行为者不是完全战略性的，而是要受到

①　Sjur Kasa, Anne T. Gullberg, and Gørild Heggelund, "The Group of 77 in the International Climate Negotiations: Recent Developments and Future Directions," *International Environmental Agreements: Politics, Law and Economics*, Vol. 8, No. 2, 2008, p. 118.

②　Friedrich Soltau, *Fairness and Equity in Climate Change*, Ph. D. dissertation, Pace Law School, 2008, p. 45.

③　Sjur Kasa, Anne T. Gullberg, and Gørild Heggelund, "The Group of 77 in the International ClimateNegotiations," p. 125.

④　John Humphrey and Dirk Messner, "China and India as Emerging Global Governance Actors: Challenges for Developing and Developed Countries," *IDS Bulletin*, Vol. 37, No. 1, 2009, pp. 107 – 114.

⑤　Adil Najam, "The View from the South: Developing Countriesin Global Environmental Politics," Regina Axelrod, David Downie and Norman J. Vig, eds, *The Global Environment: Institutions, Law and Policy*, D. C.: Congressional Quarterly Press, 2004, p. 242.

它们所处的世界环境的约束，[①] 政治事件的历史背景对决策或事件有着直接的影响；行为者或施动者可以从经验中学习，其期望也由过去的经验所塑造，而合作进程的本质性变化很可能是由外部危机的冲击所引起的。根据历史制度主义路径依赖理论和关键时刻理论的逻辑，本文认为，2008 年金融危机之后，中国实力地位的变化，即中国逐步丧失发展中国家的地位，导致了"中国与 77 国集团"合作机制从合作走向分化。在此之前，中国的发展中国家地位构成了中国与 77 国集团团结合作的基础。

（一）核心逻辑

研究发现，中国与 77 国集团团结合作的基础在于中国的实力地位变化并未明显动摇中国的发展中国家身份定位。其核心逻辑在于，作为发展中国家的中国与 77 国集团中的发展中国家拥有相同的发展理念和共同利益，同时有助于中国在合作进程中发挥主导作用。这样中国 – G77 合作机制不但具备了共同合作的利益基础，也拥有了不可或缺的协调组织力量，从而为合作机制内部各方的紧密合作创造了重要条件。尽管中国 – G77 合作机制内部成员之间在经济发展水平以及应对气候变化的脆弱性方面有很大差异，但已有的合作经验可以通过路径依赖效应促使合作持续下去。

正如历史制度主义理论强调的，一旦合作路径选定，就会出现锁定效应，所有相关行为者都会调整自己的战略以适应当前的格局。[②] 其原因在于，改变规则需要大规模的前期成本；同时，由于先前的合作机制能够带来收益，随着时间的推移，成员国会形成偏好，接受给定的制度设置，因为他们已经对此习以为常了。[③] 从历史制度的角度来看，所有这些特性使得"收益递增过程或自我强化的过程在政治中普遍存在"，使得某一制度模式

① Sven Steinmo, "What is Historical Institutionalism?" in Donatella Della Porta and Michael Keating, eds, *Approaches and Methodologies in the Social Sciences: A Pluralist Perspective* (Cambridge: Cambridge University Press, 2008), p. 163.

② Kathleen Thelen, "Historical Institutionalism in Comparative Politics," *Annual Review of Political Science*, Vol. 2, No. 1, 1999, p. 385.

③ Sven Steinmo, "What is Historical Institutionalism?" p. 167.

越来越难以改造或选择先前可用的选项，即便这些备用方案可能更有效率。[①] 中国与 77 国集团也正是借此能够团结一致，达到了合作的顶峰。

但是，历史制度主义同时认为，制度合作中"关键时刻"的出现能够对现行制度和政策产生影响并引发实质性变化。关键时刻指的是一个相对较短的时期内，施动者的选择更加可能影响利益的结果。所谓"相对短"的时期，意味着"关键时刻"的延续时间必须较路径依赖过程而言更短。所谓"更加可能"是指选择影响利益结果的可能性要高于在此之前和之后的可能性。[②]

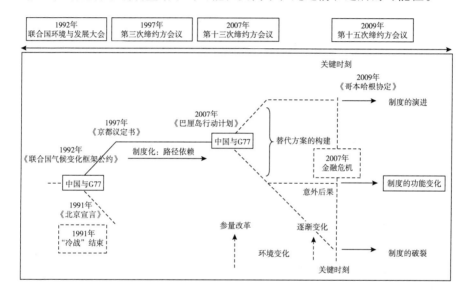

图 9 - 1 中国 - G77 合作机制变迁示意[③]

与此观点一致，许多历史制度主义者会将历史事件流根据关键时刻点，分成若干连续性时期。每当重大体制变革发生时，就会创造出一个分支点，历史发展也将由此迈向新的路径。由于制度的路径依赖特性，制度

---

① James Mahoney, "Path Dependence in HistoricalSociology," *Theory and Society*, Vol. 29, No. 4, 2000, pp. 508 - 509.

② Ellen M. Immergut, "Historical Institutionalism in Political Science and the Problem of Change," in Andreas Wimmer and Reinhart Kssler, eds, *Understanding Change: Models, Methodologies, and Metaphors*, Palgrave, 2005, p. 339.

③ 此处借鉴了 Bernhard Ebbinghaus, "Can Path Dependence Explain Institutional Change?" *MPIfG Discussion Paper* 05/2, 2005, pp. 14 - 20。

变迁在危机时刻，如战争或萧条时期，最有可能获得成功。正如马哈尼（James Mahoney）所言，"政治或经济危机的作用如同溶剂，会渗入基本社会力量和现有制度之间的断裂之处"。[①] 因此，历史制度主义特别强调危机对于打乱长期稳定的制度安排所发挥的作用。其原因在于，危机导致的环境变化和外部冲击会动摇制度依托的观念和物质基础，进而为体制变革创造了可能，逐步瓦解既有体制下的合作的可能性因此而大大增加。

据此推论，我们发现2008年金融危机是中国–G77合作机制运行的关键时刻。2008年世界金融危机夸大或加速了中国的崛起，使中国的发展中国家地位受到了绝大多数发达国家的空前质疑，进而动摇了中国与77国集团共同的利益基础。对于希望获得援助的发展中国家，与中国继续合作意味着无法获得来自发达国家的援助，因为发达国家已公开表示如果其他国家继续与中国合作，将无法获得发达国家承诺的资金和技术援助。对于希望中国承担减排义务的国家，希望实力日益增强的中国能够切实减排，放弃原来以发展中国家身份而不承诺减排的原则和做法。其理由是经济实力的快速发展导致中国的排放总量不断上升，能源消耗量持续增长。据统计，2007年中国的温室气体排放总量占世界总排放量的22.7%，居世界第一位；1990~2007年间，中国能源消耗的年增长率为4.5%，并将在未来数年保持增长趋势。[②] 为了应对压力，中国选择了与部分新兴经济体合作，形成了气候变化合作机制中的"基础四国"，从而进一步动摇了中国–G77合作机制的基础。据此，我们认为：在中国实力地位崛起明显动摇中国的发展中国家身份定位时，中国–G77合作机制将难以延续。即便它不会完全解体，但其合作的紧密程度也会大大削弱，无法回到此前的状态。

（二）研究设计

在本章中，对中国实力地位的衡量包括经济实力和发展中国家地位两个方面。（1）经济实力的指标是中国GDP在八个大国（除中国外，其他七

---

① James Mahoney,"Path Dependence in Historical Sociology,"p. 512.

② 参见高小升《试论基础四国在后哥本哈根气候谈判中的立场和作用》，《当代亚太》2011年第2期，第91页。

国是美国、英国、法国、德国、日本、俄罗斯、印度）中的排位，处于前三位为经济实力强，反之为弱。（2）发展中国家地位，采用《京都议定书》附件一缔约方中督促中国承诺减排的国家数量为指标。附件一国家中向中国施压的国家越多，越表明中国不具备发展中国家地位。（具体结果参看表9-1）

表 9-1 中国实力地位变化（1992~2009）

	1992 年 联合国环境 与发展大会	1997 年 京都会议	2007 年 巴厘岛会议	2009 年 哥本哈根会议
经济实力地位	第 7 位：弱	第 6 位：弱	第 3 位：强	第 3 位：强
发展中国家地位 附件一施压国家	美国	美国	美国/加拿大① （巴厘岛会议和 哥本哈根会议 之间还有俄罗 斯岛会议和日 本京都会议②）	除欧盟外的 附件一国家

衡量中国-G77合作机制凝聚力的具体指标和赋值标准分别如下。（1）中国与77国集团成员国是否在会议谈判过程中坚持成立之初规定的"意见一致"原则。坚持则表明机制合作紧密，凝聚力强；反之则为凝聚力弱。（2）中国与77国集团成员国是否共同坚持"不承诺"原则。即要求发达国家履行减排承诺，同时坚持发展中国家不做出减排承诺。坚持则为凝聚力强，反之则为弱。（3）中国与77国集团成员国是否坚持"无差别"立场。即坚持合作机制内所有国家均为发展中国家，则为合作机制凝聚力强，反之则为弱。（具体结果参看表9-2）

---

① International Institute for Sustainable Development（IISD），"Summary of the Thirteenth Conference of the Parties to the UN Framework Convention on Climate Change and ThirdMeeting of the Parties Serving as the Meeting of the Parties to the Kyoto Protocol：3-15 December 2007，" *Earth Negotiations Bulletin*，Vol. 12，No. 354，2007.

② International Institute for Sustainable Development（IISD），"Summary of the Fourteenth Conference of the Parties to the UN Framework Convention on Climate Change and Fourth Meeting of the Parties Serving as the Meeting of the Parties to the Kyoto Protocol：1-12 December 2008，" *Earth Negotiations Bulletin*，Vol. 12，No. 395，2008.

表 9 – 2 中国与 77 国集团合作的凝聚力（1992 – 2009）

	1992 年 联合国环境与发展大会	1997 年 京都会议	2007 年 巴厘岛会议	2009 年 哥本哈根会议
决定程序	意见一致	意见一致	意见一致	未达成一致意见
减排立场	不承诺	不承诺	部分松动①	部分松动②
是否坚持 "无差别" 立场	坚持	坚持	部分松动	松动③
凝聚力水平	强	强	一般	弱

本文将采用案例比较的方法进行实证研究，以检验论文的核心假设，考察影响中国 – G77 合作机制兴衰的核心因素。其中，重点考察中国 – G77 合作机制在以下三个会议中的合作状态，即 1997 年第三次缔约方会议（京都会议）、2007 年第十三次缔约方（巴厘岛会议）和 2009 年的第十五次缔约方会议（哥本哈根会议）。

这三次会议是气候变化机制历史上最为重要的三次会议，也是表现中国与 77 国集团合作的三个关键点。具体而言，1997 年的京都会议通过了第一个、也是目前唯一的国际气候变化条约框架《京都议定书》，议定书规定仅由发达国家或附件一国家实施减排承诺。这是中国 – G77 合作机制的巨大成就，是合作机制的顶峰。在 2007 年的巴厘岛会议上，各国集中讨论了 2012 年《京都议定书》到期后的新协议，并通过了《巴厘岛行动计划》。行动计划非常明确地规定了发展中国家也要承诺减排行动，计划虽然保留了发达国家和发展中国家的区别，但其界限已经趋于模糊。在这次会议上，中国 – G77 合作机制的裂痕初步显现出来。2009 年的哥本哈根会议是《巴厘岛行动计划》执行两年后最为关键的谈判，但并未就 2012 年《京都议定书》到期之后的相关授权达成一致，中国 – G77 国合作机制内部也出现了重大分歧，合作机制基本终结。通过考察三次会议可以完整地揭示中国 –

---

① Bali Action Plan, December 2007. Article 1（b）（ⅱ）.

② Copenhagen Accord, December 2009, Article 5.

③ Copenhagen Accord, December 2009, Article 5.

G77 合作机制的变迁，便于集中比较，增强研究结论的说服力。

更为关键的是，三次会议的召开时间也是中国实力地位发生变化的重要节点。1997 年京都会议召开时，中国虽然在亚洲金融危机中发挥了稳定作用，但还是世界公认的发展中国家。2007 年巴厘岛会议期间，中国的发展中国家地位开始受到质疑。2008 年的金融危机之后，中国经济的高速增长和在危机中发挥的重要作用，促使越来越多的国家开始否认中国的发展中国家地位。这一变化过程与中国 – G77 合作机制凝聚力的变迁过程恰好吻合，因此选择前文所述的三个案例可以较好地检验本文的研究假设，提高检验的说服力和可靠性。

二　中国 – G77 合作机制的兴起与巅峰（1992 ~ 1997）

为了加强国际环保领域的南南合作，中国和众多其他发展中国家在 1992 年的联合国环境与发展大会上，正式形成了中国 – G77 合作机制，以维护发展中国家利益，促进南北对话。① 合作机制最为重要的任务就是，在气候变化公约起草过程中实现紧密合作。

这些合作突出表现在以下两个方面。一是《公约》是否明确发展中国家的具体的减排目标和时间表。中国代表团强烈反对设定目标和时间表的想法，而支持一个对发展中国家没有具体责任规定的框架公约。② 二是发展中国家应在多大程度和范围内参与其中。③ 在中国和 77 国集团的共同努力下，《公约》规定，缔约国在公平基础上，根据共同但有区别的原则和各自的能力大小来保护气候系统。因此，发达国家缔约方应该率先采取措施以

---

① 《里约环境与发展宣言》中有 20 条原则都是以"中国与 77 国集团"共同草案为基础制定的，《21 世纪议程》中的若干重要章节也是以"中国与 77 国集团"共同草案为基础，并获得通过。丁金光：《中国环境外交的成就与问题》，《绿叶》2008 年第 4 期，第 28 页。

② Gørild Heggelund, "China's Climate Change Policy: Domestic and International Developments," p. 177.

③ Elizabeth Economy, "Chinese Policy – making and Global Climate Change: Two – front Diplomacy and the International Community," in Miranda A. Schreurs and Elizabeth Economy, *The Internationalization of Environmental Protection*, Cambridge University Press, 1997, pp. 18 – 19.

应对气候变化及其产生的不利影响。[①] "共同但有区别的责任"原则表明，尽管所有国家共同承担责任，但是，这些责任之间是有差别的，划分的依据是各国对气候变化所担负责任的大小以及应对能力的强弱。[②] "共同但有区别的责任"原则虽然同时强调发达国家中也实行有差别的减排承诺，但其核心是发展中国家没有规定的减排义务。不难发现，这一原则实质上有利于发展中国家，是对发展中国家的"积极歧视"，[③] 而其形成的背后则反映出中国 – G77 合作机制的团结一致和紧密合作。

20 世纪 90 年代中期，中国经济增长开始加速，但到 1997 年中国的 GDP 总量为 9530 亿美元，在八个大国中仅处于第 6 位。[④] 尽管此时中国展现出了巨大的发展潜力，但发展中国家地位仍未受到质疑。即使在 2001 年，美国总统布什和许多议员仍然认为中国只是快速增长的发展中国家之一。[⑤] 此时，向中国施压的发达国家只有美国一家。美国要求中国采取行动应对气候变化，并反对免除发展中国家的义务。克林顿曾表示，发展中国家必须通过有意义的方式参与全球减缓气候变化努力。[⑥] 同时，克林顿表示，如果发展中国家缔约方对温室气体减排不做出新的具体承诺，美国不会签署任何相关协议。[⑦]

但美国施加压力的效果十分有限。中国与 77 国集团国家强调气候变化是发展问题，气候变化谈判则是南北问题的一部分，关系到建立公正合理

① United Nations Framework Convention on Climate Change, December 1992, Article 3.1.

② Heike Schroeder, "The History of International Climate Change Politics: Three Decades of Progress, Process and Procrastination," in Maxwell Boykoff, ed, *The Politics of Climate Change: A Survey*, Routledge, 2010.

③ Ulrich Beyerlin, "Bridging the North – South Divide in International Environmental Law," *ZaöRV*, Vol. 66, 2006, p. 278.

④ World Bank Database 2010, www. worldbank. org.

⑤ Andrew C. Revkin, "U. S. Is Taking a Back Seat in Latest Talks on Climate," *New York Times*, October 29, 2001, p. A7.

⑥ Claire Breidenich, etal, "Current Devleopment: the Kyoto Protocol to the United Nations Framework Convention on Climate Change," *American Jounal of International Law*, Vol. 92, No. 2, 1998, pp. 315 – 346; B. A. Baumert, "Participation of Developing Countries in the International Climate Regime: Lessons for the Future," *George Washington International Review*, Vol. 38, No. 2, 2006, p. 365.

⑦ US Senate Resolution, 1998, 105th Congress Meeting.

的国际经济。在中国 – G77 合作机制下，发展中国家坚持"公平为解决问题的根本原则"，① 并在实际谈判中强调要考虑到不同历史时期的排放，最终确立了公平的原则。可见，中国与发展中国家的共同努力对公平分配问题条款的最终形成发挥了巨大影响。

1994 年 9 月，小岛国家联盟提交一项议定书草案，要求附件一缔约方到 2005 年减少的二氧化碳排放量，应不少于 1990 年排放水平的 20%，并建立控制其他气体排放的时间表。同时，草案强调实现《公约》目标的责任应由发达国家来承担，而发展中国家无须负担额外的义务。"中国与 77 国集团"合作机制将小岛国家联盟的建议确定为核心方案。②

根据小岛国家联盟的建议，1995 年的第一次缔约方会议通过了《柏林任务》，③ 以推动在第三次缔约方会议上通过不同时限（如 2005 年、2010 年和 2020 年）内具有法律约束力的减排承诺。虽然在《柏林任务》里，所有主要缔约方同意限制和减少排放的量化目标应由发达国家承担，不能为发展中国家设置新的承诺，但一些发达国家尤其是美国却继续推动为发展中国家设置减排承诺。

京都会议之前，美国通过了《伯德·哈格尔决议》，提出美国今后不接受任何有约束力的量化目标，除非主要发展中国家也实质性地参与。发达国家同时主张采取循序渐进的做法，即发展中国家将逐渐承担责任。④ 在京都会议上，发展中国家实质性参与成为相关各方争论的焦点和讨价还价的筹码。⑤ 为此，中国与 77 国集团利用一切机会反对发展中国家做出新的承诺，甚至通过支持欧盟的减排立场，推动发达国家提出更高的减排目标。

---

① JoannaDepledge, *The Organization of Global Negotiations*：*ConstructingtheGlobal Climate Change Regime*（London/Sterling：Earthscan, 2005），p. 50.

② Daniel Arueu Mejia, "The Evolution of the Climate Change Regime：Beyond a North – South Divide?" *ICIP Working Papers*, 2010, pp. 20 – 21.

③ Daniel Bodansky, "The History of the Global Climate Change Regime," in UrsLuterbacher and Detlef F. Sprinz eds, *International Relations and Global Climate Change*（Cambridge：MIT Press, 2001），pp. 34 – 35.

④ Michael Richards, "A Review of the Effectiveness of Developing Country Participation in the Climate Change Convention Negotiations," London：Overseas Development Institute, 2001, p. 11.

⑤ Michael Richards, "A Review of the Effectiveness of Developing Country Participation in the Climate Change Convention Negotiations," London：Overseas Development Institute, 2001, p. 11.

　　京都会议期间，新西兰建议，如果附件一缔约方成功履行承诺，发展中国家缔约方应确保在第一个承诺期后，执行具有约束力的承诺。中国与 77 国集团对此表示坚决反对，强调治理气候问题成功的关键在于"共同但有区别的责任"。发展中国家的人均排放量很低，同时还要优先考虑经济和社会发展，因此，应继续强化落实发达国家的承诺，而不是要求发展中国家做出额外的承诺。①

　　第三次缔约方会议通过了《京都议定书》，并提出建立碳排放权交易制度，允许排放单位过剩的国家将他们的排放权出售给超出排放目标的国家，从而有效地创造了"碳市场"。② 对此，中国与 77 国集团表示明确反对，强调发展中国家不会减少排放量，并建议从议定书中删除此条款。③ 最终，中国与 77 国集团成功地删除了有关发展中国家自愿/有意义承诺的条款。④ 总体来看，中国－G77 合作机制在京都会议期间发挥了重大的影响。

　　随后，在布宜诺斯艾利斯举行的第四届缔约方会议上，缔约方通过了一系列决定，统称为"布宜诺斯艾利斯行动计划"。根据该行动计划，缔约方宣布决心加强落实公约，为议定书的生效做好准备。⑤ 尽管发展中国家成功地从《京都议定书》中删除了非附件一国家自愿减排承诺的条款，但此次会议期间美国再次提出了这一问题。东道国阿根廷以及哈萨克斯坦也表示，希望采取自愿减排措施。这使得其他发展中国家处于非常尴尬的境地。因为两个国家自愿减排将会为发达国家，尤其是美国，向发展中国家施压确定减排目标创造便利条件。

　　为了防止使用"自愿"一词，中国与 77 国集团采取了防御性的谈判策略，将减排问题转化为几个观念，并将这一问题与其他国际问题（如南北问题）联系起来。⑥ 在发展中国家看来，中国是个精明的谈判伙伴，总是能够做好准备工作，确立有利的立场。因此，中国赢得了许多 77 国集团成员国的敬重。许多发展中国家甚至支持违背本国国家利益的立场推动中国－

---

① International Institute for Sustainable Development（IISD），*Earth Negotiations Bulletin*，Vol. 12，No. 76，1997，p. 13.

② Kyoto Protocol，December 1998.

③ IISD，*Earth Negotiations Bulletin*，Vol. 12，No. 76，1997，p. 11.

④ IISD，*Earth Negotiations Bulletin*，Vol. 12，No. 76，1997，p. 15.

⑤ IISD，*Earth Negotiations Bulletin*，Vol. 12，No. 123，1999，p. 2.

⑥ IISD，*Earth Negotiations Bulletin*，Vol. 12，No. 123，1999，p. 2.

G77 机制框架下的合作，其原因在于，这些发展中国家不愿意放弃"南北对立"的话语权和中国－G77 合作机制所拥有的国家数量优势。此外，专业知识和研究资源有限的发展中国家还可以从较大发展中国家的研究和政策分析中获益，[①] 而中国恰恰扮演了发展中国家领头羊的作用。正如时任中国外交部部长钱其琛所言，"中国的国际威望没有下降，而是提高了……现在，（发展中国家）都说：'中国是我们唯一的希望，是唯一可以为我们说话，唯一能代表我们的利益的大国'"。[②] 这也是中国－G77 合作机制团结一致，达到合作顶峰的基础。

三 中国－G77 合作机制裂痕初现（2005～2007）

2001 年加入世界贸易组织推动了中国经济的高速增长。2005～2007 年，中国的国内生产总值分别超过了法国、英国和德国。2007 年，中国的国内生产总值为 34940 亿美元，在八个国家中位居第 3 位，[③] 成为典型的经济强国。与此同时，向中国施加压力的附件一国家除美国外，又新增了加拿大、俄罗斯和日本。中国的发展中国家地位开始出现松动的迹象。

2005 年，根据《京都议定书》第三条第 9 款要求，蒙特利尔缔约方会议开启了谈判进程，并于 2007 年 12 月的巴厘缔约方会议上批准了《巴厘岛行动计划》。《巴厘岛行动计划》旨在于 2009 年之前制定出一个新的气候变化机制，并在《京都议定书》期满后开始生效。缔约方决定以"双轨制"启动新一轮谈判进程。具体包括两个方面的谈判：一是在议定书下设立特设工作组，就附件一国家（发达国家和经济转轨国家）第二承诺期的减排义务进行谈判；二是发展中国家和未签署《京都议定书》的发达国家（主要指美国），要在气候公约下启动为期两年的促进国际应对气候变化长期行动对话。[④]

---

① Michael Richards, "A Review of the Effectiveness of Developing Country Participation in the Climate Change Convention Negotiations," p. 15.

② Denny Roy, *China's Foreign Relations*, Palgrave Macmillan, 1998, p. 39.

③ World Bank Database 2010, www. worldbank. org.

④ International Institute for Sustainable Development (IISD), "Summary of the Thirteenth Conference of the Parties to the UN Framework Convention on Climate Change and Third Meeting of the Parties Serving as the Meeting of the Parties to the Kyoto Protocol: December 3 –15, 2007," p. 19.

在未来的协议中，各方需要做出新的和额外的承诺，特别是工业化国家需进行更大幅度的减排，同时还应为南方国家提供更多的资源以适应气候变化。因此，南北公平问题以及气候机制与（可持续）发展挂钩问题成为谈判的焦点。与此同时，世界也开始关注一些隶属于中国 - G77 合作机制的发展中国家，如中国、印度、巴西和印度尼西亚等，这些国家无论国内生产总值和排放量都进入了世界前 25 位。[①]

中国和 77 国集团的一些主要经济体也开始认识到其在《京都议定书》框架下的角色正在发生变化，并试图建立相应的国内项目来反映其所承担的减排责任。[②] 中国提出了全面的节能减排计划，涉及核能和生物能源等多种先进技术。[③] 这些计划客观上拉大了中国与大部分 77 国集团成员国之间的距离，原因在于发展水平不同导致 77 国集团中的许多成员国至少需要几十年的时间才会考虑使用这些先进的能源资源。[④] 例如，作为《京都议定书》的缔约国和 77 国集团成员，布隆迪的国内生产总值仅为 57.8 亿美元，与中国的经济总量相差悬殊；即使是人均国内生产总值，中国也是布隆迪的 11 倍，埃塞俄比亚的近 8 倍。[⑤]

中国与 77 国集团成员经济发展水平差异为外部力量的介入创造了条件。可持续发展国际研究所（IISD）指出，巴厘岛会议最重要的成

---

① Elliot Diringer, presented at the UNFCCC DialogueLong - Term Cooperative Action to Address Climate Change, International Climate Efforts Beyond 2012, November 16, 2006, in Will Gerber, "Defining 'Developing Country' in the Second Commitment Period of the Kyoto Protocol," http://lawdigitalcommons.bc.edu/iclr/vol31/iss2/7.

② Gao Guansheng, Office of National Coordination Committee on Climate Change, NationalDevelopment and Reform Commission of People's Republic of China, UNFCCC Second Workshop of Dialogueon Long - term Cooperative Action, November 15, 2006, in Will Gerber, "Defining 'Developing Country' in the Second Commitment Period of the Kyoto Protocol," p. 334.

③ Gao Guansheng, Office of National Coordination Committee on Climate Change, NationalDevelopment and Reform Commission of People's Republic of China, UNFCCC Second Workshop of Dialogueon Long - term Cooperative Action, November 15, 2006, in Will Gerber, "Defining 'Developing Country' in the Second Commitment Period of the Kyoto Protocol," p. 334.

④ Will Gerber, "Defining 'Developing Country' in the Second Commitment Period of the Kyoto Protocol," p. 334.

⑤ Will Gerber, "Defining 'Developing Country' in the Second Commitment Period of the Kyoto Protocol," pp. 334 - 335.

就之一是，长期合作行动特设工作组首次使用了"发达国家"和"发展中国家"的表述，① 而不是"附件一"和"非附件一"国家。普遍认为，这是一个突破，因为这一变化意味着未来确定各国减排贡献时，附件一和非附件一国家的限制可能将不再发挥作用。例如，某些附件一缔约方可能会抓住这一机会"跳槽"，试图采取比《京都议定书》更宽松的承诺。② 美国则强调必须制定"共同责任"，而不只是"有区别的责任"，以混淆发达国家的减排承诺与发展中国家行动之间的界限。③

从巴厘会议的过程来看，中国的实力地位变化虽尚未成为影响发展中国家团结的中心问题，但中国与 77 国集团合作机制的裂痕已初步显现。在随后为筹备哥本哈根会议所举行的谈判中，基于巴厘岛会议上"突破性"地使用了"发达国家"和"发展中国家"，而不是附件一和非附件一国家，发达国家试图在非附件一国家中做进一步区分，并开始向以中国为代表的"发达的发展中国家"或者"主要排放国"施加巨大压力，要求这些国家承担更多的减排义务，以方便发达国家推卸减排责任。正如霍尔（Martin Khor）所言，即使目前还没有一个普遍接受的关于"发达的发展中国家"或"主要排放国"的定义，但这种做法仍可能为（发达国家）在哥本哈根会议无法达成协议的情况下推卸责任做好准备。④

四 中国 – G77 合作机制走向分化（2008 ~ 2009）

2008 年 9 月，美国爆发次贷危机，随后金融危机逐步蔓延至世界大多数发达国家和新兴市场国家。中国因积累了巨额外汇储备，使其抵御金融

---

① Bali Action Plan，December 2007.

② International Institute for Sustainable Development（IISD），*EarthNegotiationsBulletin*，Vol. 12，No. 354，2007，p. 1.

③ Martin Khor，"Copenhagen：Key Issues Facing Developing Countries，" *South Centre Climate PolicyBrief*，December，2009，p. 2，http：//www. southcentre. org/index. php？option = com _ content&task = view&id = 1130&Itemid = 1.

④ Martin Khor，"Copenhagen：Key Issues Facing Developing Countries".

危机的能力相对较强，同时具备了实行扩张性经济政策应对危机的条件。[①] 中国经济因此受到的冲击相对较小，而世界其他主要经济力量均出现了负增长。比如，美国国内生产总值 2008 年下降 1.9%，2009 年下降 2.4%。与之对照的是中国国内生产总值的年均增长还在 9% 左右，其中 2008 年经济增长率为 9%，2009 年增长率为 8.7%。[②] 2009 年国内生产总值为 49850 亿美元，居世界第 3 位。[③] 对此，扎卡利亚评论道：中国不仅渡过了金融危机，而且在危机中茁壮成长，全球经济危机的赢家是中国。[④] 中国整体实力地位的变化导致中国的发展中国家地位受到更多的质疑。在气候变化谈判框架内，除欧盟国家以外其他 15 个附件一国家都已认为中国不再是发展中国家。这一变化为中国 - G77 合作机制在哥本哈根会议走向分化埋下了伏笔。

2009 年的哥本哈根会议是《巴厘岛行动计划》形成后最为重要的谈判，其目的是达成各方能够接受的减排承诺。会议之初，中国与 77 国集团就尽力确保既有文本能够得以延续，或者防止某些个别国家单独制定文本。[⑤] 然而，会议第二天丹麦政府草拟并准备在会议结束时通过的《丹麦文本》就泄露出来。文本列出了"最脆弱国家"的目录，并提出将为这些国家大多数适应气候变化的行动提供资金援助。而对发展中国家，尤其是主要发展中国家，文本中则设置了减排目标。

这一文本的出现引发了中国 - G77 合作机制内部的分歧。[⑥] 具体体现在

①　《中国扩大内需措施受到国际社会欢迎》，http：//finance. people. com. cn/GB/8314352. html，2012 年 8 月 31 日。

②　Yan Xuetong，"The Instability of China - US Relations，" *The Chinese Journal of International Politics*，Vol. 3，No. 3，2010，p. 278.

③　William H. Overholt，"China in the Global Financial Crisis：Rising Influence，Rising Challenges，" *The Washington Quarterly*，Vol. 33，No. 1，2010，p. 32.

④　Fareed Zakaria，"What Really Defined the Decade was the Rise of China，" *News week*，http：// 2010. newsweek. com/essay/the - age - of - terror - has - passed. html.

⑤　Statement by His Excellency Ambassador Abdalmahmood Abdalhaleem Mohamad，Permanent Representative of the Republic of the Sudan to the United Nations and Chairman of the Group of 77，At the Informal Meeting of the Plenary of the General Assembly to Hear a Briefing by the UN Secretary - General on the Outcome of the UN Climate Change Conference. New York，21 December，2009，http：//www. g77. org/statement/getstatement. php？ id = 091221.

⑥　Maša Kovič，"G77 + China：Least Developed Countries vs. Major Developing Economies，" December 17，2009，http：//www. climaticoanalysis. org/post/g77china - least - developed - countries - vs - major - developing - economies/.

两个方面。一是气温的最高升幅。77 国集团中的多个成员国希望气温最高升幅为 1.5 摄氏度，而中国和其他新兴经济体则强调最高升幅为 2 摄氏度，两者之间的分歧显而易见。① 二是是否摆脱《京都议定书》框架。鉴于发达国家普遍不愿意接受《京都议定书》框架下 2012 年之后的减排目标，中国和其他新兴发展中国家特别强调要坚持《京都议定书》框架，强调发达国家应遵守《京都议定书》中的二期减排承诺，反对通过新的相关法律文件。与此相反，一些小岛国家则支持缔结一项覆盖范围更广的法律文件，其中明确规定包括美国、中国和其他"金砖国家"的减排承诺。② 尽管 77 国集团主席在记者招待会上竭力否认中国与 77 国集团之间的分裂，但上述分歧却表明中国 – G77 合作机制内部已经难以协调一致。

与此同时，美国提出，要把提供财政援助与中国是否接受可核查的减排联系起来。美国国务卿希拉里·克林顿宣布，到 2020 年之前，美国将每年筹措 1000 亿美元资金，帮助较贫穷的国家抵御气候变化，③ 前提是中国首先同意接受对其污染治理工作的国际核查。④ 此举进一步分化了中国和其他发展中国家。一方面，其他发展中国家认为，中国不愿承诺减排导致其难以获取援助。因此，最不发达国家要求中国能够满足限制排放的要求。另一方面，中国和其他主要发展中国家则不同意将最不发达国家单独列为一类，并强调如果发达国家不提供资金支持，主要发展中国家也不会做出减排承诺。正如世界银行行长佐利克所言，"中国和印度已经使富国和穷国之间的分歧复杂化，因为两国都是发展中国家，并为今天的全球排放量担负很大的责任"。⑤

---

① Maša Kovič, "G77 + China: Least Developed Countries vs. Major Developing Economies," December 17, 2009, http://www.climaticoanalysis.org/post/g77china – least – developed – countries – vs – major – developing – economies/.

② DanielBodansky, "The Copenhagen Climate Change Conference: A Post – Mortem," *American Journal of International Law*, Vol. 104, No. 1, 2010, p. 4.

③ David Corn, "Copenhagen's Finale: Politics vs. Science," *Mother Jones*, December 18, 2009, http://motherjones.com/environment/2009/12/copenhagens – finale – politics – vs – science.

④ Lenore Taylor, "Climate Talks Set for Failure as China Dampens Hopes," *The Australian*, December 18, 2009.

⑤ Joelle Westlund, "Climate Talks Ends in Disappointment," December 13, 2010, http://www.climaticoanalysis.org/post/climate – talks – end – in – disappointment.

　　最终，发展中国家集团未能达成共识。哥本哈根会议的协议在提交正式通过时，立即遭到了阿尔瓦/苏丹集团的强烈反对，指责协议"不透明"，因为最终参与起草的只有美国、中国和其他三个"金砖国家"的领导人。参与秘密谈判的26国中的一些国家领导人也是在文本定稿公开披露后才知道文本的最终内容。①

　　最终的《哥本哈根协议》进一步折射出中国-G77合作机制的内部分歧。协议打破了发达国家和发展中国家之间的"防火墙"，首次对发展中国家的减排责任做出了区分，即"《公约》非附件一缔约国将实施缓解措施……最不发达国家和小岛发展中国家则可以采取自愿行动"。《哥本哈根协议》的附录二还明确说明发展中国家的减排行动，应坚持可衡量、可报告和可核实标准。从某种意义上讲，《哥本哈根协议》将南南国家之间的分裂制度化了。

　　不难发现，在哥本哈根会议中，经济快速崛起的中国腹背受敌，无论美国还是77国集团中的小国都要求中国承担减排义务。② 发达国家和发展中国家之间的差别一直是中国-G77国合作机制的关键所在，然而发展中国家内部的承诺差异却使这一共识逐步丧失。从哥本哈根会议的进程和结果来看，中国-G77合作机制似乎已经失去了非"附件一国家"之间的无差别立场。小岛国家联盟谋求生存，希望中国和其他发展中国家削减排放量；中国和其他新兴经济体则要求附件一国家承担历史责任率先行动；最不发达国家则希望在全球技术和财政援助中获得更大的份额，但中国不但不能代表他们，而且还成为这些国家从发达国家获取援助的最大障碍。对于许多发展中国家来说，气候变化已暴露出中国越来越不像"自己人"，而是更像"他们中的一员"。③

---

① Martin Khor, "Copenhagen Ends by only 'Noting' an Accord after Much Wrangling," *TWNCopenhagen Climate News Updates and Climate Briefings News Update*, December 20, 2009.

② Clive Hamilton, "The End of Third World," *International Relations*, March 29, 2010, http://www.e-ir.info/? p=3645.

③ Elizabeth C. Economy, "China's Green Energy and Environmental Policies," presented at the U.S.-China Economic & Security Review CommissionUnited States House ofRepresentatives, Second Session, 111thCongress, http://www.uscc.gov/hearings/2010hearings/transcripts/10_04_08_trans/economy_testimony.pdf.

五 结论

20 世纪 90 年代以来，在气候治理的合作进程中，中国 – G77 合作机制经历了由巅峰到低谷的变迁过程。借助历史制度主义路径依赖理论和关键时刻理论的分析框架，本文提出中国的实力地位是影响合作机制兴衰的重要因素。当中国的发展中国家地位未受质疑时，中国与 77 国集团拥有共享的理念和共同利益，因而能在中国的领导下形成有效合作，并通过路径依赖效应确保合作得以维持。当中国的发展中国家地位受到根本性质疑时，中国与 77 国集团合作的共同利益基础趋于瓦解，进而导致合作机制走向解体。

在这一过程中，中国实力地位的转折点成为中国 – G77 合作机制发生逆转的关键时刻。研究表明，2008 年金融危机的爆发成为中国实力地位的转折点。在金融危机爆发后的哥本哈根会议上，77 国集团中的最不发达国家因美国将对其的援助与中国承诺减排绑定在一起，而向中国提出承诺减排要求。最终，中国 – G77 合作机制在决策程序上并未达成一致意见，"不承诺"的减排立场大大松动，法律上实际形成了"内部有区别责任"，这些变化均表明中国 – G77 合作机制内部出现了较为明显的利益分歧。

虽然在 2010 年坎昆会议上，中国与 77 国集团维持了一致意见，按照发展中国家的主要要求确定了《京都议定书》第二承诺期的目标，至少可以为最终在 2011 年描绘出清晰的路线图奠定基础。然而，会议当天，这一目标就遭到了日本咄咄逼人的挑战。最终，坎昆会议使得发达国家更容易摆脱《京都议定书》及其有约束力的减排承诺制度，转而采用自愿制度，在这一制度下每个国家仅仅承诺它要减排多少。[1] 发展中国家受到了新的约束，被迫提出各自的适应气候变化行动的计划和目标。同时，坎昆会议迫使发展中国家每两年报告其国内排放计划、应对气候变化的行动以及排放效果。[2]

---

[1] Martin Khor, "Cancun Meeting Used WTO – type Methods to Reach Outcome," *TWNCancun Climate News Updates and Climate Briefings*, 2010, p. 75.

[2] Martin Khor, "Strange Outcome of Cancun Climate Conference," *TWNCancun Climate News Updates and Climate Briefings*, December 14, 2010, pp. 70 – 71.

2011 年 12 月的德班会议上这一变化趋势得以延续。与会的发展中国家同意，在 2015 年前达成、2020 年开始履行《强化行动的德班平台》（The Durban Platform for Enhanced Actions）。如果届时达成协议，则意味着 2020 年所有国家必须遵守这一具有法律效力的协议。新协议将完全取消《京都议定书》附件内国家和附件外国家的区别，发达国家和发展中国家的区别也将取消。[①] 也就是说，同哥本哈根会议和坎昆会议一样，德班会议进一步模糊了《京都议定书》附件外和附件内两类国家的界限。更为重要的是，德班会议的谈判过程中已不再强调"共同但有区别的责任"。[②] 这些细节实际上表明中国 – G77 合作机制在《京都议定书》框架下的合作已基本终结。

中国 – G77 合作机制的变迁有助于我们深入理解中国崛起进程中的外部挑战，并制定切实有效的应对措施。

首先，有助于全面理解中国的崛起困境。崛起困境是指崛起大国既要将不断增长的物质实力转化为体系影响力，又要控制外部体系压力的两难局面。以往理解国家外部压力，学者们多从中国面临的安全矛盾和安全竞争的角度思考，而中国 – G77 合作机制的弱化提示我们，对于实力日益上升的中国而言，如何承担国际责任带来的外部压力也需要特别关注。更为重要的是，这类外部压力涉及的国家更多，尤其是事关中国多年的政治伙伴——广大发展中国家，一旦处理不当不但有损中国的国际形象，而且会削弱中国的国际动员力，结果导致中国更加难以控制外部安全压力，缓解崛起困境。

其次，有助于制定更为有效的政策以承担国际责任。中国政府已经注意到，承担国际责任对于中国缓解崛起困境的重要意义。2011 年 9 月发布的《中国的和平发展》白皮书中，明确提到，中国要秉持积极有为的国际责任观，"以积极姿态参与国际体系变革和国际规则制定，参与全球性问题治理，支持发展中国家发展，维护世界和平稳定……随着综合国力的不断

---

① 陈晋：《取消"双轨制"是进步——德班气候变化会议成败（上）》，http：//harvard. blog. caixin. com/archives/37271，2011 年 12 月 28 日。

② 陈晋：《取消"双轨制"是进步——德班气候变化会议成败（上）》，http：//harvard. blog. caixin. com/archives/37271，2011 年 12 月 28 日。

增强，中国将力所能及地承担更多国际责任"。① 从中国－G77 合作机制的变迁经验来看，除了有形资源的投入（如资金、技术）之外，更为重要的是根据自身实力地位和相关问题领域的发展趋势，形成新的理念、原则和话语，在此基础上寻求与其他国际行为体（主权国家、地区组织、国际组织）利益的汇合点，更好地承担国际责任，并借此推动国内改革发展，最终顺利实现国家的复兴与崛起。

（孙学峰　李银株）

---

① 中华人民共和国国务院新闻办公室：《中国的和平发展》，人民出版社，2011，第 23～24 页。

第十章　中国企业成功融入投资目标国的条件：以中石油苏丹项目为例

一　引言

20 世纪 90 年代中期，中国政府决定实施能源企业"走出去"战略，以缓解石油需求增长的巨大压力。1997 年 1 月，江泽民明确指出，要努力开拓国际石油市场，石油产业不"走出去"，不努力开拓国际市场不行。[1] 作为"走出去"战略的领头羊，中国石油天然气集团公司（简称中石油）多年来致力于开拓非洲石油的上游市场，取得了令人瞩目的成功。特别是在苏丹的石油开发，不但帮助苏丹建立了一整套体系完善、技术先进、规模配套的石油工业体系，而且促进苏丹实现了经济的持续增长和社会发展。[2]

对此，联合国、美国能源部等机构都给予了积极评价。联合国全球契约组织（UNGC）报告指出，截至 2007 年 2 月，中石油已经按照约定完成 100 万美元的捐助，并投资 90 万美元用于石油部门的专业培训，其他社会援助投入累计超过 3 000 万美元。[3] 联合国儿童基金会在（UNICEF）2009 年的报告中指出，中石油为苏丹学生提供培训和教育机会，大大缓解了南部苏丹学生上学难的困境。[4]

---

① 童晓光：《实施"走出去"战略充分利用国外油气资源》，《国土资源》2004 年第 2 期，第 7 页。
② 王猛：《从苏丹个案看中国对阿外交之成长》，《阿拉伯世界研究》2012 年第 2 期，第 19 ~ 26 页。
③ 参见联合国全球契约组织网站，http://www.unglobalcompact.org。
④ Kavanagh, "Youth Journalist Reports on the Problem of School Fees in Southern Sudan," UNICEF, 2009, http://www.unicef.org/infobycountry/sudan_ 50245.html.

但是，苏丹国内政府或反对派力量对中石油开发的态度并不稳定，有时还呈现较大的差异。具体而言，中石油有些开发实践得到了苏丹政府和反对派力量的一致支持，如在迈卢特（Melut）盆地3/7油区法鲁济（Palogue）油田的开发。[①] 有些项目虽得到了政府的支持，反对派力量却非常不满，如在班提乌（Bentiu）油田的开发项目。[②] 更加令人困惑的是，有些开发项目苏丹政府与反对派力量均不满意，如哈季利季（Heglig）油田。[③]

为什么苏丹国内力量对中石油开发建设实践的态度会呈现起伏变化？在开发项目取得经济效益的前提下，中石油如何成功融入苏丹社会？本章试图通过案例比较分析，探寻中石油在其开发建设能给当地带来经济效益的前提下获得苏丹国内认可的核心因素，力图从理论上说明中国企业特别是国有企业成功融入所投资的发展中国家的机制原理，以推动中国企业和政府坚持成功经验，改进海外投资开发过程中的消极做法，尽快实现从"走出去"到"融进去"的转变。

接下来的论述包括四个部分。首先，梳理并分析既有研究对中石油在苏丹开发项目引发不同评价的主要解释。其次，提出本章的解释框架，认为环保问题和苏丹国内矛盾是决定中石油能否成功融入苏丹社会的核心因素。再

---

① Dou Lirong and Xiao Kunye, "Petroleum Geology of the Melut Basin and the Great Palogue Field, Sudan," *Marine and Petroleum Geology*, Vol. 24, No. 3, 2007, pp. 129 – 144; Mei Shisheng, "Laboratory Study of Immiscible CO_2 Drive in the Great Palogue Oilfield in Republic of Sudan," *Oil Drilling & Production Technology*, Vol. 28, No. 6, 2006, pp. 49 – 51; 童晓光、徐志强等：《苏丹迈卢特盆地石油地质特征及成藏模式》，《石油学报》2006年第2期，第1~5页。

② Scott Lewis, "Rejuvenating or Restraining Civil War: The Role of External Actors in the War Economies of Sudan," Bonn: Bonn International Centre for Conversion, 2004; E. Matthew Chen and James A. Baker III, "National Oil Companies and Corporate Citizenship: A Survey of Transnational Policy and Practice," Huston: Institute for Public Policy, Rice University, 2007, pp. 55 – 89; "PetroChina, CNPC, and Sudan: Perpetuating Genocide," A Report by the Sudan Divestment Task Force, April 15, 2007, pp. 2 – 9, 23.

③ Philip Andrews – Speed and Roland Dannreuther, *China, Oil and Global Politics*, London: Routledge, 2011; Linda Jakobson, "China's Diplomacy toward Africa: Drivers and Constraints," *International Relations of the Asia – Pacific*, Vol. 9, No. 3, 2009, pp. 403 – 433; "PetroChina, CNPC, and Sudan: Perpetuating Genocide," pp. 2 – 9, 23; Eric Watkins, "CNPC Signs New Agreements with Sudan," Oil & Gas Journal Online, 2009, http://www.ogj.com/articles/2009/11/cnpc – signs – new – agreements.html; E. Matthew Chen and James A. Baker III, "National Oil Companies and Corporate Citizenship: A Survey of Transnational Policy and Practice," pp. 55 – 89.

次，根据研究设计思路，详细考察中石油在苏丹的四个开发案例，以支持本章解释框架的合理性。最后是结论，提出研究发现的主要启示。

二 研究综述

中国在苏丹的石油开发近年来成为国际社会的热点问题，引发了广泛的关注与研究。作为国有企业，中石油的国家背景往往成为西方猜忌和抵制的主要原因，[①] 认为中石油的开发实践与西方国家公司的做法有着明显差异，[②] 对苏丹造成了诸多负面影响，主要包括资助政府扩大武装冲突、[③] 侵犯苏丹民众人权、[④] 办事机制不透明[⑤]和破坏生态环境[⑥]等。因此在分析中

---

① 崔守军：《中国能源国际合作的困境、风险与出路——以中国与中东石油合作为例》，陈岳、许勤华：《中国能源国际合作报告 2009》，时事出版社，2010，第 404～425 页。也有学者强调，中石油难以获得民众认可的主要原因在于语言障碍、宗教信仰冲突和工作习惯差异等，参见 George Feng and Xianzhong Mu, "Cultural Challenges to Chinese Oil Companies in Africa and Their Strategies," *Energy Policy*, Vol. 38, No. 11, 2010, pp. 7250 – 7256。

② Peter Marton and Tamas Matura, "The 'Voracious Dragon', the 'Scramble' and the 'Honey Pot': Conceptions of Conflict over Africa's Natural Resources," *Journal of Contemporary African Studies*, Vol. 29, No. 2, 2011, pp. 155 – 167; Philip Andrews – Speed and Roland Dannreuther, *China, Oil and Global Politics*, London and New York: Routledge, 2011. 也有学者认为，中石油等公司与西方石油公司的开发行为本质上并无区别，参见 Scott Pegg, "Social Responsibility and Resource Extraction: Are Chinese Oil Companies Different?" *Resources Policy*, Vol. 37, No. 1, 2012, pp. 160 – 167。

③ "The Detrimental Presence of PetroChina/CNPC in Sudan: One Mind, One Will, One Corporation," A report by the Sudan Divestment Task Force, July 26, 2007; Scott Lewis, "Rejuvenating or Restraining Civil War: The Role of External Actors in the War Economies of Sudan," 2004; Rob Crilly, "Darfur Onslaught 'to Clear Way for Chinese Oil Hunt' Say Rebels," August 14, 2008, http://www.timesonline.co.uk/tol/news/world/Africa/article4525805.ece.

④ Doctors without Borders, "Violence, Health and Access to Aid in Unity State/Western Upper Nile," April 2002, http://www.doctorswithoutborders.org/publications/reports/2002/sudan_04 – 2002.pdf; Scott Lewis, "Rejuvenating or Restraining Civil War: The Role of External Actors in the War Economies of Sudan," 2004; Global IDP Project, *Profile of Internal Displacement: Sudan*, Geneva: Global IDP, 2003, p. 10.

⑤ Zha Daojiong, "China's Energy Security: Domestic and international Issues," *Survival*, Vol. 48, No. 1, 2006, pp. 179 – 189; Christopher Alessi and Stephanie Hanson, "Expanding China – Africa Oil Ties," http://www.cfr.org/publication/9557.

⑥ Eric Watkins, "CNPC Signs New Agreements with Sudan," 2009; E. Matthew Chen and James A. Baker Ⅲ, "National Oil Companies and Corporate Citizenship: A Survey of Transnational Policy and Practice," pp. 55 – 89.

石油苏丹项目遭受国际批评、难以为苏丹国内认可时，既有研究主要着眼于国家/政府层面的因素，不过也有部分学者尝试从石油政治的角度加以分析。

（一）政府/企业策略

刘宏杰认为，全球化使中国已经不能置身于西方国家垄断的国际石油市场之外，但是在竞争激烈的国际石油市场中，优质石油资源多已被西方国家的跨国石油公司占据，中国公司不得已选择西方国家公司并不看好的地区作为开发重点，如苏丹、安哥拉等国。① 这些国家复杂的国内环境给中国企业成功融入当地社会带来了巨大挑战。对于企业策略选择来讲，进入这些国家本身就是次优选择，因此面对融入当地社会的挑战，中国企业多有无奈，但也无法避免。② 不过，刘宏杰并未详细分析发展中国家的国内环境如何影响中国能源企业融入当地社会。

劳拉·卡尼利亚（Laura Caniglia）和加文·希尔森（Gavin Hilson）都强调，中石油的开发引起质疑的重要原因在于中国企业只注重与政府交好，而不愿与当地公民社会和民间组织接触。在非洲很多国家，民间组织十分活跃，并对当地政府与民众有着不可忽视的影响，而中国企业却始终不大重视这些民间组织的力量，因而对其融入当地社会形成了无形的压力和障碍。③ 但是，这种观点无法解释中石油成功获得苏丹政府和反对派力量共同认可的开发案例。

廖玫认为，作为国有企业的中石油，其开发战略和举措很大程度上由国家主导，因此其融入当地社会面临的挑战主要源于中国政府的政策。④ 卡

---

① 刘宏杰：《中国能源（石油）对外直接投资研究》，人民出版社，2010，第106~108页。

② Sigfrido Burgos and Sophal Ear, "China's Oil Hunger in Angola: History and Perspective," *Journal of Contemporary China*, Vol. 21, No. 74, 2012, pp. 351-367.

③ Laura Caniglia, "Western Ostracism and China's Presence in Africa," *China Information*, Vol. 25, No. 2, 2011, pp. 165-184; Gavin Hilson, "Corporate Social Responsibility in the Extractive Industries: Experiences from Developing Countries," *Resources Policy*, Vol. 37, No. 2, 2012, pp. 131-137.

④ 廖玫：《被束缚的管制——论网络环境下的政府与石油产业》，知识产权出版社，2009，第67、163页。

尼利亚也强调，中石油在苏丹的一些开发实践遭受质疑，根源在于中国的重商主义政策。在这一政策思路的影响下，中国"走出去"的企业往往更加注重利用当地自然资源实现经济利益，而忽视了其开发行为对当地造成的消极影响。①

此外，中国不干涉内政政策的影响也是研究关注的重点。学者们发现，中国坚持不干涉内政政策的主要考虑是阻止联合国安理会制裁苏丹，同时不愿接受西方主导的自由主义国际秩序。② 但是，联合国的研究报告认为，中国的不干涉内政政策事实上对当地民众造成了伤害。苏丹国内冲突主要围绕权力争夺和资源控制权展开，石油开发刺激并扩大了分歧，而中石油除了开采石油外，没有采取任何行动阻止或者缓和苏丹国内的冲突。③ 结果，不恰当地运用主权原则和不干涉内政原则，不仅威胁中国的战略利益，也损害中国爱好和平的国际形象。④ 不过，这些讨论面临的挑战，同样是无法解释中石油的一些开发项目赢得苏丹政府和反对派力量共同认可的经验，而且没有说明中石油开发导致的何种消极影响会直接阻碍其融入当地社会。

（二）石油政治

这类分析强调，石油资源地理分布上的差异导致石油资源国、生产国和消费国之间必然存在矛盾乃至冲突。中石油开发建设面临的挑战实际上就是中国、苏丹两国围绕石油能源开发的竞争。⑤ 刘宏杰发现，在合作的不同阶段，石油公司与产油国政府讨价还价的能力并不一致。具体到中石油

① Laura Caniglia, "Western Ostracism and China's Presence in Africa," pp. 165 – 184.
② Linda Jakobson, "China's Diplomacy toward Africa: Drivers and Constraints," *International Relations of the Asia – Pacific*, Vol. 9, No. 3, 2009, pp. 403 – 433; Pak K. Lee, Gerald Chan and Lai – ha Chan, "China in Darfur: Humanitarian Rule – Maker or Rule – Taker?" *Review of International Studies*, Vol. 38, No. 2, 2012, pp. 423 – 444。不同观点参见 Dominik Kopinski, Andrzej Polus and Ian Taylor, "Contextualising Chinese Engagement in Africa," *Journal of Contemporary African Studies*, Vol. 29, No. 2, 2011, pp. 129 – 136。
③ Gerhart Baum, "Situation of Human Rights in Sudan," Report of the Special Rapporteur to the Commission on Human Rights, E/CN. 4/2003/42, January 6, 2003.
④ Wu Zhengyu and Lan Taylor, "From Refusal to Engagement: Chinese Contributions to Peacekeeping in Africa," *Journal of Contemporary African Studies*, Vol. 29, No. 2, 2011, pp. 137 – 154.
⑤ 张生玲：《中国能源贸易研究》，经济日报出版社，2009，第 138 ~ 180 页。

与苏丹政府的合作。合作初期，中石油拥有强大的技术、资金、管理与营销优势和超越市场壁垒的能力，讨价还价能力较强。但随着合作的深入，作为政策或规则的制定者，苏丹对石油公司拥有合法管制的权力，可以采取事后机会主义策略，如实施国家掠夺、征用或承诺不兑现等。由此，随着中石油不可逆的投资逐渐加大而变为弱势一方，讨价还价能力受到限制。①

此外，2006年以来苏丹境内一直没有重大的石油新发现。石油开发不尽如人意，作为最主要开发者的中石油成为众矢之的。卢克·佩蒂（Luke A. Patey）强调，经济脆弱和石油工业效益下降导致苏丹与中国的关系趋于恶化。2005年以来，苏丹国家层面、区域层面和地方层面的治理遭遇挫折，无法摆脱石油开发带来的负面影响。因此，苏丹政府倾向于借助责怪中国以转移矛盾，减轻国际压力。② 而中国不愿向苏丹政府施加太大压力，担心苏丹政府实施报复政策，减少中国的投资份额，用其他国家的公司取代中石油。正是出于这种担心，中国也无法叫停与苏丹的武器贸易。③ 这种解释有助于我们理解影响苏丹政府态度的因素，但难以解释苏丹反对派力量对中石油认可与否的条件。

总体来看，既有研究对中石油开发建设难以获得苏丹认可的讨论较多，对获得认可的成功经验分析较少；对苏丹政府认可与否的分析较多，对苏丹反对派力量的态度关注较少；对中石油与西方国家公司的差异关注较多，对中石油与西方国家公司共同面临的挑战关注较少；对中石油开发建设整体情况的关注较多，对具体开发实践的案例分析较少。简而言之，既有研究最为明显的不足在于缺乏较为可靠的比较研究，特别是对中石油成功和失败经验的比较及中石油与西方国家公司共性的比较。为此，我们将以此为突破口，通过多角度的比较分析，探寻中石油开发建设获得苏丹认可的条件。

---

① 刘宏杰：《中国能源（石油）对外直接投资研究》，人民出版社，2010，第142~156页。
② Luke A. Patey, "Crude Days Ahead? Oil and the Resource Curse in Sudan," *African Affairs*, Vol. 109, No. 437, 2010, pp. 617–636.
③ Linda Jakobson, "China's Diplomacy toward Africa: Drivers and Constraints," *International Relations of the Asia-Pacific*, Vol. 9, No. 3, 2009, pp. 403–433.

三　中石油开发建设融入苏丹的条件

我们研究发现，环境问题与苏丹国内矛盾是决定中石油开发建设融入程度的核心因素。具体而言，未发生环境问题是政府和反对派力量都认可的必要条件，即一旦中石油的开发导致环境问题，政府和反对派力量都不会认可中石油的开发建设，中石油融入程度就低。在中石油开发未引发环境问题的条件下，若中石油未卷入苏丹政府－反政府的国内矛盾，则可以获得双方认可，融入程度高。若中石油卷入苏丹政府－反政府的国内矛盾，则最多只能确保获得一方认可，即中石油明确支持其中一方，可确保该方的支持，而遭到另一方的反对，融入程度较低；若中石油不明确表态，则会遭到双方的反对，融入程度低（参见表10－1）。

表10－1　中石油开发建设融入苏丹的条件

	未卷入苏丹国内矛盾	卷入苏丹国内矛盾
未发生环境问题	融入程度高	融入程度较低或低
发生环境问题	融入程度低	

（一）环境因素

对于苏丹反对派力量来说，环保问题不但是反对政府的有力工具，也会直接影响自身的生活质量和身心健康，甚至生命安危。因此，反对派力量及民众对项目开发导致的环境问题十分敏感。一旦石油开发导致环境问题，即使项目能够创造就业，带来可观的经济效益，也会引发反对派力量的不满。J. 乔治·弗莱纳斯（Jedrzej George Frynas）就发现，无论是西方公司还是中国公司，一旦出现石油工业本身所引起的负面问题，都会遭遇同样的指责。[1]

---

[1]　Jedrzej George Frynas, "The False Developmental Promise of Corporate Social Responsibility: Evidence from Multinational Oil Companies," *International Affairs*, Vol. 81, No. 3, 2005, pp. 581 – 598; Scott Pegg, "World Leaders and Bottom Feeders: Divergent Strategies toward Social Responsibility and Resource Extraction," in Christopher May, ed, *Global Corporate Power*, Boulder: Lynne Rienner, 2006.

对于中国公司而言，国际非政府组织的介入也是不可忽视的因素。这些组织不但会强化发展中国家反政府组织的环保意识，使其对环境问题的消极作用更加敏感，而且会放大中国公司导致的环境问题。即中国企业做得好的地方，它们或不予关注，或心存疑虑；而对中国企业引发的问题，则重点宣传报道，施加强大的舆论压力，结果使得中国公司融入当地社会更加困难。比如，中国进出口银行曾与美国非政府组织"国际河流"（International Rivers）就中国企业开发造成的环境问题进行过一系列谈判，但是谈判并未取得有意义的成果，结果给中国企业的开发建设带来了不可忽视的负面影响。[1]

对于苏丹政府来说，国际社会日益强化的环保规范，使其无法只关注石油开发的经济效益，而忽略石油开发引发的环境问题。例如，苏丹南部自 2010 年就开始起草环境保护法框架性法令，独立后该法令成为其环境保护基本法，其中规定，在南苏丹境内的所有石油活动、发展政策都必须考量环境因素。[2] 如果对环境问题不给予充分重视，往往会遭到国内反对力量和国际社会的质疑与反对，从而动摇其国内政治权力的合法性。即使苏丹政府延续与中石油的合作，但对于中石油引发环境问题导致其承受内外压力也较为反感，并会采取相应行动表示不满，以强调其重视环境保护的立场，尽力在经济效益和环境保护之间寻求平衡。

因此，中石油能否切实注重安全环保，实现企业生产与当地环境的和谐发展，将直接决定中石油能否较高程度地融入当地社会。一旦引发环保问题，中石油的开发建设就难以获得苏丹政府和反对派力量的认可。即使事后采取积极措施治理环境污染，也无法弥补环境问题带来的负面影响，消除苏丹政府与反对派力量的不满与质疑。[3] 正如弗莱纳斯所言，在石油产出国中，担负环境保护责任的石油公司更有可能让政府与社会满意，进而

---

① Laura Caniglia, "Western Ostracism and China's Presence in Africa," pp. 165 – 184.

② 杨振发：《中国与南苏丹石油合作的机遇与挑战》，《西亚非洲》2012 年第 3 期，第 90～107 页。

③ Kelvin S. H. Peh and Jonathan Eyal, "Unveiling China's Impact on African Environment," *Energy Policy*, Vol. 38, No. 8, 2010, pp. 4729 – 4730.

获得更多油气合作机会与利益。①

（二）苏丹国内矛盾

因地区、种族、部族、宗教信仰等差异，苏丹国内历来有着较为深刻的社会矛盾，而苏丹政府推行单一民族与宗教政策则使矛盾进一步加剧，结果导致国内局势动荡，矛盾激化。2003 年以前，中石油在苏丹的开发尚未形成规模，对苏丹内部南北分裂的影响较为有限，总体上并未卷入苏丹的国内矛盾。相反，还通过促进经济发展，提高人民生活水平，客观上促进了苏丹政局稳定，为赢得苏丹政府和反对派力量的共同认可创造了条件。

然而，随着石油开发的推进和建设规模的扩大，中石油越来越难以规避苏丹国内矛盾的影响。在矛盾丛生、尖锐对立的局势中，中石油一旦卷入其中支持任何一方，必然会导致另外一方的不满。② 例如，苏丹政府与反对派力量在人权问题上分歧较大，反政府组织更为接受西方倡导的规范，而中石油在开发过程中的做法与苏丹政府的立场更为接近，结果是政府表示满意，反对派力量则不满。在苏丹南北矛盾激化过程中，中石油也面临着类似不能同时获得认可的尴尬境地。例如，苏丹南部民众难以接受中石油开发建设的主要根源，在于他们认为中石油支持喀土穆政府压迫苏丹南部。③ 即使中石油保持中立，也会导致双方同时怀疑中石油的意图，结果大大增加了中石油获得认可的难度。

判断融入程度的主要方法是考察苏丹政府和反对派力量对中石油开发实践的态度。具体而言，若苏丹政府与反对派力量双方均未对中石油的开发建设表达反对意见或表达了支持意见，则中石油融入程度高；若苏丹政府与反对派力量中一方未对中石油开发建设表达反对意见或表达了支持意

---

① Jedrzej George Frynas, "The False Developmental Promise of Corporate Social Responsibility: Evidence from Multinational Oil Companies," pp. 581 – 598.

② 在非洲其他国家，中国石油公司也遭遇了类似的挑战。参见亢升《动荡非洲中的中国石油安全》，《西亚非洲》2007 年第 2 期，第 37~41 页；穆献中：《中国油气产业全球化发展研究》，经济管理出版社，2010，第 111 页。

③ Dominik Kopinski, Andrzej Polus and Ian Taylor, "Contextualising Chinese Engagement in Africa," pp. 129 – 136; Leben Moro, "Oil, Conflict and Displacement in Sudan," DPhil Thesis, University of Oxford, 2008.

见，则中石油融入程度较低；若政府与反对派力量双方均对中石油开发建设表达了反对意见，则中石油融入程度低。

确定苏丹政府或反对派力量是否表达支持或反对意见主要考察以下指标。（1）是否存在苏丹政府官员对中石油表达不满的言论和政府行为。例如，苏丹环境部部长视察污染区并对污染情况深感忧虑，苏丹政府官员批评中石油管理过失；[①] 延缓批准中石油增资、减少签订合约数量；[②] 驱逐中石油主要持股公司负责人等。[③]（2）是否出现针对中石油的抗议和暴力事件等。例如，2008年10月18日，中石油九名员工在苏丹南科尔多凡州靠近达尔富尔地区的施工现场被武装分子绑架，最终五人惨遭杀害。[④] 类似的抗议和暴力事件主要反映了苏丹反对派力量对中石油开发的不满。

四 案例分析

本节将重点考察中石油的四个开发实践案例，以检验前文提出的核心假设。下文的结构比较从四个方面展开。（1）横向求异比较。即对比中石油相同时间内不同开发建设实践融入程度的区别，如比较团结（Unity）油田与班提乌油田的开发。（2）横向求同比较。即在相同时间维度下，比较中石油与西方国家公司在石油相似开发实践下融入程度的类似之处。（3）纵向求异比较。即比较不同时期中石油不同开发实践融入程度的区别，如比较哈利季利油田2009年前后两个阶段的开发建设。（4）纵向求同比较。即比较不同时期中石油与其他西方国家公司类似开发实践融入程度的类似之处，如比较西方公司与中石油在马拉（Mala）和塔尔贾斯（Thar Jath）油田的开发。

---

① "Pollution Fears Taint Sudan's Oil Promise," http：//articles. cnn. com/2009 – 12 – 07/world/sudan. oil_ 1_ oil – fields – oil – exploration – greater – nile/2？ _ s = PM：WORLD.

② 张安平、李文、于秋波：《中国与苏丹石油合作模式的实证分析》，《西亚非洲》2011年第3期，第3~11页。

③ Hereward Holland：《南苏丹驱逐中马合资石油公司总裁》，路透社，2012年2月22日，http：//cn. reuters. com/article/CNIntlBizNews/idCNCNE81L03020120222。

④ 《2008年中石油员工苏丹被绑事件》，2012年1月30日，http：//finance. huanqiu. com/roll/2012 – 01/2393576. html。

（一）融入程度高：团结油田开发

团结油田是苏丹 1/2/4 项目的重点产油区块之一。其所在的穆格莱德（Muglad）盆地是非洲大陆内部的裂陷盆地，[①] 断块小而破碎，油水关系与地质构造十分复杂。[②] 此外，盆地地处撒哈拉沙漠南部，常年高温，最高可达 47～48 摄氏度，号称"世界火炉"，热带疾病繁多，马来热等疾病常年流行，自然与生活条件非常艰苦。

20 世纪 60 年代初，美国雪佛龙（Chevron）公司进入苏丹，在 1/2/4 区进行了长达 15 年的油气勘探开发，发现了几个大型油田，探明石油储量 1.8 亿吨。20 世纪 80 年代末，因产油量不理想以及政治原因，雪佛龙公司放弃了开采权并撤离苏丹。[③] 1985 年之前，法国道达尔（Total）公司也曾参与在苏丹的油气勘探作业，并用半年时间对团结油田的三维地震资料进行了研究，但由于构造、石油储藏十分复杂，16 年的勘探仅发现了两个年产量不足 100 万吨的小油田，根本达不到经济开发的标准。1996 年，团结油田工程竞标时，道达尔公司落选，中石油战胜了西方国家的 11 家知名跨国公司，成为苏丹政府新的合作伙伴。

穆格莱德盆地 1/2/4 区块是中石油在海外的第一个大型油气勘探项目。吸取此前其他公司的经验教训，中石油的技术人员摒弃了外国公司在裂谷叠置区以浅层第三系为重点勘探层系的理念，总结形成了一套高效勘探的理论和方法，提出被动裂谷盆地的地质模式和成藏模式，使这一区块的勘探取得了重大突破。[④] 截至 2009 年，联合作业公司——大尼罗石油作业有限责任公

① 张亚敏、漆家福：《穆格莱德盆地构造地质特征与油气富集》，《石油与天然气地质》2007 年第 5 期，第 669～674 页。

② 参见董俊昌、李丛琼等《苏丹 Great Unity 油田成藏特征分析》，《中国石油勘探》2012 年第 1 期，第 62～65 页。

③ 参见余建华、王震《中国在解决苏丹达尔富尔问题上的外交努力》，《阿拉伯世界研究》2008 年第 2 期，第 13 页；黄舍骄：《苏丹南部公投背后的"三只手"》，《中国民族报》2011 年 1 月 21 日。

④ 参见《科技铸就海外创业辉煌之路——写在"中国石油海外合作油气田规模高效开发关键技术"获得国家科技进步一等奖之际》，中国石油新闻中心，2012 年 2 月 16 日，http://news.cnpc.com.cn/system/2012/02/16/001364933.shtml。

司在 1/2/4 区块共发现 68 个油气藏，可采地质储量增长了 3.2 倍，[1] 储量发现超过了雪佛龙公司、加拿大特里斯曼（Talisman）公司在该区近 20 年的勘探成果。[2] 由于无法否认中石油在此取得的巨大成功，道达尔公司总裁在仅仅一年之后便收回了自己的话，称"只有中国人才能把这个项目做好"。[3]

由于此前其他国家的石油公司开发效果并不理想，而中石油的开发建设大幅度提高了苏丹的石油产量，帮助苏丹政府增加了石油收入，实现了经济增长，对此苏丹政府十分满意。2003 年，苏丹政府为中石油董事长颁发了苏丹最高荣誉勋章。对苏丹民众而言，中石油的开发给当地带来了就业，项目员工本地化比例已接近甚至超过 90%，累计为当地创造了八万多个就业岗位，有效帮助当地民众改善了生活条件，提高了福利水平。

在通过科技创新带来巨大经济效益的同时，中石油团结油田开发还有效维护了项目所在区域的自然环境。因环境保护工作业绩突出，2007 年，中石油穆格莱德盆地 1/2/4 区和 6 区得到了苏丹能源矿产部的表彰，表彰其注重防止污染，善于营造健康的生活、生产环境，为其他在苏丹作业的石油公司做出了榜样。[4] 喀土穆炼油厂的副总经理穆罕默德·阿提夫（Mohammed Atef）也曾表示，炼油厂每年都不惜斥巨资用于工业用水的处理。在众多来到苏丹的外国石油开发商中，像中国合作伙伴这样重视保护当地生态环境的实在不多。[5]

---

① 《中国石油在苏丹》，中国石油天然气集团公司报告，2009，http：//www. cnpc. com. cn/resource/cn/other/pdf/09%E4%B8%AD%E5%9B%BD%E7%9F%B3%E6%B2%B9%E5%9C%A8%E8%8B%8F%E4%B8%B9. pdf。1997 年 3 月，中石油与马来西亚石油公司、加拿大 SPC 公司、苏丹国家石油公司共同组建了联合作业公司——大尼罗石油作业有限责任公司，其中，中石油占 40% 股份，马来西亚石油公司占 30% 股份，加拿大 SPC 公司占 25% 股份，苏丹国家石油公司占 5% 干股。

② 李楠：《中国与苏丹的能源合作》，上海外国语大学硕士学位论文，2006。

③ 《我们在苏丹找石油（国家科技进步奖获奖项目介绍）》，《人民日报》2004 年 2 月 27 日，第 11 版，http：//news. sina. com. cn/o/2004 - 02 - 27/06451909239s. shtml。1996 年中石油中标时，道达尔公司总裁曾对苏丹官员说："把这个项目交给中石油是你们的错误选择。"参见《走向世界的中国石油精神》，中油网，2006 年 11 月 13 日，http：//www. oilnews. cn/。

④ 《苏丹表彰环保优秀石油公司》，《国际工程与劳务》2007 年第 10 期，第 62 页。

⑤ 马海兵、李志强：《苏丹总统巴希尔：中国带给我们石油与和平》，《光明日报》2007 年 2 月 2 日，http：//www. gmw. cn/01gmrb/2007 - 02/02/content_ 545013. htm。

此外，这一开发项目并未卷入苏丹内部的南北对立。结果，中石油的开发建设成功融入了当地社会，得到了苏丹政府和反对派力量的一致认可。从这一案例可以看出，若石油开发建设未引发环境问题，也未卷入苏丹国内矛盾，则中石油开发实践取得经济效益的同时就能够保持较高的融入程度。

（二）融入程度较低：班提乌油田开发

班提乌地区石油储量十分丰富，历史上一直由努尔（Nuer）和丁卡（Dinka）两个部落占据。苏丹发现石油之前，一些游牧农民为了寻找牲畜水源逐渐移居到班提乌地区。[①] 虽然存在经济上的竞争与分歧，但区内的阿拉伯人与南方民众未出现争端，更不存在居民的强制迁移。

1981 年班提乌地区发现大量石油，1997 年大尼罗河输油管道工程启动，管道从班提乌通到红海港口，横贯苏丹南北。与此同时，中石油在班提乌油田的开发建设也正式开始。同团结油田一样，班提乌项目也是中石油在苏丹开发建设初期的重点项目，但是与团结油田不同的是，班提乌油田项目仅得到了政府的认可，而当地反对派力量非常不满意，其核心原因在于中石油的开发卷入了政府与反政府力量有关强制迁移的尖锐矛盾中。

一方面，中石油开发规模逐渐扩大直接导致苏丹南部原著居民被迫迁移。[②] 石油资源一直是苏丹政府与反政府武装争夺的焦点。欧美国家公司撤出之后，中石油的石油开采以及石油管道建设大幅度提高了当地的石油产量，客观上加剧了苏丹南北双方的冲突与矛盾，大尼罗河输油管道沿线区域也成为苏丹武装冲突的前线。苏丹政府认为，油田附近的努尔和丁卡等村落对油田构成了严重的安全威胁。[③] 因此，从 1999 年起，苏丹政府以保

---

① Charles H. Baumann, "Report of Investigation: Violence against Civilians along the Bentiu – Leer – Adok – Road," Civilian Protection Monitoring Team, August 19, 2003, http://www.cpmtsudan.org/press/violence_ press19august03. htm.

② Drillbits & Tailings, "Talisman Energy Exacerbates Sudan's Civil War," April 15, 2004, http://www.moles.org/ProjectUnderground/drillbits/4_ 14/3. html.

③ "Sudan, Oil, and Human Rights," http://www.hrw.org/reports/2003/sudan1103.

障该地区石油运营安全为理由，对相关村落实施了大规模破坏政策和居民强制迁移。统计显示，2002 年，中石油所在油区强制拆迁所形成的国内移民达 50 余万人。①

另一方面，中石油虽未直接参与强制移民，但为推进石油开发，不得不容忍或变相支持苏丹政府强制迁移南部平民，未对被迫迁移的农民和牧民提供相关补偿或者重新安置到安全地区。② 此外，苏丹政府武装部队可以使用中石油的基础设施、直升机及其他军用补给，公司安保人员也曾参与对抗班提乌平民的冲突。③ 强制迁移对当地平民的伤害较为深远，大批民众因此居无定所，不但破坏了相关地区正常的社会秩序，加深了南部反对派力量对苏丹政府的不信任，也导致了这些力量对中石油的不满和愤怒，认为中石油是政府强制迁移行动的参与者和支持者。非政府组织的一份研究报告曾指出："中石油在苏丹南部的石油开发本应让当地民众欣喜不已。然而，开发带给民众的除了悲痛和灾难外别无他物。"④ 由此，我们不难发现，中石油的开发建设一旦卷入苏丹政府 - 反政府的矛盾，就只能获得其中一方的认可，结果为其顺利融入苏丹当地社会制造了不可忽视的障碍。

（三）融入程度低：哈季利季油田开发

哈季利季油田位于苏丹首都喀土穆西南 700 多公里苏丹南方和北方边界的北侧，是苏丹最早发现并投产的重要油田之一。油田的主要投资方为中石油，自 1999 年投产以来为苏丹经济发展做出了巨大贡献，苏丹政府也曾对中石油的开发建设表示欢迎与支持。哈季利季油田的发展和壮大吸引了

---

① Global IDP Project, *Profile of Internal Displacement： Sudan*, p. 10； Scott Lewis， "Rejuvenating or Restraining Civil War： The Role of External Actors in the War Economies of Sudan," 2004.

② "Sudan： Oil Companies Complicit in Rights Abuses," London： Human Rights Watch, November 5, 2003, http：//www. hrw. org/africa/sudan. php.

③ Georgette Gagnon and John Ryle, "Report of an Investigation into Oil Development, Conflict and Displacement in Western Upper Nile, Sudan," Canadian Auto Workers Union, Steelworkers Humanities Fund, The Simons Foundation, United Church of Canada, World Vision Canada, October 2001, http：//www. ecosonline. org/back/pdf _ reports/2001/SudanReportGagnon103001. pdf, pp. 32 - 35, 37 - 39.

④ "Sudan： Oil Companies Complicit in Rights Abuses," http：//www. hrw. org/africa/sudan. php.

大批苏丹民众在此定居，发展形成村落与城市，大大提高了当地居民的生活水平。油田还成为苏丹本国培养石油人才队伍的重要基地，为众多当地居民提供就业岗位和生活保障。

此外，中石油还积极带动当地基础设施建设，改善当地卫生条件与医疗环境，在环境保护和人道主义救济等公益事业方面做了很多工作，赢得了当地民众的认可。例如，2007 年 8 月 23 日，中石油慰问灾区代表经过近1000 公里跋涉到达受灾的阿赫托尼村时，上百名村民围绕在三辆装有 20 多吨救灾物资的货车四周，双手打着节拍，口中呼喊着"中石油，萨迪哥（兄弟）"来表达对公司的谢意。[①] 由此可见，2009 年以前，中石油在哈季利季油田的开发较好地融入了当地社会。

不过，苏丹政府与南部反对派力量一直围绕着石油展开争夺，而哈季利季油田的重要性和特殊性也使其成为苏丹南北双方争夺的焦点。2009 年，海牙国际法院裁决哈季利季油田属于苏丹领土，但反对派力量及当地民众都希望油田归属苏丹南部，结果双方在此武装冲突不断，近年来还日趋恶化。2012 年 4 月，南北苏丹军队在哈季利季油田附近持续发生武装冲突，导致中石油在该油田的生产设施包括输油管道、电力设施以及油田处理系统等都遭到严重破坏，且短时间内难以恢复。[②] 南北苏丹之间的冲突使得当地石油收入大幅减少，物价上涨，通货膨胀加剧，居民的基本生活受到了严重的威胁。[③]

考虑到中石油在苏丹石油生产中的重要地位，南北苏丹都力图争取中石油的支持，都想将中国利益与各自的利益捆绑在一起。[④] 然而，中石油的态度较为模糊，始终不愿明确表态，只是积极劝和促谈，试图恢复

---

① 《中国石油在苏丹》，中国石油天然气集团公司报告，2009。

② 尹一杰：《南北苏丹对峙中石油守望七十亿美元投资》，《21 世纪经济报道》2012 年 4 月 25 日，http：//www.21cbh.com/HTML/2012 - 4 - 25/3MNDEzXzQyMzg3MQ.html。

③ John Mukum Mbaku and Jessica Elaine Smith, "Efficient and Equitable Natural Resource Management: Using Transparency to Avoid the Resource Curse," in John Mukum Mbaku, Jessica Elaine Smith and Kevin Watkins, eds., *One Year after South Sudan's Independence*: *Opportunities and Obstacles for Africa's Newest Country*, The Brookings Africa Growth Initiative Report, June 22, 2012, pp. 10 - 13.

④ 尹一杰：《南北苏丹对峙中石油守望七十亿美元投资》，《21 世纪经济报道》2012 年 4 月 25 日，http：//www.21cbh.com/HTML/2012 - 4 - 25/3MNDEzXzQyMzg3MQ.html。

南北苏丹的和平与合作。这种态度令两个苏丹政府极为不满，均试图向中石油及中方施加政治压力。为此，2012年2月南苏丹政府以协助苏丹扣留并私自出售其出口石油为由，将中国－马来西亚石油合资公司负责人驱逐出境。[①] 与南苏丹政府类似，苏丹政府对中石油的做法也心存怀疑。目前，南苏丹正争取由中国出资建设一条输油替代管道，虽然中石油尚未明确表态是否参与建设，但是其模糊的态度也令苏丹政府感到不满。[②]

通过案例比较，我们发现中石油未卷入苏丹内部矛盾且未产生环境问题时，其开发建设得到了苏丹政府与反对派力量的一致支持，融入程度高。但是，2009年海牙国际法院的裁决也使得苏丹政府与南部反对派力量在哈季利季油田的矛盾日益不可调和。由于中石油保持中立，未明确表态支持一方，结果导致苏丹政府与反对派力量均不认可中石油，其开发建设融入程度低。

（四）融入程度低：马拉油田和塔尔贾斯油田开发

联合州地区马拉和塔尔贾斯两块油田都位于苏丹南部最贫穷的边远区域，当地还有世界上最大的内陆湿地——白尼罗河（Sudd）湿地。白尼罗河湿地隶属苏丹南部的主要部落努尔，2006年被《国际湿地公约》确定为全球重点保护湿地。[③] 即使苏丹经历了近20年的南北内战，白尼罗河湿地一直完好无损，未受到任何严重的破坏。然而，近年来石油勘探与开采活动使得湿地开始受到严重威胁，水资源污染，动物迁徙，植物灭绝，当地居民也因此移居，生态平衡受到严重破坏。

联合州地区受污染的主要有两部分：马拉油田和塔尔贾斯油田。加拿大研究机构指出，环境污染与破坏是苏丹石油产业面临的共同问题，包括加拿大特里斯曼公司在内的国际石油公司在苏丹的开发都引起了不同程度

---

① Hereward Holland：《南苏丹驱逐中马合资石油公司总裁》，http：//cn. reuters. com/article/CNIntlBizNews/idCNCNE81L03020120222。
② 沈旭晖：《南北苏丹冷战，殃及中国》，《南风窗》2012年第4期，第78～79页。
③ Herve Bar, Sudan's White Nile Marshes Threatened by Oil Pollutio, n, AFP, November 16, 2009, http：//www. google. com/hostednews/afp/article/ALeqM5iPUAil144ZGXgvAfbzeR3CN61O7A.

的环境污染与破坏。① 在当地反对派力量的眼中，石油公司片面追求经济利益，并不考虑生态环境后果。外国石油公司（从美国雪佛龙公司到加拿大特里斯曼公司再到白尼罗河石油公司）进驻苏丹从事石油开发建设以来，环境污染和水质下降一直是对当地居民生活最大的威胁。

通过一系列实地考察和测试，德国人权组织"希望之星"（Sign of Hope）发现马拉和塔尔贾斯油田附近地区环境已遭到严重破坏，饮用水污染严重，而中石油接手的白尼罗河石油公司在当地的石油开采与提炼活动是饮用水中氰化物、铅、镉、镍、砷等严重超标的罪魁祸首。约翰·马亚（John Mayal）指出，"在中石油到来之前，人和牲畜都不会无故生病甚至死亡，水源是好的；可在它到来之后，饮用水源水质变差了"。② 水污染导致当地居民轻者患病或脱水，重者因医疗卫生条件落后无法医治而死亡。若不及时整治当地环境，该地区将面临巨大的生态灾难。面对国际社会的质疑与指责，油区主要持有者——中石油接手的白尼罗河石油公司并未发表任何回应与声明，而仅仅强调为当地村庄提供了水处理厂来处理污水。

尽管因经济收益苏丹政府不愿也不能停止白尼罗河石油公司的石油开发，但苏丹政府对中石油造成的环境污染非常不满。在国际人权组织与环保机构关注该地区之后，苏丹政府迫于政治压力也日益重视。新上任的环境部部长同科学家一起，亲自到污染地区视察，对中石油污染当地水源与环境的行为提出批评。正如南苏丹联合州州长邓塔班（Taban Deng）所指出的，白尼罗河石油公司保护当地环境失职，即使没有直接证据证明中石油的勘探开发导致当地环境污染，但至少其在当地的活动也是管理不善的。③ 尽管在造成污染之后，中石油采取措施试图控制和改善污染，但仍然无法改变环境污染的客观影响及损害。由此，我们不难发现，一旦石油开发涉及环境问题，中石油（包括西方国家的石油公司）的开发建设就会招致苏

①　Red Team，"A Troubling Talisman：Identifying and Assessing Nontraditional Risks Facing the Modern Oil Industry，" https：//blogs. commons. georgetown. edu/cmn35/files/RED – TEAM – Talisman – Paper. pdf，pp. 1 – 39.

②　"Measures to Control Sudan Water Pollution to be Taken Soon，" http：//www. scienceforums. net/topic/53480 – measures – to – control – sudan – water – pollution – to – be – taken – soon/.

③　"Pollution Fears Taint Sudan's Oil Promise，" http：//articles. cnn. com/2009 – 12 – 07/world/sudan. oil_ 1_ oil – fields – oil – exploration – greater – nile/2？ _ s = PM：WORLD.

丹政府与反对派力量的一致批评，难以有效融入当地社会。

五 结论

中石油苏丹项目是中国企业"走出去"的重要实践，也是中石油从事国际化经营较为成功的案例。但是，很多情况下，在中石油给当地带来经济收益的前提下，其开发实践也未获得苏丹政府和/或反对派力量的认可。研究发现，环境问题和苏丹国内矛盾是影响中石油能否顺利融入苏丹的决定因素。如中石油的开发引发环境问题，则中石油在苏丹的开发建设融入程度低。在中石油开发未引发环境问题的条件下，如中石油卷入苏丹政府与反对派力量的矛盾，则融入程度较低或低；如未卷入，则融入程度高。

中石油开发项目融入苏丹的经验和教训提示我们，中国企业融入发展中国家最为关键的因素并不是西方国家更为关注的人权问题，而是环境保护问题。因此，若要有效融入项目所在地的社会，中国企业必须处理好项目经济效益与环境保护的合理平衡，否则自身的开发建设将会遭遇项目所在国国内力量的抗议和阻挠。例如，2012 年 6 月以来，中国在缅甸开发建设的莱比塘铜矿遭遇多次当地居民的示威抗议，示威者表示环境风险是其对铜矿开发的最大担忧。[1] 此外，面对环境问题还要坚决摒弃污染后治理或通过承担其他社会责任（如捐资助学等公益行动）消除其消极影响的思路。原因在于一旦开发项目导致环保问题，其消极影响很难通过事后弥补或加大公益投入得到缓解。[2]

此外，在开发项目调研和实施过程中，要充分了解投资目标国的国内矛盾，对其发展趋势尽量做到心中有数，尽可能避免卷入其国内矛盾，为更好地融入目标国社会创造条件。如果不得已卷入国内矛盾，要把握的基本原则是尽量确保民间力量认可中国企业的开发建设。一方面，现代政治制度条件下，即使奉行权威制度的发展中国家也不会完全不顾民众组织的

---

[1] 李亮：《中国在缅甸铜矿争议调查：民主转型伤及中资生存》，2012 年 11 月 28 日，http://business.sohu.com/20121128/n358934024.shtml。

[2] Kelvin S. H. Peh and Jonathan Eyal, " Unveiling China's Impact on African Environment," pp. 4729 – 4730.

呼声，因此首先获得民间力量的认可，就会为未来争取政府的认可创造条件。另一方面，民间力量认可往往可以缓解国际社会特别是西方国家的政治和舆论压力。"冷战"结束以来，西方主导的国际规范影响范围越来越广，影响力度越来越大，其中最为典型的就是人权规范。因此，获得民众组织认可会大大降低与国际人权规范对抗的可能性，从而可以有效缓解来自国际社会的压力。国际社会压力的弱化会增大中国企业开发项目的合法性，进而有助于中国企业更好地融入当地社会，尽早实现从"走出去"到"融进去"的转变，帮助中国塑造负责任大国的形象，有效缓解崛起困境。

（王璐　孙学峰）

参考文献

中文文章

安成日:《试论战后日苏关系的特点》,《西伯利亚研究》2006 年第 5 期。

蔡鹏鸿:《美国南海政策剖析》,《现代国际关系》2009 年第 9 期。

曹云华:《在大国间周旋——评东盟的大国平衡战略》,《暨南学报(哲学社会科学)》2003 年第 3 期。

陈宝森:《美国经济的走向及其对中国的影响》,《求是》2001 年第 5 期。

陈昊苏:《加强公共外交,提升国家形象》,《对外传播》2009 年第 12 期。

陈红升:《泰国:2009 年回顾与 2010 年展望》,《东南亚纵横》2010 年第 5 期。

陈红升:《泰国:2010~2011 年回顾与展望》,《东南亚纵横》2011 年第 3 期。

崔大沪:《大国能源战略博弈下的中国石油企业全球化经营战略》,《世界经济研究》2005 年第 11 期。

崔守军:《中国能源国际合作的困境、风险与出路——以中国与中东石油合作为例》,陈岳、许勤华:《中国能源国际合作报告 2009》,时事出版社,2010。

崔天凯:《公共外交与国家形象塑造》,《国际公关》2011 年第 4 期。

戴颖、邢悦:《中国未在联合国对美国软制衡》,《国际政治科学》2007 年第 3 期。

丁金光：《中国环境外交的成就与问题》，《绿叶》2008 年第 4 期。

董俊昌、李丛琼等：《苏丹 Great Unity 油田成藏特征分析》，《中国石油勘探》2012 年第 1 期。

俄罗斯战略形势评估课题组：《俄罗斯强势崛起述评》，《现代国际关系》2009 年第 2 期。

甘宜沅、黄晓、阮振华：《中泰贸易分析》，《东南亚纵横》2005 年第 11 期。

高程：《市场扩张与崛起国对外战略》，《国际政治科学》2011 年第 3 期。

高小升：《试论基础四国在后哥本哈根气候谈判中的立场和作用》，《当代亚太》2011 年第 2 期。

郭学堂：《中国软实力建设中的理论和对策新思考——兼论中国的公共外交》，《社会科学》2009 年第 2 期。

贺文萍：《苏丹达尔富尔问题与中国的作用》，《西亚非洲》2007 年第 11 期。

花勇：《国际等级体系的生成、功能和维持》，《国际政治科学》2011 年第 3 期。

黄金贞、卢光盛：《泰中贸易的现状、问题及前景分析——泰国的视角》，《东南亚纵横》2011 年第 9 期。

简军波、张敬林：《自负帝国的危机：单边主义与霸权合法性的终结》，《世界经济与政治》2003 年第 8 期。

简军波：《现代国际合法性条件与美国的困境》，《世界经济与政治》2007 年第 3 期。

蒋昌建：《波动中的软实力与新公共外交》，《现代传播》2011 年第 8 期。

江涌：《中国要说话，世界在倾听——关于提升中国国际话语权的思考》，《红旗文稿》2010 年第 5 期。

焦世新：《软均势论及其实质》，《现代国际关系》2006 年第 8 期。

亢升：《动荡非洲中的中国石油安全》，《西亚非洲》2007 年第 2 期。

勒那托·卡斯特罗：《从东南亚视角看中国的和平崛起：对一个新兴合

作型强国前景的探讨》,《南洋问题研究》2005 年第 2 期。

李楠:《中国与苏丹的能源合作》,上海外国语大学硕士学位论文,2006。

李红秀:《从汶川地震看中国媒体的策略》,《新闻爱好者》2008 年第 24 期。

廉德瑰:《简析美国钓鱼岛政策的模糊性》,《现代国际关系》2012 年第 10 期。

林玫:《对外援助方式的改革与实践》,《国际经济合作》1997 年第 11 期。

林民旺:《国内观众成本理论与国际合作》,《教学与研究》2009 年第 2 期。

刘建飞:《公共外交与国家形象的塑造》,《人民论坛》2011 年第 4 期。

刘丰:《均势为何难以生成——从结构变迁的视角解释制衡难题》,《世界经济与政治》2006 年第 9 期。

刘丰:《拆解对手联盟:同盟理论再思考》,提交给清华大学当代国际关系研究院与复旦大学国际关系与公共事务学院联合举办的"联盟理论与中国联盟战略"学术研讨会论文,2012 年 12 月 8 日。

刘华:《评小泉的东亚地区合作构想》,《南洋问题研究》2002 年第 3 期。

刘兴华:《国际道义与中国外交》,《外交评论》2007 年第 3 期。

刘笑盈,《再论一流媒体与中国的话语权时代》,《现代传播》2010 年第 2 期。

刘中民:《冷战后东南亚国家南海政策的发展动向与中国的对策思考》,《南洋问题研究》2008 年第 2 期。

梁占军:《1933 年希特勒在德国上台与法国的反应》,《史学月刊》2000 年第 2 期。

梁凯音:《论国际话语权与中国拓展国际话语权的思路》,《当代世界与社会主义》2009 年第 3 期。

卢光盛:《大湄公河次地区合作的国际政治经济学分析》,《东南亚研究》2006 年第 2 期。

罗建波、姜恒昆:《达尔富尔危机的和解进程与中国国家形象塑造》,

《外交评论》2008年6月号。

蒲晓宇：《中国与国际秩序的再思考：一种政治社会学的视角》，《世界经济与政治》2010年第1期。

乔尔·戈伊尔：《金融危机：一场全球性的资本主义系统性危机》（张寒摘译），《当代世界与社会主义》2009年第2期。

裘援平：《中国的和平发展与公共外交》，《国际问题研究》2010年第6期。

任晓：《中国外交的道义维度》，《国际政治研究》2007年第3期。

让－马克·思古德：《什么是政治的合法性》，王雪梅译，《外国法译评》1997年第2期。

石家铸：《南海建立信任措施与区域安全》，《国际观察》2004年第1期。

时殷弘：《东亚的"安全两难"与出路》，《南京政治学院学报》2000年第6期。

时殷弘：《武装的中国：千年战略传统及其外交意蕴》，《世界经济与政治》2011年第6期。

孙尚武、童猛：《注重客观报道平衡国际舆论——〈中国日报〉"3·14"事件报道分析》，《新闻战线》2008年第8期。

唐建国：《中国与东盟关系中的美国因素》，《太平洋学报》2004年第7期。

唐世平、张蕴岭：《中国的地区战略》，《世界经济与政治》2004年第6期。

唐小松：《公众成本理论与对外政策决策——以布什父子处理外交危机为例》，《国际观察》2007年第6期。

唐小松、王义桅：《从"进攻"到"防御"——美国公共外交战略的角色变迁》，《美国研究》2003年第3期。

唐小松、王义桅：《公共外交对国际关系理论的冲击：一种分析框架》，《欧洲研究》2003年第4期。

唐小松、王义桅：《美国公共外交研究的兴起及其对美国对外政策的反思》，《世界经济与政治》2003年第4期。

唐小松、王义桅：《"三个代表"与中国的公共外交》，《现代国际关系》2003 年第 5 期。

唐小松、王义桅：《美国公共外交与反恐战争悖论》，《美国问题研究》2004 年第 3 期。

唐小松、王义桅：《公共外交：信息时代的国家战略工具》，《美国问题研究》2005 年第 12 期。

唐小松、王义桅：《国外对公共外交的探索》，《国际问题研究》2005 年第 1 期。

童晓光：《实施"走出去"战略充分利用国外油气资源》，《国土资源》2004 年第 2 期。

童晓光、徐志强等：《苏丹迈卢特盆地石油地质特征及成藏模式》，《石油学报》2006 年第 2 期。

王猛：《达尔富尔危机：中国外交转型的挑战与契机》，《世界经济与政治》2005 年第 6 期。

王猛：《从苏丹个案看中国对阿外交之成长》，《阿拉伯世界研究》2012 年第 2 期。

王晓梅：《美国对中国加强与拉美合作的认识和政策》，《教学与研究》2007 年第 2 期。

吴金平、罗会知：《国家形象与当代中美日在东南亚的竞争》，《东南亚研究》2004 年第 3 期。

晓明：《"芬兰化"——苏联对日政策的战略目标》，《外国问题研究》1983 年第 1 期。

夏威仪：《战后苏联对日本的政策》，《政治研究》1984 年第 1 期。

徐进：《两种逻辑与双重博弈——评〈战争与国家形成：先秦中国与早期近代欧洲之比较〉》，《国际政治科学》2006 年第 4 期。

徐进：《政治操作、理念贡献能力与国际话语权》，《绿叶》2009 年第 5 期。

薛巨：《苏联对日本"北方领土"的政策演变》，《苏联东欧问题》1983 年第 4 期。

阎学通：《荀子的国际政治思想及启示》，《国际政治科学》2007 年第

1 期。

阎学通、徐进：《中美软实力比较》，《现代国际关系》2008 年第 1 期。

阎学通：《国际领导与国际规范的演化》，《国际政治科学》2011 年第 1 期。

杨家荣：《苏日关系的症结及其发展趋势》，《苏联东欧问题》1991 年第 1 期。

杨洁篪：《努力开拓中国特色公共外交新局面》，《求是》2011 年第 4 期。

杨秀国、张筱筠：《"3·14"事件报道：凸显国际话语权掌控任重道远》，《新闻战线》2008 年第 8 期。

杨原：《中国现实主义国际关系研究现状分析（2001～2007）》，《世界经济与政治论坛》2008 年第 3 期。

杨原：《体系层次的国家功能理论——基于对结构现实主义国家功能假定的批判》，《世界经济与政治》2010 年第 11 期。

杨原：《大国无战争时代霸权国与崛起国权力竞争的主要机制》，《当代亚太》2011 年第 6 期。

杨振发：《中国与南苏丹石油合作的机遇与挑战》，《西亚非洲》2012 年第 3 期。

尤安山：《论建立中国－东盟自由贸易区的必然性及前景》，《世界经济研究》2003 年第 9 期。

余建华、土震：《中国在解决苏丹达尔富尔问题上的外交努力》，《阿拉伯世界》2008 年 3 月第 2 期。

于津平：《中国与东亚主要国家和地区间的比较优势与贸易互补性》，《世界经济》2003 年第 5 期。

俞新天：《中国公共外交与软实力建设》，《国际展望》2009 年第 3 期。

岳德明：《中国南海政策刍议》，《战略与管理》2002 年第 3 期。

查道炯：《从国际关系角度看中国的能源安全》，《国际经济评论》2005 年第 6 期。

查道炯：《中国在非洲的石油利益：国际政治课题》，《国际政治研究》2006 年第 3 期。

张安平、李文、于秋波：《中国与苏丹石油合作模式的实证分析》，《西亚非洲》2011 年第 3 期。

张春：《中国与欧盟在达尔富尔问题上的合作探析》，《西亚非洲》2008 年第 9 期。

张睿壮：《美国霸权的正当性危机》，《国际问题论坛》2004 年夏季号。

张胜军：《全球结构冲突与美国霸权的合法性危机》，《美国研究》2003 年第 3 期。

张亚敏、漆家福：《穆格莱德盆地构造地质特征与油气富集》，《石油与天然气地质》2007 年第 5 期。

张国祚：《关于话语权的几个问题》，《求是》2009 第 9 期。

赵可金：《中国崛起与对外战略调整》，《社会科学》2010 年第 9 期。

郑永年：《世界体系、中美关系和中国的战略考量》，《战略与管理》2001 年第 5 期。

张志洲：《话语质量：提升国际话语权的关键》，《红旗文稿》2010 年第 14 期。

张志洲：《和平崛起与中国的国际话语权战略》，《当代世界》2012 年第 7 期。

张志洲：《中国公共外交：让世界了解一个真实的中国》，《红旗文稿》2011 年第 14 期。

周庆安：《大规模公共危机中的国家形象塑造——以 5·12 汶川大地震中中国国家形象为例》，《对外传播》2008 年第 7 期。

周方冶：《泰国对华友好合作政策的动力与前景》，《当代亚太》2004 年第 11 期。

中文著作

安德鲁·海伍德：《政治学核心概念》，吴勇译，天津人民出版社，2008。

安东尼·吉登斯：《现代性与自我认同》，生活·读书·新知三联书店，1998。

安东尼奥·葛兰西著《狱中札记》，社会科学文献出版社，1976。

安国政、郭崇立、杨振武主编《世界知识大辞典》（修订版），世界知识出版社，1998。

巴里·布赞：《世界历史中的国际体系》，刘德斌译，高等教育出版社，2004。

保罗·肯尼迪：《大国的兴衰：1500～2000年的经济变迁与军事冲突》，王保存等译，朱贵生审校，求实出版社，1988。

彼得·卡赞斯坦：《地区构成的世界：美国帝权中的亚洲和欧洲》，秦亚青、魏玲译，北京大学出版社，2007。

编写组：《邓小平外交思想学习纲要》，世界知识出版社，2000。

布鲁斯·拉西特、哈维·斯塔尔：《世界政治》，王玉珍等译，华夏出版社，2001。

陈乔之等著《冷战后东盟国家对华政策研究》，中国社会科学出版社，2001。

晁福林：《春秋战国的社会变迁》（上册），商务印书馆，2011。

崔建平：《苏联对日外交政策研究（1941～1956）》，吉林大学博士学位论文，2010。

弗兰西斯·福山：《历史的终结及最后之人》，黄胜强、许铭原译，中国社会科学出版社，2003。

菲利普·萨拉森著《福柯》，李红艳译，中国人民大学出版社，2010。

戴维·伊斯顿：《政治生活的系统分析》，王浦劬等译，华夏出版社，1999。

戴维·米勒编《布莱克维尔政治思想百科全书》，邓正来主编，中国政法大学出版社，2010。

戴尔·科普兰：《大战的起源》，黄福武译，北京大学出版社，2008。

邓小平：《邓小平文选》（第三卷），人民出版社，1993。

高占祥：《文化力》，北京大学出版社，2007。

高山智：《日苏关系：领土外交和经济合作》，天津人民出版社，1981。

高坂正尧等编著《战后日美关系年表》，PHP研究所，1995。

顾德融、朱顺龙：《春秋史》，上海人民出版社，2001。

汉斯·摩根索：《国际政治纵横策论——争强权、求和平》，卢明华等译，上海译文出版社，1995。

何茂春：《中国外交通史》，中国社会科学出版社，1996。

赫德利·布尔著《无政府社会：世界政治秩序研究》，张小明译，世界知识出版社，2003。

亨利·基辛格：《大外交》，顾淑馨、林添贵译，海南出版社，1998。

洪亮吉撰：《春秋左传诂·僖公九年》，中华书局，1987。

加布里埃尔·A. 阿尔蒙德、小 G. 宾厄姆·鲍威尔：《比较政治学：体系、过程和政策》，曹沛霖等译，上海译文出版社，1987。

贾烈英：《无政府性与国际制度有效性的实证研究》，外交学院博士学位论文，2005 年 6 月。

贾庆国主编《公共外交：理论与实践》，新华出版社，2012。

吉泽清次郎主编《战后日苏关系》，叶冰译，上海人民出版社，1977。

金子将史、北野充主编《公共外交："舆论时代"的外交战略》，《公共外交》翻译组译，外语教学与研究出版社，2010。

李凡：《日苏关系史（1917～1991）》，人民出版社，2005。

李国强：《南中国海研究：历史与现状》，黑龙江教育出版社，2003。

李宗禹主编《国外学者论斯大林模式》，中央编译出版社，1995。

李宗禹等著《斯大林模式研究》，中央编译出版社，1999。

梁守德、洪银娴：《国际政治学理论》，北京大学出版社，2000。

廖玫：《被束缚的管制——论网络环境下的政府与石油产业》，知识产权出版社，2009。

李学勤：《东周与秦代文明》，文物出版社，1984。

刘德斌主编《国际关系史》，高等教育出版社，2003。

刘丰：《制衡的逻辑：结构压力、霸权正当性与大国制衡行为》，世界知识出版社，2010。

刘宏杰：《中国能源（石油）对外直接投资研究》，人民出版社，2010。

刘鸿武、李新烽主编《全球视野下的达尔富尔问题研究》，世界知识出版社，2008。

刘华秋主编《军备控制与裁军手册》，国防工业出版社，2000。

刘金质：《冷战史（中）》，世界知识出版社，2003。

陆南泉著《苏联经济体制改革史论》，人民出版社，2007。

卢梭：《社会契约论》，何兆武译，商务印书馆，1997。

洛克：《政府论（下篇）》，叶启芳、瞿菊农译，商务印书馆，1964。

罗伯特·阿特：《美国大战略》，郭树勇译，北京大学出版社，2005。

肯尼思·沃尔兹：《国际政治理论》（影印版），北京大学出版社，2004。

马克斯·韦伯：《经济与社会（第一卷）》，阎克文译，上海人民出版社，2010。

迈克尔·奥克肖特著《哈佛演讲录：近代欧洲的道德与政治》，顾玫译，上海文艺出版社，2003。

迈克尔·亨特：《意识形态与美国外交政策》，世界知识出版社，1999。

穆献中：《中国油气产业全球化发展研究》，经济管理出版社，2010。

欧亚、王朋进：《媒体应对：公共外交的传播理论与实务》，时事出版社，2011。

潘远洋：《泰国军情探索》，军事谊文出版社，2010。

尚书：《美日同盟关系的走向》，时事出版社，2009。

阮宗泽：《中国崛起与东亚国际秩序的转型：共有利益的塑造与拓展》，北京大学出版社，2007。

沈崇武著《斯大林模式的现代省思》，云南人民出版社，2004。

斯德哥尔摩国际和平研究所：《SIPRI 年鉴 2003：军备·裁军和国际安全》（中国军控与裁军协会译），世界知识出版社，2004。

宋成有等著《战后日本外交史》，世界知识出版社，1995。

《国际条约集：1956～1957》，世界知识出版社，1962。

苏雨君：《中国大陆石油企业海外投资的发展与挑战》，台湾中山大学硕士学位论文，2006。

孙学峰：《中国崛起困境（第二版）》，社会科学文献出版社，2013。

唐棠：《东盟国家对中国东盟自贸区的疑虑及原因分析》，清华大学硕士学位论文，2010 年 6 月。

童书业：《春秋史》，上海古籍出版社，2010。

唐代兴：《文化软实力战略研究》，人民出版社，2008。

樋渡由美著《战后政治与日美关系》，东京大学出版社，1990。

王光厚：《冷战后中国东盟战略关系研究》，吉林大学出版社，2008。

王玮、戴超武：《美国外交思想史：1775～2005 年》，人民出版社，2007。

王绳祖主编《国际关系史》（第三～十卷），世界知识出版社，1995。

外务省战后外交史研究会编《日本外交 30 年（1952～1982）》，世界动向出版社，1982。

吴士存：《纵论南沙争端》，海南出版社，2005。

西摩·马丁·利普塞特：《政治人——政治的社会基础》，刘钢敏、聂蓉译，商务印书馆，1993。

细谷千博主编《日美关系通史》，东京大学出版社，1995。

肖伟：《战后日本国家安全战略》，新华出版社，2000。

信夫清三郎：《日本外交史（下册）》，商务印书馆，1992。

修昔底德：《伯罗奔尼撒战争史》（上册），谢德风译，商务印书馆，1985。

徐世澄主编《美国和拉丁美洲关系史》，社会科学文献出版社，2007。

许宁宁：《中国－东盟自由贸易区》，红旗出版社，2003。

许田波：《战争与国家形成：先秦中国与早期近代欧洲之比较》，上海世纪出版集团，2009。

亚历山大·温特著《国际政治的社会理论》，秦亚青译，上海人民出版社，2000。

尤尔根·哈贝马斯：《合法化危机》，刘北成、曹卫东译，上海人民出版社，2000。

阎学通等：《中国崛起——国际环境评估》，天津人民出版社，1998。

阎学通等：《中国与亚太安全》，时事出版社，1999。

阎学通：《美国霸权与中国安全》，天津人民出版社，2000。

阎学通、孙学峰等：《中国崛起及其战略》，北京大学出版社，2005。

阎学通：《国际政治与中国》，北京大学出版社，2005。

阎学通、徐进等著《王霸天下思想及其启迪》，世界知识出版社，2009。

杨伯峻：《春秋左传注》，中华书局，1990。

杨宽：《西周史》，上海人民出版社，2003。

杨锐：《谁在误读中国》，科学出版社，2010。

尤利·德沃伊斯特：《欧洲一体化进程：欧盟的决策与对外关系》，门镜译，中国人民大学出版社，2007。

余定邦、陈树森：《中泰关系史》，中华书局，2009。

约翰·罗尔斯：《正义论》，何怀宏、何包钢、廖申白译，中国社会科学出版社，1988。

约翰·米尔斯海默：《大国政治的悲剧》，王义桅、唐小松译，上海人民出版社，2003。

约翰·伊肯伯里主编《美国无敌：均势的未来》，韩召颖译，北京大学出版社，2005。

王美凤等著《春秋史与春秋文明》，上海科学技术文献出版社，2007。

卫建林：《全球化与第三世界》，清华大学出版社，2009。

张生玲：《中国能源贸易研究》，经济日报出版社，2009。

张凤阳等著《政治哲学关键词》，江苏人民出版社，2006。

珍妮·克莱格：《中国的全球战略：走向一个多极世界》，葛雪蕾等译，新华出版社，2010。

郑保国著《美国霸权探析》，秀威资讯科技，2009。

赵鼎新：《东周战争与儒法国家的诞生》，夏江旗译，华东师范大学出版社、上海三联书店，2006。

赵可金、倪世雄：《中国国际关系理论研究》，复旦大学出版社，2007。

赵可金：《软战时代的中美公共外交》，时事出版社，2011。

赵可金：《公共外交的理论与实践》，上海辞书出版社，2007。

赵启正等：《跨国对话：公共外交的智慧》，新世界出版社，2012。

中国国际关系学会主编《国际关系史》（第十一卷），世界知识出版社，2004。

中国现代国际关系研究所第三世界研究中心编《当代第三世界透视》，时事出版社，2001。

中华人民共和国国务院新闻办公室：《中国的和平发展》，人民出版社，2011。

中华人民共和国外交部、中共中央文献研究室编《周恩来外交文选》，中央文献出版社，1990。

朱锋：《国际关系理论与东亚安全》，中国人民大学出版社，2007。

朱立群:《欧洲安全组织与安全结构》,世界知识出版社,2002。

朱明权:《欧盟共同外交和安全政策与欧美协调》,文汇出版社,2002。

周方银、高程:《东亚秩序:观念、制度与战略》,社会科学文献出版社,2012。

周建明、王成至主编《美国国家安全战略解密文献选编(1945~1972)》,社会科学文献出版社,2010。

兹比格纽·布热津斯基:《大失败——二十世纪共产主义的兴亡》,军事科学院外国军事研究部译,军事科学出版社,1989。

英文文章

Acharya, Amitav. 2003. "Will Asia's Past Be Its Future," *International Security*, Vol. 28. No. 3, 149 – 164.

Alagappa, Muthiah. 1995. "Regionalism and Conflict Management: a Framework for Analysis," *Review of International Studies*, Vol. 21, No. 3, 359 – 387.

Art, Robert J. 1996. "Why Western Europe Needs the United States and NATO," *Political Science Quarterly*, Vol. 111, No. 1, 1 – 39.

Ba, Alice. 2003. "China and ASEAN: Renavigating Relations for a 21st – Century Asia," *Asian Survey*, Vol. 43, No. 4, 622 – 647.

Ball, Desmond, "Arms and Affluence: Military Acquisitions in the Asia – Pacific Region," *International Security*, Vol. 18, No. 3, 78 – 112.

Batabyal, Anindya. 2004. "ASEAN ìs Quest for Security: A Theoretical Explanation," *International Studies*, Vol. 41, No. 4, 349 – 369.

Baum, Matthew A. 2004. "Going Private: Public Opinion, Presidential Rhetoric, and the Domestic Politics of Audience Costs in U. S. Foreign Policy Crises," *The Journal of Conflict Resolution*, Vol. 48, No. 5, 603 – 631.

Baumert, K. A. 2006. "Participation of Developing Countries in the International Climate Regime: Lessons for the Future," *George Washington International Law Review*, Vol. 38, No. 2, 365.

Baviera, Aileen S. P. 1999. "China's Relations with Southeast Asia: Political

Security and Economic Interests", PASCN Discussion Paper, No. 99 – 17.

Berton, P. 1986. "Soviet – Japanese Relations: Perceptions, Goals, and Interactions", Asian Survey, Vol. 26, No. 12, 1259 – 1283.

Betts, Richard K. 1993. "Wealth, Power, and Instability: East Asia and the United States after the Cold War," *International Security*, Vol. 18, No. 3, 34 – 77.

Betts, Richard K. 1999. "Must War Find a Way: A Review Essay," *International Security*, Vol. 24, No. 2, 166 – 198.

Beyerlin, Ulrich. 2006. "Bridging the North – South Divide in International Environmental Law," *ZaöRV*, Vol. 66, 278.

Blair, Dennis C. and John T. Hanley Jr. 2001. "From Wheels to Webs: Reconstructing Asia – Pacific Security Arrangements," *Washington Quarterly*, Vol. 24, No. 1, 7 – 17.

Bodansky, Daniel. 2010. "The Copenhagen Climate Change Conference: A Post – Mortem," *American Journal of International Law*, Vol. 104, No. , 230 – 240.

Brooks, Stephen G. and William C. Wohlforth. 2005. "Hard Times for Soft Balancing," *International Security*, Vol. 30, No. 1, 79 – 80.

Burgos Sigfrido and Sophal Ear. 2012. "China's Oil Hunger in Angola: History and Perspective," *Journal of Contemporary China*, Vol. 21, No. 74, 351 – 367.

Buszynski, L. 2003. ASEAN, the Declaration on Conduct, and the South China Sea, *Contemporary Southeast Asia*, Vol. 25. No. 3, 354.

Buzan, Barry and Gerald Segal. 1994. "Rethinking East Asia Security," *Survival*, Vol. 36. No. 2, 3 – 21.

Campbell, Kurt M. 2000. "Energizing the U. S. – Japan Security Partnership," *Washington Quarterly*, Vol. 24. No. 3, 125 – 134.

Caniglia, Laura. 2011. "Western Ostracism and China's Presence in Africa," *China Information*, Vol. 25, No. 2, 165 – 184.

Caporaso, James A. 1992. "International Relations Theory and Multilateralism: The Search for Foundations," *International Organization*, Vol. 46, No. 3, 599 – 632.

Christensen, Thomas J. and Jack Snyder. 1990. "Chain Gangs and Passed

Bucks: Predicting Alliance Patterns in Multipolarity," *International Organization*, Vol. 44, No. 2, 137 – 168.

Christensen , Thomas J. 1999. "China, the U. S. – Japan Alliance and the Security Dilemma in East Asia", *International Security*, Vol. 23, No. 4, 49 – 80.

Christensen, Thomas. 2001. " Posing Problems without Catching Up: China's Rise and the Challenges for U. S. Security Policy", *International Security*, Vol. 25, No. 4 , 5 – 10.

Chulacheeb Chinwanno, "Thai – China Chinese Relationship: Security and Strategic Partnership", *Working Paper*, No. 155, S. Rajaratnam School of International Studies, 2008.

Clark, Ian. 2003. "Legitimacy in a Global Order," *Review of International Studies*, Vol. 29, No. S1, 75 – 95.

Claude, Inis L. 1989. "The Balance of Power Revisited," *Review of International Studies*, Vol. 15. No. 1, 77 – 85.

Crawford, Timothy W. 2008. "Wedge Strategy, Balancing, and the Deviant Case of Spain 1940 – 41", *Security Studies*, Vol. 17, No. 1, 1 – 38.

Crawford, Timothy W. 2011. "Preventing Enemy Coalitions: How Wedge Strategies Shape Power Politics", *International Security*, Vol. 35, No. 4, 155 – 189.

David, Steven R. 1989. "Why the Third World Matters," *International Security*, Vol. 14, No. 1, 50 – 85.

Davis, James W. Jr. , Bernard I. Finel, Stacie E. Goddard, Stephen Van Evera, Charles L. Glaser and Chaim Kaufmann. 1998. "Correspondence, Taking Offense at Offense – Defense Theory," *International Security*, Vol. 23, No. 3, 179 – 206.

Desch, Michael. 1989. "The Keys that Lock up the World: Identifying American Interests in the Periphery," *International Security*, Vol. 14, No. 1, 86 – 121.

Dimitrov, Radoslav S. 2010. " Inside Copenhagen: the State of Climate Governance," *Global Environmental Politics*, Vol. 10, No. 2, 18 – 24.

Dou Lirong and Xiao Kunye, "Petroleum Geology of the Melut Basin and the Great Palogue Field, Sudan," *Marine and Petroleum Geology*, Vol. 24, No. 3,

129 – 144.

Ebbinghaus, Bernhard. 2005. "Can Path Dependence Explain Institutional Change?" *MPIfG Discussion Paper*, Vol. 05, No. 2, 14 – 20.

Economy, Elizabeth. 2007. "The Great Leap Backward?" *Foreign Affairs*, Vol. 86, No. 5, 40 – 43.

Economy, Elizabeth C. 2010. "China's Green Energy and Environmental Policies," presented at the U. S. – China Economic & Security Review Commission United States House of Representatives, Second Session, 111th Congress.

Elleman, B. A., Nichols, M. R. and Ouimet, M. J. 1998. "A Historical Reevaluation of America's Role in the Kuril Islands Dispute", *Pacific Affairs*, Vol. 71, No. 4, 489 – 504.

Elrod, Richard B. 1976. "The Concert of Europe: A Fresh Look at an International System," *World Politics*, Vol. 28, No. 2., 159 – 174.

Evangelista, Matthew. 2001. "Norms, Heresthetics, and the End of the Cold War," *Journal of Cold War Studies*, Vol. 3, No. 1, 5 – 35.

Falkenheim, P. L. 1988. "Evolving Regional Ties in Northeast Asia: Japan, the U. S., and the USSR", *Asian Survey*, Vol. 28, No. 12, 1229 – 1244.

Fearon, James D. 1994. "Domestic Political Audiences and The Escalation of International Disputes," *American Political Science Review*, Vol. 88, No. 3, 577 – 592.

Feng, George and Xianzhong Mu. 2010. "Cultural Challenges to Chinese Oil Companies in Africa and Their Strategies," *Energy Policy*, Vol. 38, No. 11, 7250 – 7256.

Fierke, K. M. and Antje Wiener. 1999. "Constructing Institutional Interests: EU and NATO Enlargement," *Journal of European Public Policy*, Vol. 6, No. 5, 721 – 742.

Finnemore, Martha and Sikkinnk, Kathryn. 1998. "International Norms Dynamics and Political Change," *International Organization*, Vol. 52, No. 4, 887 – 917

Fravel, M. Taylor. 2008. "Power Shifts and Escalation: Explaining China's Use of Force in Territorial Disputes," *International Security*, Vol. 32, No. 3, 44 – 83.

Frynas, Jedrzej George. 2005. "The False Developmental Promise of Corporate Social Responsibility: Evidence from Multinational Oil Companies," *International Affairs*, Vol. 81, No. 3, 581 – 598.

Funabashi, Yoichi. 1991. "Japan and the New World Order," *Foreign Affairs*, Vol. 70, No. 5, 58 – 74.

Gerber, Will. 2008. "Defining 'Developing Country' in the Second Commitment Period of the Kyoto Protocol," *B. C. Int'l & Comp. L. Rev*, Vol. 31, No. 2, 327 – 334.

Glosny, Michael. 2006. "Heading toward a Win – Win Future? Recent Developments in China's Policy towards Southeast Asia," *Asian Security*, Vol. 2, No. 1, 30 – 31.

Goddard, Stacie E. 2008. "When Right Makes Might: How Prussia Overturned the European Balance of Power," *International Security*, Vol. 33, No. 3, 110 – 142.

Goh, Evelyn. 2007. "Southeast Asian Perspectives on the China Challenge," *The Journal of Strategic Studies*, Vol. 30, No. 4/5, 809 – 832.

Haas, Ernst B. 1961. "International Integration: The European and the Universal Process," *International Organization*, Vol. 15, No. 3, 366 – 367.

Hara, K. 2001. "50 Years from San Francisco: Re – Examining the Peace Treaty and Japan's Territorial Problems," *Pacific Affairs*, Vol. 74, No. 3, 361 – 382.

He, Kai and Huiyun Feng. 2008. "If Not Soft Balancing, Then What? Reconsidering Soft Balancing and U. S. Policy towards China," *Security Studies*, Vol. 17, No. 2, 363 – 395.

Heggelund, Gørild. 2007. "China's Climate Change Policy: Domestic and International Developments," *Asian Perspective*, Vol. 31, No. 2, 177.

Hilson, Gavin. 2012. "Corporate Social Responsibility in the Extractive Industries: Experiences from Developing Countries," *Resources Policy*, Vol. 37, No. 2, 131 – 137.

Ho, Khai Leong, "Rituals, Risks and Rivalries China and ASEAN in the coming decades," *Journal of Contemporary China*, Vol. 10, No. 29, 683 – 694.

Hobson, John M. and Sharman, J. C. 2005. "The Enduring Place of Hierarchy in World Politics: Tracing the Social Logic of Hierarchy and Political Change," *European Journal of International Relations*, Vol. 11, No. 1, 63 – 98.

Houser, Trevor and Roy Levy. 2008. "Energy Security and China's UN Diplomacy," *China Security*, Vol. 4, No. 3, 69 – 71.

Huisken, Ron. 2002. "Civilizing the Anarchical Society: Multilateral Security Processes in the Asia – Pacific," *Contemporary Southeast Asia*, Vol. 24, No. 2, 187 – 195.

Humphrey, John and Dirk Messner. 2009. "China and India as Emerging Global Governance Actors: Challenges for Developing and Developed Countries," *IDS Bulletin*, Vol. 37, No. 1, 107 – 114.

Hurd, Ian. 1999. "Legitimacy and Authority in International Politics," *International Organization*, Vol. 53, No. 2, 379 – 408.

Hurrell, Andrew. 1995. "Explaining the Resurgence of Regionalism in World Politics," *Review of International Studies*, Vol. 21. No. 3, 331 – 358.

Hyer, Eric. 1995. "The South China Sea Disputes: Implications of China's Earlier Territorial Settlements," *Pacific Affairs*, Vol. 68, No. 1, 34 – 54.

Ikenberry, G. John and Kupchan, Charles A. 1990. "Socialization and Hegemonic Power," *International Organization*, Vol. 44, No. 3, 283 – 315.

Ikenberry G. John. 1998. "Institutions, Strategic Restraint, and the Durability of Western Order," *International Security*, Vol. 23, No. 3, 43 – 78;

Ikenberry, G. John, Michael Mastanduno, and William C. Wohlforth 2009. "Unipolarity, State Behavior, and Systemic Consequences," *World Politics*, Vol. 61, No. 1, 6 – 10.

Ingrid d' Hooghe. 2007. "The Rise of China's Public Diplomacy," *Clingendael Diplomacy Papers*, No. 12, 1 – 18.

Jackson, Peter. 1998. "French Intelligence and Hitler's Rise to Power," *The Historical Journal*, Vol. 41, No. 3, 795 – 824.

Jakobson, Linda. 2009. "China's Diplomacy toward Africa: Drivers and Constraints," *International Relations of the Asia – Pacific*, Vol. 9, No. 3, 403 – 433.

Jervis, Robert. 1978. "Cooperation under the Security Dilemma," *World*

Politics, Vol. 30, No. 2, 167 – 214.

Jervis, Robert. 1992. "A Political Science Perspective on the Balance of Power and Concert," *The American Historical Review*, Vol. 97, No. 3, 716 – 724.

Jervis, Robert. 2011. "Dilemmas about Security Dilemmas," *Security Studies*, Vol. 20, No. 3, 416 – 423.

Joffe, Joseph. 1995. "Bismarck' or 'Britain'? Towards an American Grand Strategy after Bipolarity," *International Security*, Vol. 19, No. 4, 94 – 117.

John M, Murrin. 2000. "The Jeffersonian Triumph and American Exceptionalism," *Journal of the Early Republic*, Vol. 20, No. 1, 1 – 25.

Jones, David and Michael Smith. 2007. "Making Process, Not Progress: ASEAN and the Evolving East Asian Regional Order," *International Security*, Vol. 32, No. 1, 177 – 178.

Kang, David C. 2003. "Getting Asia Wrong: The Need for New Analytical Frameworks," *International Security*, Vol. 27, No. 4, 57 – 85.

Kang, David C. 2010. "Hierarchy and Legitimacy in International Systems: The Tribute System in Early Modern East Asia," *Security Studies*, Vol. 19. No. 4, 591 – 622.

Kasa, Sjur, Anne T. Gullberg and Gørild Heggelund. 2008. "The Group of 77 in the International Climate Negotiations: Recent Developments and Future Directions," *International Environmental Agreements: Politics, Law and Economics*, Vol. 8, No. 2, 113 – 127.

Katzenstein, Peter J. 2002. "Why is There No NATO in Asia? Collective Identity, Regionalism, and the Origins of Multilateralism," *International Organization*, Vol. 56, No. 3, 575 – 607.

Khong, Yuen Foong. 2005. "The Elusiveness of Regional Order: Leifer, the English School and Southeast Asia," *The Pacific Review*, Vol. 18, No. 1, 23 – 41.

Kimura, Hiroshi. 1980. "Japan – Soviet Relations: Framework, Developments, Prospects," *Asian Survey*, Vol. 20, No. 7, 707 – 725.

Kindleberger, Charles P. 1981. "Dominance and Leadership in the International Economy: Exploitation, Public Goods, and Free Rides," *International*

Studies Quarterly, Vol. 25, No. 2, 242 – 254.

Kindleberger, Charles P. 1986. "International Public Goods without International Government," *American Economic Review*, Vol. 76, No. 1, 1 – 13.

Kopinski, Dominik, Andrzej Polus and Ian Taylor. 2011. "Contextualising Chinese Engagement in Africa," *Journal of Contemporary African Studies*, Vol. 29, No. 2, 129 – 136.

Krebs, Ronald R. and Jackson, Patrick Thaddeus. 2007. "Twisting Tongues and Twisting Arms," *European Journal of International Relations*, Vol. 13, No. 1, 35 – 66.

Kupchan, Charles A. 1998. "After Pax Americana: Benign Power, Regional Integration, and the Sources of a Stable Multipolarity," *International Security*, Vol. 23, No. 2, 40 – 79.

Lake, David A. 2001. "Beyond Anarchy: The Importance of Security Institutions," *International Security*, Vol. 26, No. 1, 129 – 160.

Lampton, David M. 2007. "The Three Faces of Chinese Power," *Foreign Affairs*, Vol. 86, No. 1, 125.

Larson, D. W., and A. Shevchenko. 2010. "Status Seekers: Chinese and Russian Response to U. S. Primacy", *International Security*, Vol. 34, No. 4, 63 – 95.

Layns, Christopher. 2009. "The Waning of U. S. Hegemony – – Myth or Reality?" *International Security*, Vol. 34, No. 1, 147 – 172.

Lee, Pak K., Gerald Chan and Lai – ha Chan. 2012. "China in Darfur: Humanitarian Rule – Maker or Rule – Taker?" *Review of International Studies*, Vol. 38, No. 2, 423 – 444.

Lemke and Suzanne Werne. 1996. "Power Parity, Commitment to Change, and War," *International Studies Quarterly*, Vol. 40, No. 2, 235 – 260.

Levy, Jack S. 2002. "War and Peace," in Walter Carlsnaes, Thomas Risse, and Beth A. Simmons, eds, *Handbook of International Relations* (London: Sage, 2002), pp. 350 – 368.

Li, Mingjiang. 2009. "Domestic Sources of China's Soft Power Approach," *China Security*, Vol. 5, No. 2, 62 – 63.

Little, Richard. 2007. "British Neutrality versus Offshore Balancing in the American Civil War: The English School Strikes Back," *Security Studies*, Vol. 16, No. 1, 68 – 95.

Mahbubani, Kishore. 2005. "Understanding China," *Foreign Affairs*, Vol. 84, No. 5, 55.

Mahoney, James. 2000. "Path Dependence in Historical Sociology," *Theory and Society*, Vol. 29, No. 4, 508 – 509.

Marton, Peter and Tamas Matura. 2011. "The 'Voracious Dragon', the 'Scramble' and the 'Honey Pot': Conceptions of Conflict over Africa's Natural Resources," *Journal of Contemporary African Studies*, Vol. 29, No. 2, 155 – 167.

Mearsheimer, John. 1990. "Back to the Future: Instability in Europe after the Cold War," *International Security*, Vol. 15, No. 1, 5 – 56.

Mearsheimer, John. 2006. "China's Unpeaceful Rise," *Current History*, Vol. 105, No. 690, 160 – 162.

Mei, Shisheng. 2006. "Laboratory Study of Immiscible CO2 Drive in the Great Palogue Oilfield in Republic of Sudan," *Oil Drilling & Production Technology*, Vol. 28, No. 6, 49 – 51.

Mejia, Daniel Arueu. 2010. "The Evolution of the Climate Change Regime: Beyond a North – South Divide?" *ICIP Working Papers*, 20 – 21.

Mesquita, Bruce Bueno de and Randolph M. Siverson. 1995. "War and the Survival of Political Leaders: A Comparative Study of Regime Types and Political Accountability," *American Political Science Review*, Vol. 89, No. 4, 841 – 855.

Morley, J. W. 1957. "The Soviet – Japanese Peace Declaration," *Political Science Quarterly*, Vol. 72, No. 3, 370 – 379.

Moro, Leben. 2008. *Oil, Conflict and Displacement in Sudan*, DPhil Thesis, University of Oxford.

Morse, Edward L. 1999. "A New Political Economy of Oil?" *Journal of International Affairs*, Vol. 53, No. 1, 1 – 29.

O'Brien, Kevin J. 1996. "Rightful Resistance," *World Politics*, Vol. 49, No. 1, 31 – 55.

Okamoto, Yukio. 2002. "Japan and the United States The Essential Alliance," *Washington Quarterly*, Vol. 25. No. 2, 59 – 72.

Overholt, William H. 2010. "China in the Global Financial Crisis: Rising Influence, Rising Challenges," *The Washington Quarterly*, Vol. 33, No. 1, 21 – 34.

Patey, Luke A. 2010. "Crude Days Ahead? Oil and the Resource Curse in Sudan," *African Affairs*, Vol. 109, No. 437, 617 – 636.

Pegg, Scott. 2012. "Social Responsibility and Resource Extraction: Are Chinese Oil Companies Different?" *Resources Policy*, Vol. 37, No. 1, 160 – 167.

Peh, Kelvin S. H. and Jonathan Eyal. 2010. "Unveiling China's Impact on African Environment," *Energy Policy*, Vol. 38, No. 8, 4729 – 4730.

Pond, E. 1973. "Japan and Russia: The View from Tokyo," *Foreign Affairs*, Vol. 52, No. 1, 141 – 152.

Rhee, T. C. 1970. "Japan and the Soviet Union," *World Affairs*, Vol. 133, No. 3, 240 – 256.

Ripsman, Norrin M. and Jack S. Levy. 2008. "Wishful Thinking or Buying Time? The Logic of British Appeasement in the 1930s," *International Security*, Vol. 33, No. 2, 148 – 181.

Rosenau, James N. 1983. "Fragmegrative Challenges to National Security," in Terry L. Heyns ed. *Understanding U. S. Strategy: A Reader* (Washington, D. C. : National Defense University Press, 1983), 65 – 82.

Ross, Robert. 1999. "The Geography of the Peace: East Asia in the Twenty – first Century," *International Security*, Vol. 23, No. 4, 81 – 114.

Ross, Robert. 2000. "The 1995 – 1996 Taiwan Strait Confrontation: Coercion, Credibility and the Use of Force," *International Security*, Vol. 25, No. 2, 87 – 123.

Ruggie, John Gerard. 1992. "Multilateralism: the Anatomy of an Institution," *International Organization*, Vol. 46, No. 3, 561 – 598.

Sartori, Anne E. 2000. "The Might of Pens: A Reputational Theory of Communication in International Disputes," *International Organization*, Vol. 56,

No. 1, 121 – 149.

Saravanamttu, Johan. 2005. "Wither the ASEAN Security Community," *International Journal of Asia – Pacific Studies*, Vol. 1, No. 1, 44 – 61.

Schweller, Randall. 2001. "The Problem of International Order Revisited: A Review Essay," *International Security*, Vol. 26, No. 1, 161 – 186.

Shambaugh, David. 2004. "China Engages Asia: Reshaping the Regional Order," *International Security*, Vol. 29, No. 3, 64 – 99.

Shambaugh, David. 2006. "Asia in Transition The Evolving Regional Order," *Current History*, Vol. 105. No. 690, 153 – 159.

Soltau, Friedrich. 2008. *Fairness and Equity in Climate Change*, Ph. D. dissertation, Pace Law School, 2008, 45.

Stein, Janice Gross. 1991. "Reassurance in International Conflict Management," *Political Science Quarterly*, Vol. 106, No. 3, 431 – 451.

Sun, Xuefeng. 2009. "Why Does China Reassure South – East Asia," *Pacific Focus*, Vol. 24, No. 3, 298 – 316.

Sun Xuefeng. 2010. "The Efficiency of China's Multilateral Policies in East Asia (1997 – 2007)," *International Relations of Asia Pacific*, Vol. 10, No. 3, 528 – 531.

Taliaferro, Jeffrey W. 2006. "State Building for Future Wars: Neoclassical Realism and the Resource – Extractive State," *Security Studies*, Vol. 15, No. 3, 464 – 495.

Thelen, Kathleen. 1999. "Historical Institutionalism in Comparative Politics," *Annual Review of Political Science*, Vol. 2, No. 1, 369 – 404.

Thornton, John L. 2006. "China's Leadership Gap," *Foreign Affairs*, Vol. 85, No. 6, 137 – 138.

Thornton, John L. 2008. "Long Time Coming," *Foreign Affairs*, Vol. 87, No. 1, 14.

Tongzon, Jose L. 2005. "ASEAN – China Free Trade Area: A Bane or Boon for ASEAN Countries?" *The World Economy*, Vol. 28, No. 2, 191 – 210.

Waltz, Kenneth N. 1993. "The Emerging Structure of International Politic*s,*" *International Security*, Vol. 18, No. 2, 44 – 79.

Wiseman, Geoffrey. 1992. "Common Security in the Asia – Pacific Region," *Pacific Review*, Vol. 5. No. 1, 42 – 59.

Wohlforth, William C. 1999. "The Stability in a Unipolar World," *International Security*, Vol. 24, No. 1, 5 – 41.

Wohlforth, William C. 2009. "Unipolarity, Status Competition, and Great Power War," *World Politics*, Vol. 61, No. 1. 28 – 57.

Wu, Zhengyu and Lan Taylor. 2011. "From Refusal to Engagement: Chinese Contributions to Peacekeeping in Africa," *Journal of Contemporary African Studies*, Vol. 29, No. 2, 137 – 154.

Yan, Xuetong. 2006. "The Rise of China and its Power Status," *Chinese Journal of International Politics*, Vol. 1, No. 1, 5 – 33.

Yan, Xuetong. 2010. "The Instability of China – US Relations," *The Chinese Journal of International Politics*, Vol. 3, No. 3, 263 – 292.

Yan Xuetong. 2012. "World Peace Forum's Responsibilities for International Security," *Foreign Affairs Journal*, Issue 105, 46 – 58.

Zha, Daojiong. 2006. "China's Energy Security: Domestic and international Issues," *Survival*, Vol. 48, No. 1, 2006, 179 – 189.

Zha, Daojiong and Hu Weixing. 2007. "Promoting Energy Partnership in Beijing and Washington," *The Washington Quarterly*, Vol. 30, No. 4, 112 – 115.

Zhang Yongjin and Barry Buzanz. 2012. "The Tributary System as International Society in Theory and Practice," *The Chinese Journal of International Politics*, Vol. 5, 3 – 36.

Zheng, Bijian. 2005. "China's 'Peaceful Rise' to Great – Power Status," *Foreign Affairs*, Vol. 84, No. 5, 19.

Zhou, Fangyin. 2011. "Equilibrium Analysis of the Tributary System," *Chinese Journal of International Politics*, Vol. 4, No. 2, 147 – 178.

Zweig, David and Bi Jianhai. 2005. "China's Global Hunt for Energy," *Foreign Affairs*, September/October, 25 – 38.

英文著作

Acharya, Amitav. 2001. *Constructing a Security Community in Southeast Asia：ASEAN and the Problem of Regional Order*, New York；London：Routledge.

Andrews‐Speed, Philip and Roland Dannreuther（2011）, *China, Oil and Global Politics*. London：Routledge.

Art, Robert and Jervis, Robert. 1999. *International Politics：Enduring Concepts and Contemporary Issues.* New York：Longman.

Bailey, Thomas A. 1974. *A Diplomatic History of the American People.* Englewood Cliffs, N. J. ：Prentice‐Hall.

Best, S. & Kellner, D. 1997, *The Postmodern Turn.* The Guilford Press.

Bodansky, Daniel. 2001. "The History of the Global Climate Change Regime," in UrsLuterbacher and Detlef F. Sprinz eds, *International Relations and Global Climate Change*, Cambridge：MIT Press.

Bourne, Kenneth and D. Cameron Watt. 1992. eds, *British Documents on Foreign Affairs：Reports and Papers from the Foreign Office Confidential Print.* University Publications of America.

Bourdieu, Pierre. 1991. *Language and Symbolic Power.* John Thompson ed. Gino Raymond, Matthew Adamson trans. Massachusetts：Harvard University Press.

Brooks, Stephen G. and William C. Wohlforth. 2008. *World Out of Balance：International Relations and the Challenge of American Primacy.* Princeton and Oxford：Princeton University Press.

Bull, Hedley. 2002. *The Anarchical Society：Study of Order in World Politics.* Basingstoke, Hampshire；New York：Palgrave.

Bukovansky, Mlada. 2002. *Legitimacy and Political Politics：The American and French Revolutions in International Political Culture.* Princeton, N. J. ：Princeton University Press.

Buzan, Barry and Ole Waever. 2002. *Regions and Powers：The Structure of In-*

ternational Security. Cambridge: Cambridge University Press.

Calleo, David P. 1987. *Beyond American Hegemony: the Future of the Western Alliance*. New York: Basic Books.

Chen, E. M. and James A. Baker Ⅲ. 2007. *National Oil Companies and Corporate Citizenship: A Survey of Transnational Policy and Practice*. Huston: Institute for Public Policy, Rice University.

Clark, Ian. 2005. *Legitimacy in International Society*. Oxford: Oxford University Press.

Clark, Ian. 2007. *International Legitimacy and World Society*. Oxford: Oxford University Press.

Collins, Gabriel B. et al. 2008. *China's Energy Strategy: the Impact on Beijing's Maritime Policies*. Annapolis: Naval Institute Press.

Depledge, Joanna. 2005. *The Organization of Global Negotiations: Constructing the Global Climate Change Regime*, London/Sterling: Earthscan.

Downs, Erica. 2000. *China's Quest for Energy Security*. Santa Monica: Rand.

Dougherty, James, Pfaltzgraff, Jr. Robert L. 2001. *Contending Theories of International Relations: A Comprehensive Survey*. New York: Addison Wesley Longman, Inc.

Dumbaugh, Kerry. 2008. *China's Foreign Policy and "Soft Power" in South America, Asia, and Africa, Congressional Research Service*. Washington, D. C. : Library of Congress.

Economy, Elizabeth. 1997. "Chinese Policy – making and Global Climate Change: Two – front Diplomacy and the International Community," in Miranda A. Schreurs and Elizabeth Economy, *The Internationalization of Environmental Protection*, Cambrige: Cambridge University Press.

Fergus, Joseph P. 2008. *Japanese – Russian Relations, 1907 – 2007*. New York: Routledge.

Finnemore, Martha. 1996. *National Interests in International Society*. Ithaca: Cornell University Press.

Foucault, Michel. 1963. *The Birth of the Clinic: An Archaeology of Medical Per-*

œption, trans. AM Sheridan Smith, Paris: Presses Universitaires de France.

Foucault, Michel. 1977. *Discipline and Punish: The Birth of the Prison*. Trans. Alan Sheridan. New York: Vintage.

Foucault, Michel. 1972. *The Archaeology of Knowledge*. Translated by A. M. Sheridan Smith. New York: Pantheon Books.

Foucault, Michel. 1980. *Power/Knowledge: Selected Interviews and Other Writings* 1972 – 1977. New York: Harvester Wheatsheaf.

Gilpin, Robert. 1981. *War and Change in World Politics*. Cambridge, Cambridge University Press.

Godwin, Paul. 1994. "Force and Diplomacy: Chinese Security Policy in the Post – cold War Era," in Samuel Kim, ed, *China and the World: Chinese Foreign Relations in the Post – cold War Era*. Boulder: Westview Press.

Goh, Evelyn. 2005. "*Meeting the China Challenge: The U. S. in Southeast Asian Regional Security Strategies*", Washington, D. C. : East – West Center Washington.

Han, Sung – Joo, ed. 1980. *Soviet Policy in Asia – expansion or Accomodation?* Seoul: Pannun Book Company.

Harding, Harry. 1995. "International Order and Organization in the Asia – Pacific Region," in Robert S. Ross ed, *East Asia in Transition: Toward a New Regional Order*. Armonk, N. Y. : M. E. Sharpe.

Haslam, Jonathan. 2012. *Russia's Cold War: From the October Revolution to the Fall of the Wall*, Yale University Press.

Heald, Morrell and Lawrence S. Kaplan. 1977. *Culture and Diplomacy: the American Experience*. Westport, Conn: Greenwood Press.

Hiden, John. 1977. *Germany and Europe 1919 – 1939*. London and New York: Longman.

Hirose, K. 2003. *A Social Theory of International Law: International Relations as a Complex System*. Leiden: Brill Academic Publishers.

Holsti, K. J. 1995. *International Politics: A Framework for Analysis* (Seventh Edition), Englewood Cliffs: Prentice Hall, Inc.

Howarth，D. 2000. *Discourse.* Philadelphia，Pa.：Open University Press.

Hui，Victoria Tin－bor. 2005. *War and State Formation in Ancient China and Early Modern Europe* . Cambridge：Cambridge University Press.

Hurd，Ian. 2007. *After Anarchy：Legitimacy and Power in the United Nations Security Council.* Princeton and Oxford：Princeton University Press.

Ikenberry，John. 2002. *America Unrivaled：The Future of the Balance of Power.* Ithaca：Cornell University Press.

Immergut，Ellen M. 2005. "Historical Institutionalism in Political Science and the Problem of Change," in Andreas Wimmer and Reinhart Kössler, eds, *Understanding Change：Models，Methodologies，and Metaphors*，Basingstoke：Palgrave.

Joseph S. Nye，Jr. 1991. Bound to Lead：The Changing Nature of American Power ，New York：Basic Books.

Joseph S. Nye，Jr. 2004. Soft Power：The Means to Success in World Politics，Colorado：Perseus Books Group.

Joseph Nye，Jr. 2008. The Powers to Lead，NY Oxford University Press.

Joseph S. Nye，Jr. 2011. The Future of Power，New York：Public Affairs.

Jügen Habermas. 1987. *The Theory of Communicative Action.* Boston：Beacon Press.

Katzenstein，Peter J. 1996. *The Culture of National Security：Norms and Identity in World Politics*，New York：Columbia University Press.

Kaufman，Stuart J. Richard Little and William C. Wohltorth. 2007. *The Balance of Power in World History* . New York：Palgrave Macmillan.

Kennedy，Paul. 1993. *Preparing for the Twenty－first Century.* New York：Random House.

Klare，Michael T. 2001. *Resource Wars：The New Landscape of Global Conflict.* New York：Henry Holt and Company.

Krasner，Stephen. D. "Structural Causes and Regime Consequences：Regimes as Intervening Variables," in S. Krasner ed，*International Regimes*，Ithaca and London：Cornell University Press.

Kupchan，Charles. 1994. *The Vulnerability of Empire.* Ithaca：Cornell University Press.

Kupchan, Charles A. 2002. *The End of the American Era: U. S. Foreign Policy and the Geopolitics of the Twenty – first Century.* New York: A. Knopf.

Lake, D. 2009. *Hierarchy in International Relations.* Ithaca: Cornell University Press.

Lampton, David. 2001. *Same Bed Different Dreams: Managing U. S. – China Relations,* 1989 – 2000. Berkeley: University of California Press.

Larrain, J. 1994. *Ideology and Cultural Identity: Modernity and the Third World Presence.* Cambridge: Polity Press.

Layne, Christopher. 2004. "The War on Terrorism and the Balance of Power," in T. V. Paul, James J. Wirtz and Michel Fortmann, eds. *Balance of Power: Theory and Practice in the 21st Century.* California: Stanford University Press.

Lewis, S. 2004. *Rejuvenating or Restraining Civil War: The Role of External Actors in the War Economies of Sudan.* Bonn: Bonn International Centre for Conversion.

Lebow, R. N. 2010. *Why Nations Fight: Past and Future Motives for War,* New York: Cambridge University Press.

Lieber, Keir A. 2005. *War and the Engineers: The Primacy of Politics over Technology* . Ithaca: Cornell University Press.

Little, Richard. 2007. *The Balance of Power in International Relations: Metaphors, Myths and Models* . New York: Cambridge University Press.

Mastanduno, Michael. 2003. "Complete Hegemony: The United States and Security Order in Asia," in Muthiah Alagappa, ed, *Asian Security Order: Instrumental and Normative Features.* Stanford, Calif. : Stanford University Press.

Maugeri, Leonardo. 2006. *The Age of Oil: The Mythology, History and Future of the World's Most Controversial Resource.* London: Praeger Publishers.

Mbaku, John Mukum and Jessica Elaine Smith. 2012. "Efficient and Equitable Natural Resource Management: Using Transparency to Avoid the Resource Curse," in John Mukum Mbaku, Jessica Elaine Smith and Kevin Watkins, eds. , *One Year after South Sudan's Independence: Opportunities and Obstacles for*

Africa's Newest Country, *The Brookings Africa Growth Initiative Report.*

Mearsheimer, John. 2001. *The Tragedy of Great Power Politics.* New York: W. W. Norton & Company.

Medeiros, E. S. 2008. ed. , *Pacific Currents: The Responses of U. S. Allies and Security Partners in East Asia to China's Rise*, Rand Corporation.

Medeiros, E. S. 2009. *China's International Behavior: Activism, Opportunism, and Diversification.* Santa Monica: RAND Corporation.

Morgenthau, Hans J. 1972. "In Defense of the National Interest," in Jerald A. Combs ed. , *Nationalist, Realist, and Radical: Three Views of American Diplomacy.* New York: Harper & Row.

Najam Adil. 2004. "The View from the South: Developing Countries in Global Environmental Politics," Regina Axelrod, David Downie and Norman J. Vig, eds, *The Global Environment: Institutions, Law and Policy*, Washington, DC: Congressional Quarterly Press.

Nogee, Joseph L. and Donaldson, Robert H. 1984. *Soviet Foreign Policy since World War II* , New York: Pergamon Press.

O'Brien, Kevin J. and Lianjiang Li. 2006. *Rightful Resistance in Rural China.* New York: Cambridge University Press.

Palmer, Norman Dunbar. 1991. *The New Regionalism in Asia and the Pacific.* Lexington, Mass. : Lexington Books.

Pegg, Scott. 2006. "World Leaders and Bottom Feeders: Divergent Strategies toward Social Responsibility and Resource Extraction," in Christopher May, ed, *Global Corporate Power*, Boulder: Lynne Rienner.

Phillips, N. and Hardy, C. 2002. *Discourse Analysis: Investigating Processes of Social Construction*, Thousand Oaks: Sage Inc.

Richards, Michael. 2001. *A Review of the Effectiveness of Developing Country Participation in the Climate Change Convention Negotiations*, London: Overseas Development Institute.

Roy, Denny. 1998. *China's Foreign Relations*, London: Palgrave Macmillan.

Sartori, Anne E. 2005. *Deterrence by Diplomacy.* New Jersey: Princeton University Press.

Schimmelfenig, Frank. 2004. *The EU, NATO, and the Integration of Europe: Rules and Rhetoric.* Cambridge: Cambridge University Press.

Schroeder, Heike. 2010. "The History of International Climate Change Politics: Three Decades of Progress, Process and Procrastination," in Maxwell Boykoff, ed. *The Politics of Climate Change: A Survey*, London: Routledge.

Schweller, Randall L. 1998. *Deadly Imbalance: Tripolarity and Hitler's Strategy of World Conquest.* New York: Columbia University Press.

Schweller, Randall L. 2006. *Unanswered Threats: Political Constraints on the Balance of Power.* Princeton, NJ: Princeton University Press.

Schwab, George. 1978. *Ideology and Foreign Policy*, New York: Cyrco Press.

Shirk, Susan. 2007. *China: Fragile Superpower.* Oxford: Oxford University Press.

Singer, Max and Wildavsky, Aaron. 1993. *The Real World Order: Zones of Peace/Zones of Turmoil*, Chatham, N. J. Chatham House.

Sneider, Richard L. 1982. *U. S. –Japanese Security Relation*, Columbia University, New York.

Starr, Harvey. 1995. "International Law and International Order," in Charles W. Kegley, Jr. ed, *Controversies in International Relations Theory: Realism and the Neoliberal Challenge.* New York: St. Martin's Press.

Steinmo, Sven. 2008. "What is Historical Institutionalism?" in Donatella Della Porta and Michael Keating, eds. , *Approaches and Methodologies in the Social Sciences: A Pluralist Perspective*, Cambridge: Cambridge University Press.

Swaine, M. 2011. *America's Challenge: Engaging a Rising China in the Twenty –First Century.* Washington D. C. : Carnegie Endowment for International Peace.

Tammen, Ronald L. et al. 2000. *Power Transitions: Strategies for the 21st Century*, New York: Chatham House Publishers.

Tang, Shiping. 2010. *A Theory of Security Strategy for Our Times: Defensive Realism.* New York: Palgrave Macmillan.

Taylor, Michael. 1982. *Community, Anarchy, and Liberty*. Cambridge: Cambridge University Press.

Thucydides. 1972. *History of the Peloponnesian War*, Translated by Rex Warner, New York: Penguin Books.

Vasquez, John A. and Colin Elman. 2003. eds, *Realism and the Balancing of Power: A New Debate*. Upper Saddle River, N. J.: Prentice Hall.

Walt, Stephen M. 2005. *Taming American Power: the Global Response to U. S. Primacy*. New York, N. Y.: W. W. Norton & Company.

Waltz, Kenneth N. 2004. *Theory of International Politics*. Beijing: Peking University Press.

Weinberg, Gerhard L. 1970. *The Foreign Policy of Hitler's Germany: A Diplomatic Revolution in Europe 1933 – 1936*. New Jersey: Humanity Press.

Wendt, Alexander. 1999. *Social Theory of International Politics*. Cambridge: Cambridge University Press.

Wilson, Kevin and Jan Van der Dussen. 1995. *The History of the Idea of Europe*. Milton Keynes: Open University: Routledge.

Yergin, Daniel. 1991. *The Prize: The Epic Quest for Oil, Money, and Power*. New York: Simon & Schuster.

Zhang, Yunling. 2005. "Northeast Asian Community: Making Vision into Reality," in Zhang Yunling, *East Asian Regionalism and China*. Beijing: World Affairs Press.

索 引

图书在版编目（CIP）数据

合法化战略与大国崛起／孙学峰等著．—北京：社会科学文献
出版社，2014.7
ISBN 978 - 7 - 5097 - 6126 - 7

Ⅰ.①合…　Ⅱ.①孙…　Ⅲ.①发展战略 - 研究 - 中国
Ⅳ.①D60

中国版本图书馆 CIP 数据核字（2014）第 126575 号

合法化战略与大国崛起

著　　者／孙学峰 等

出 版 人／谢寿光
出 版 者／社会科学文献出版社
地　　址／北京市西城区北三环中路甲 29 号院 3 号楼华龙大厦
邮政编码／100029

责任部门／全球与地区问题出版中心（010）59367004　责任编辑／仇　扬　张素芳
电子信箱／bianyibu@ ssap. cn　　　　　　　　　　　责任校对／杨　楠
项目统筹／祝得彬　　　　　　　　　　　　　　　　　责任印制／岳　阳
经　　销／社会科学文献出版社市场营销中心（010）59367081　59367089
读者服务／读者服务中心（010）59367028

印　　装／北京鹏润伟业印刷有限公司
开　　本／787mm×1092mm　1/16　　　　　　　印　　张／19.5
版　　次／2014 年 7 月第 1 版　　　　　　　　　字　　数／302 千字
印　　次／2014 年 7 月第 1 次印刷
书　　号／ISBN 978 - 7 - 5097 - 6126 - 7
定　　价／68.00 元